가람 이병기 전집 16

국문학 논문·평론 IV

이 도서는 2024년 국립대학육성사업의 지원을 받아 수행되었음
이 도서는 2024년 익산시와 전라북도의 지원에 의해 간행되었음

가람 이병기 전집

⑯

국문학
논문·평론 Ⅳ

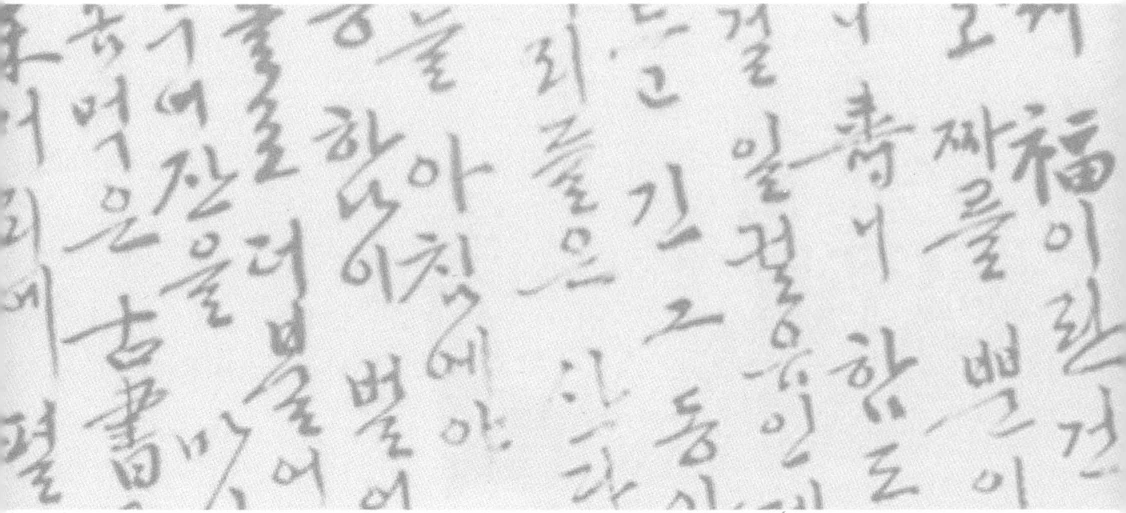

전북대학교출판문화원

국문학 논문 · 평론 Ⅳ

간행사

이은경(출판문화원장)

『가람 이병기 전집』 30권의 발간을 맞이하며, 먼저 이 사업이 무사히 마무리될 수 있도록 힘써주신 모든 분들께 깊은 감사의 말씀을 드립니다. 전집 발간은 전북대학교 개교 70주년 기념사업으로 2014년에 시작되었으나 예상하지 못했던 어려움을 만나 사업 기간이 길어졌습니다. 2021년까지 10권, 2022년에 5권이 발간되었고, 이번에 15권이 발간되어 『가람 이병기 전집』 30권이 완성되었습니다. 이 전집은 가람 이병기 선생의 창작, 서지학, 국어학, 고전문학, 현대문학, 구비문학, 민속학, 역사학, 교육학 등 전생애에 걸친 다양한 업적을 고스란히 담아냈습니다.

이번 전집 발간은 한국 근현대 국학의 성과를 널리 알리고 지역의 인문학 연구와 문화의 성장에도 기여할 것으로 기대합니다. 가람 이병기 선생의 폭넓은 업적은 국학 연구를 넘어 한국 근현대사, 우리 지역의 역사와 문화를 재조명할 수 있습니다. 나아가 가람 이병기 선생에 대한 학술 연구는 물론 전북이 배출한 다른 국학, 문학 선구자들의 업적에도 관심을 가지는 계기가 되었으면 좋겠습니다.

그동안 많은 관계자분들의 관심과 지원, 그리고 헌신적인 노력 덕분에 이 방대한 전집이 완간될 수 있었습니다. 전북대학교 양오봉 총장님, 전북특별자치도의 김관영 지사님, 익산시의 정헌율 시장님의 관심과 아낌 없는 지원은 물심양면으로 큰 힘이 되었습니다. 간행위원회를 이끌어오신 김익두 교수님, 이경애 총무님, 그리고 다른 간행위원들은 그동안 전집 발간에 헌신적으로 참여하셨고 이번 속간에서도 교열 작업 등에서 큰 도움을 주셨습니다. 사범대의 한창훈 교수님은 새롭게 간행위원회에 참여하여 전집 속간의 엄청난 실무 작업을 맡아 수고해 주셨습니다. 끝으로 전집 발간에 동의해 주시고, 오랫동안 기다려주신 유가족들께도 깊은 감사의 말씀을 전합니다.

이 전집 발간을 계기로 가람 이병기 선생의 업적이 널리 전파되고 지역 인문학 발전과 지역 역사와 문화가 더 풍요롭게 되기를 기대합니다.

축 사

양오봉(전북대학교 총장)

가람 이병기 전집 완간을 축하드립니다.

전북대학교를 빛낸 '스타교수'는 수없이 많지만 그 중에서 최고를 꼽으라면 저는 단연코 '난초 시인' 가람 이병기 선생님을 제일이라 생각합니다. 대한민국 국민 중 가람 선생님을 모르는 분은 없을 것이기 때문입니다. 해방 이후 서울대학교 문리대학 교수를 역임하셨던 가람 선생님은 이후 우리 전북대학교 인문대학의 전신인 문리과대학을 창설하시고, 초대 학장을 지내셨습니다. 가람 선생께서 강의하시던 건물은 지금도 전북대학교 캠퍼스를 꿋꿋하게 지키고 있습니다.

가람 이병기 선생님은 자타 공히 인정하는 우리나라 근현대 국학의 최고봉이십니다. 1922년 교편을 잡으면서 시조에 뜻을 두셨고, 1926년 '시조회'를 발기하셨으며, 1928년 이를 '가요연구회'로 개칭하여 조직을 확장하면서 시조 혁신을 제창하는 논문들을 발표하셨습니다. 우수한 신인들을 발굴하여 시조 중흥의 기틀을 마련하기도 하셨습니다.

1930년 '조선어철자법 제정위원'이 되셨고, 연희전문학교·보성전문학교의 강사를 겸하면서 조선문학을 강의하다가 1942년 유명한 '조선어학회사건'으로 함흥 홍원감옥에서 원로 국어학·국문학 학자들과 함께 옥고를 치르셨습니다.

그의 주된 공적은 시조에서 이루어졌지만, 서지학과 국문학 분야에서도 많은 업적을 남기셨습니다. 특히 묻혀 있던 고전작품들, 『한중록』·『인현왕후전』·『요로원야화기』·『춘향가』를 비롯한 신재효의 판소리 등을 발굴·소개한 공로 역시 매우 크다 할 것입니다.

법고창신, 문화유산의 보존과 정리는 전통의 창조적 계승을 위해서 꼭 필요합니다. 특히 융합과 통섭의 정신이 주목되는 지금, 우리 전북대학교가 '가람학'에 주목하는 이유는 '가람학'의 정립이 곧 한국학 연구의 새 지평을 여는 연구이기도 하거니와 가람 선생님의 이런 업적을 토대로 우리대학의 역사가 시작되었다는 점입니다. 따라서 우리 전북대학교가 『가람 이병기 전집』을 발간하는 것은 이치에 맞는 지극히 당연한 일이라 할 것입니다.

이에 많은 분들의 도움을 받아 의욕 있게 일을 진행해 왔습니다. 그러나 가람 선생님의 단행본 저술과 학술지, 잡지, 신문에 실린 저술, 육필노트 등을 총망라하여 수록하는 워낙 큰 사업이라 여러 가지 어려움에 직면했고 기대만큼 빨리 진척되지 못해 많은 이들의 걱정의 대상이 된 것도 사실입니다.

이에 개교 77주년을 맞이하는 올해를 넘겨서는 안 되겠다는 생각으로 16권부터 30권까지 나머지 15권을 속간하는 사업에 적극 나서게 되었습니다. 이 과정에서 김관영 전북특별자치도 지사님과 정헌율 익산시장님과 송하진 전 전라북도 지사님, 김승수 전 전주시장님을 비롯한 여러 분들이 많은 도움을 주셨습니다. 이 자리를 빌려 모든 관계자 분들께 깊이 감사드립니다.

이제 우여곡절을 거쳐 『가람 이병기 전집』 전 30권이 세상에 나오게 되었습니다. 그동안 흐릿하게만 알려져 있던 우리 국학의 큰 봉우리가 만천하에 드러나는 순간이라 할 수 있습니다. 이 큰 봉우리를 우리 전북대학교가 함께 그리게 됨을 크나큰 영광으로 생각합니다. 이 큰 사업의 마무리를 맡아 수고해 주신 국어교육과 한창훈 교수님과 이은경 출판문화원장님의 노고에도 깊이 감사드립니다.

일러두기

1. 가람이 쓴 구비문학·민속학·서평·심사평·기타 글들을 발표 연도순으로 수록하였다.
2. 토별가는 원문 그대로 수록하였다. 그외 다른 글들은 원문의 표기법을 존중하되, 띄어쓰기는 가독성을 고려하여 현재의 한글맞춤법과 표준어규정에 따르고자 하였다.
3. 본문의 한자어는 가독성을 높이기 위해 '한글漢字' 형태로 병기하였다.
4. 반복되는 한자는 국문으로 일부 바꾸기도 하였다.
5. 출전은 각주로 표시하였으며, 발표 일자는 신문은 연월일까지, 잡지는 연월까지 밝혔다.

목 차

구비문학·민속학·논문·평론 • 17

토별가兎鱉歌와 신오위장申五衛將 • 21

극가본劇歌本 토별가兎鼈歌 • 27

정초正初의 행사行事와 관습慣習 • 57

조선朝鮮 고풍속古風俗과 습관習慣
— 정초正初의 행사行事와 관습慣習의 속續 • 71

향토문학鄕土文學에 대하야 • 81

문헌文獻에 나타난 사공蛇公의 설화說話 • 95

구전민요口傳民謠의 묘미妙味 • 104

고전문학古典文學에 나타난 향토성鄕土性 • 106

신화문학神話文學으로서 본 단군檀君 • 110

고전문학古典文學의 사상적思想的 고찰考察 • 115

민요잡고民謠雜攷 상上·하下 • 118

삼관여록三官餘錄
— 극가劇歌와 소설小說 • 131

향토鄕土와 문학文學 • 137

서평 • 147

박종화朴鍾和 저著『금삼錦衫의 피』 • 149

박태원朴泰遠 기記『지나소설집支那小說集』 • 151

『청구영언青丘永言』 • 153
시조時調의 본령本領 『가람시조집嘉藍時調集』 독후감讀後感 • 159
이병기李秉岐 저著 『가람시조집嘉藍時調集』 • 162
신구현申龜鉉 역주譯註 『역대조선여류시가선歷代朝鮮女流詩歌選』 • 165
서정주徐廷柱 저著 『귀촉도歸蜀途』를 읽고 • 167
고문학古文學의 해왕성海王星 「의유당일기意幽堂日記」 • 169
윤영춘尹永春 시집詩集 『무화과無花果』 • 171
『국문학國文學 참고도감參考圖鑑』 서序 • 172
이병기李秉岐 교주校註 『역대시조선歷代時調選』 • 175
이병기李秉岐 백철白鐵 공저共著 『국문학전사國文學全史』 • 177
이병기李秉岐 이태극李泰極 공편共編 『현대시조선총現代時調選叢』 • 179
이병기李秉岐 이태극李泰極 편編 『현대시조선총現代時調選叢』 • 181
『가람 송수頌壽 논문집論文集
— 기념사업회紀念事業會서 15년年만에』 • 183

심사평 • 185
선후選後의 말 • 187
시조時調를 뽑고 • 190
시조時調를 뽑고 • 193
시조時調를 뽑고 • 195

제1회第一回 시조모집고선발표時調募集考選發表(一) • 198

제1회第一回 시조모집고선발표時調募集考選發表(二) • 203

제1회第一回 시조모집고선발표時調募集考選發表(三) • 207

제1회第一回 시조모집고선발표時調募集考選發表(四) • 212

제2회第二回 모집募集 시조모집고선후時調募集考選後 상上 • 216

제2회第二回 모집募集 시조모집고선후時調募集考選後 하下 • 219

응모시조應募時調「새벽」 고선개평考選槪評 상上 • 222

응모시조應募時調「새벽」 고선개평考選槪評 하下 • 225

시조선후時調選後 • 228

시조선후時調選後 • 231

시조선후時調選後 • 233

「진달내」 고선考選 후後 상上 • 235

「진달내」 고선考選 후後 중中 • 238

「진달내」 고선考選 후後 하下 • 241

「시조時調」 고선考選 후後 (1) • 244

「시조時調」 고선考選 후後 (2) • 247

「시조時調」 고선考選 후後 (3) • 250

산문정신散文情神의 빈곤貧困
— 인간사회人間社會에의 통찰력洞察力을 가지라 • 253

기타 • 259

각계各界 권위權威에게 진단診斷을 청請함
— 시조계時調界 중흥운동中興運動의 기초基礎는 이미 섯다 • 261

'조선문학朝鮮文學'의 정의定義 이러케 규정規定하려 한다! • 267

고시가문학古詩歌文學이 끼친 공적功績
— 이병기李秉岐 氏氏와의 우문현답기愚問賢答記 • 295

우리 정서情緖에 들어맞는 조선朝鮮의 고전음악古典音樂 • 305

문학文學의 제문제諸問題 • 313

문학文學의 제문제諸問題 • 334

문학방담회文學放談會 • 349

[부록] 16권 국문학 논문·평론 Ⅳ 상세목록 • 366

구비문학·민속학 ·논문·평론

토별가兎鱉歌와 신오위장申五衛將

兎鱉歌와 申五衛將

가람

兎鱉歌는 토끼타령이라고하는것이다。

지금부터 千二百九十六年전 新羅 善德王十一年에 百濟가 新羅國西 四十餘城을 치빼앗고 또 大梁州를 처、都督으로있든 品釋은 그안해와함께 죽었다。品釋은 金春秋(新羅太宗武烈王)의 사위다。이소문을듣고 金春秋가 이를갈고 그원수를 갚으려 高句麗로 請兵을 갔다。高句麗王은 金春秋를 보고는 救援은커녕 도리어 땅을 뜯어달라 트집하고 別館에 가두었다。金春秋는 생각다못하여 올제 國人에게 얻은 靑布三百步를 王의寵臣 先道解에게 주고 일을 피케 하여달랬다。先道解는 飮食을 차려가지고와서 술을 권하고 취한후 東海龍女가 병이들어 兎肝을 구한다는 이야기를 하였다。그래서 金春秋는 깨달고 王에게 땅을 뜯어주겠다는 거짓말을 하고 本國으로 돌아왔다。

兎鱉歌는 이先道解의 이야기에서 나온것인데 이건 高敞 申五衛將이 改作한 歌劇本이다。

申五衛將은 한 七十年전 사람으로 名은 在孝、字는 百源、號는 桐里다。그父親은 本是 京城사람으로 高敞와서 살다 그를 낳았다。그는 남다른 聰慧한 天禀으로 詩文도 능하였으려니와 가장 音律을 精通하여 그 一生

174

『문장文章』 2권 5호, 1940. 6.

토별가兎鱉歌와 신오위장申五衛將[1]

토별가兎鱉歌는 토끼타령이라고 하는 것이다.

지금부터 1296년千二百九十六年 전前 신라新羅 선덕왕善德王 11년十一年에 백제百濟가 신라국新羅國 서西 40여四十餘 성城을 쳐 빼앗고 또 대양주大梁州를 쳐, 도독都督으로 있든 품석品釋은 그 안해와 함께 죽었다. 품석品釋은 김춘추金春秋 신라新羅 태종무열왕太宗武烈王의 사위다. 이 소문을 듣고 김춘추金春秋가 이를 갈고 그 원수를 갚으려 고구려高句麗로 청병請兵을 갔다. 고구려왕高句麗王은 김춘추金春秋를 보고는 구원救援은커녕 도리어 땅을 끊어 달라 트집하고 별관別館에 가두었다. 김춘추金春秋는 생각다 못하여 올제 국인國人에게 얻은 청포靑布 3백보三百步를 왕王의 총신寵臣 선도해先道解에게 주고 일을 펴게 하여 달랐다. 선도해先道解는 음식飮食을 차려 가지고 와서 술을 권하고 취한 후 동해용녀東海龍女가 병이 들어 토간兎肝을 구한다는 이야기를 하였다. 그래서 김춘추金春秋는 깨닫고 왕王에게 땅을 끊어 주겠다는 거짓말을 하고 본국本國으로 돌아왔다.

토별가兎鱉歌는 이 선도해先道解의 이야기에서 나온 것인데, 이건 고창高敞 신오위장申五衛將이 개작改作한 가극본歌劇本이다.

신오위장申五衛將은 한 70년七十年 전前 사람으로 명名은 재효在孝, 자字

---

1 「兎鱉歌와 申五衛將」, 『文章』 2권 5호, 1940. 6.

는 백원百源, 호號는 동리桐里라. 그 부친父親은 본시本是 경성京城 사람으로 고창高敞 와서 살다 그를 낳았다. 그는 남다른 총혜聰慧한 천품天稟으로 시문詩文도 능하였으려니와 가장 음률音律을 정통精通하여 그 일생一生을 가극歌劇으로 보냈다. 고창읍내高敞邑內 홍문虹門 안에 들충나무로 무지개문을 틀고 시내ㅅ물을 끌어드려 흐르게 하고 그 우에 마루를 놓고 게서 눕닐으며 종래從來의 가요歌謠와 그 창법唱法을 연구硏究하여 혹은 개작改作, 혹은 창작創作도 하고 그때 명창名唱들을 양성養成하였다. 가령 「백구白鷗야 훨훨 날지 마라」는 단가短歌 첫머리를 낼 때 배락같이 막 질르드라든 것을 그가 듣고

「나는 백구白鷗를 멈추기는커녕 자든 백구白鷗도 놀라 다러나겠다.」
하고 농부가農夫歌를 부를 때 광대가 못 폭을 들고 꽂는 양을 하며 앞으로 나오는 것을 그가 보고,

「저, 아까운 모 다 밟힌다.」
하였다는 일화逸話를 전하는 만큼 그는 그런 놀라운 천재天才가 있든 이었다. 그러하여 그때 광대들이 그 문門을 거치지 못하면 행세行世를 못하였고 그 문도門徒의 채선彩仙이라는 여자女子는 그가 지은 성조가成造歌를 가지고 경복궁景福宮 중건낙성식重建落成式을 할 때에 불러 그 공로功勞로 오위장五衛將 벼슬을 받었다 하고 또 어느 해 흉년凶年에 기민飢民을 주고 가자加資를 받았다고도 한다.

그의 손으로 된 가사책歌辭冊이 퍽 많았드라는데 그가 죽은 후 각처各處로 흩어져버렸다. 영광靈光 조운曺雲 군君이 일즉이 이를 다시 수집蒐輯하려 애를 쓰고 그 연구硏究한 바를 『신생新生』 12호一二號에 연재連載한 일도 있으려니와 한 8년八年 전에 나와 함께 고창高敞을 가서 두루 탐색探索하여 그 전집全集이 그 골 박모朴某에게 있다는 말을 듣고 교섭交涉하였든

바 좀처로 내놓지 않는 것을 군수郡守를 새에 넣고 간신艱辛히 빌어다 한 벌 등사謄寫하였다.

그의 완성품完成品으로는 소리 여섯 마당이라는 춘향가春香歌, 박타령, 토별가兎鱉歌, 적벽가赤壁歌, 심청가沈淸歌, 횡부가橫負歌 등이 가장 유명有名한 바 토별가兎鱉歌로는 조운曺雲 군君이 얻은 것과 보전普專 도서관圖書館에 신장新藏한 것이 있으며 이 두 가지가 사설辭說이 거의 같으되 보전普專 것은 근세近世 풍류風流로 지내든 만경萬頃 정직산鄭稷山이 베껴 전하든 책冊으로 구두句讀마다 주점朱點을 찍은 것이 특이特異하다. 이걸로서 그 구조句調를 어떻게 띄든 것인지를 명백明白히 알려주며 우리 어문학연구語文學硏究에 큰 참고參考가 되고 그 창법唱法에 맞는 어조語調가 곡진曲盡, 유려流麗하다. 그 전집全集에서 우선 이 토별가兎鱉歌를 여러 독자讀者에게 드려 완미玩味케 하려 한다.

— 경진庚辰 중춘仲春

토별가 兎鼈歌

『문장文章』 2권 5호, 1940. 6.

극가본劇歌本

토별가兎鼈歌[2]

신오위장申五衛將 편編

지경 갑신셰의 남ᄒᆡ 광이왕이 영덕젼 ᄉᆡ로짓고 복일낙셩할ᄉᆡ 동셔북 ᄉᆞᆷᄒᆡ용왕 발셔 청ᄂᆡᄒᆞ야 ᄃᆡ연을 ᄇᆡ셜ᄒᆞ니 영타고 옥용젹라 능파ᄉᆞ 채련곡의 풍유도 장할씨고 ᄉᆞᆷ위로 구젼단을 슬토록 셔로 먹고 이ᄉᆞᆷ일리 지ᄂᆡ도록 길ᄭᅳᆫ 노라 쥬어더니 연무호연이라 잔ᄎᆡ를 파ᄒᆞᆫ후의 용왕이 병이나셔 어탑의 놉피누어 여러날 신음하여 용셩으로 우난구나 슈즁만죡더리 정셩ᄃᆡ로 구병할제 슈즁쇼ᄉᆞᆫ으로 연에 써 슐병으로 글어ᄒᆞᆫ가 물메억기 드려보고 양기가 부죡ᄒᆞᆫ가 ᄒᆡ구신도 권해보고 뇌졈을 쵸ᄌᆞᆸ난지 풍쳔장어 ᄃᆡ령ᄒᆞ고 비우를 붓ᄌᆞᆸ기로 부어를 쪄보아도 ᄇᆡᆨ약이 무효ᄒᆞ여 병세졈졈 침즁이라 이국이 황황ᄒᆞ여 ᄒᆞ날게 츅슈터니 ᄒᆞ로난 오ᄉᆡᆨᄎᆡ운 슈경궁을 뒤더푸며 긔이한 죠은향ᄂᆡ ᄉᆞ면으로 일어나며 ᄒᆞᆫ션관 들어올제 청ᄒᆞ의 명월ᄑᆡ의 ᄇᆡᆨ우선 숀의쥐고 표연니 당의올나 거슈장읍 ᄒᆞ고 염슬 단좌커늘 용왕의 ᄃᆡ경하야 공슌이 뭇ᄌᆞ오되 폐게벽누ᄒᆡ듸 쳔선니 강님ᄒᆞᆫ니 감ᄉᆞᄒᆞ온 말ᄉᆞᆷ 측양이 업ᄉᆞ오나 과인니 병이잇셔 긔동을 못ᄒᆞ기로 츌문

2 「劇歌本 兎鼈歌」, 『文章』 2권 5호, 1940. 6.

영졉 못ᄒᆞ오니 무례타 마ᄋᆞᆸ쇼셔 션관이 ᄃᆡ답ᄒᆞ되 은ᄒᆞ의 쎄를타그 장건과 션유타가 여동빈의 편지와셔 창오ᄉᆞᆫ의 노ᄌᆞ기에 그리로 가옵더니 오다가 듯ᄉᆞ온즉 ᄃᆡ왕이 실셥ᄒᆞ야 오ᄅᆡ신고 ᄒᆞᆫᄃᆡ기에 뵈옵ᄌᆞ 왓ᄉᆞ오니 ᄌᆡ죠난 업ᄉᆞ오나 징셰나 듯ᄉᆞ이다 용왕이 ᄃᆡ히ᄒᆞ야 ᄋᆡᄌᆞ이 ᄒᆞ난마리 우연이 어든병이 골슈의 깁피들러 ᄇᆡᆨ약이 무효키로 ᄌᆞ분필ᄉᆞ ᄒᆞ옵써니 옥황상제 은덕으로 명의션관 보ᄂᆡ시니 ᄌᆞ상이 살피옵셔 죠은 약을 일의쇼셔 져 션관 거동보쇼 두 쇼ᄆᆡ뒤 거드며 옥슈를 넌짓드러 왼몸으로 만져보고 압푸로 물너안져 긔ᄉᆡᆨ을 살핀후의 묵묵이 ᄉᆡᆼ각다가 용왕끼 엿ᄌᆞ오되 ᄃᆡ왕의 귀ᄒᆞᆫ 몸이 인ᄉᆡᆼ과 달은지라 ᄉᆞ람이라 ᄒᆞ난거슨 오장육부 잇난병을 쵼관쳑 맥을 보면 부침지삭 잇건이와 ᄃᆡ왕의 귀ᄒᆞᆫ형체 제뉘라 짐ᄌᆞᆨ하리 안ᄎᆡ가 영농ᄒᆞ되 돌라바위 못보시고 양각이 ᄌᆡᆼ영ᄒᆞ여 말쇼ᄐᆡ 쌜노듯고 ᄐᆡᆨ밋ᄐᆡ ᄒᆞᆫ비늘이 거술여 부터기로 분을ᄂᆡ면 이러나고 입쇽의 여의쥬가 죠화를 부리오니 몸을 젹ᄌᆞ ᄒᆞ거드면 못속의도 ᄌᆞᆷ겨잇고 변화를 ᄒᆞᄌᆞᄒᆞ면 ᄒᆞ날으로 올나가고 용ᄆᆡᆼ을 씨ᄌᆞᄒᆞ면 ᄐᆡᄉᆞᆫ을 부슈우고 ᄃᆡᄒᆡ를 뒤집우니 운우가 시위ᄒᆞ고 벽역이 호령이라 이형체 이기상의 병환이 즁ᄒᆞ오니 인간의 침약으로 뉘셔라 구하릿가 황제 쇼문 의학 입문 만병을 의논ᄒᆞ되 ᄃᆡ왕의 당ᄒᆞᆫ약은 그즁의 업셔난지라 인갑이 구더스니 침이 어이 드러가며 화식을 아니ᄒᆞ니 탕약 어이 잡슈릿가 병셰를 ᄌᆞ시보고 이치를 ᄉᆡᆼ각ᄒᆞ니 쳔련퇴간 안이오면 구할길리 업ᄉᆞᆷᄂᆡ라 용왕이 뭇ᄌᆞ오되 툇간이 엇터키에 약이된다 ᄒᆞ난익ᄀᆞ 션관이 엿ᄌᆞ오되 톡기라 ᄒᆞ난거시 묘방을 맛나기로 부상의 금게울어 날빗치 쳐음 날제 양기를 바다먹고 월궁의 드러가셔 게슈나무 근을쇽의 장ᄉᆡᆼ약 씨을젹의 음기를 바다먹어 일정월화 음양긔운 간경의 드러기로 톡기가 눈이발가 별호을 명시라 ᄒᆞ옵기을 목쇽간을 ᄒᆞ야스니 간경이 죠흔고로 눈이 그리 박ᄉᆞ오니 퇴간곳먹어시면 병환

이 직ᄎᆞᄒᆞ고 장싱불ᄉᆞ 할거시오 만일 그약 안이오면 화타 변ᄌᆞᆨ이가 좌우
의 모셔써도 회춘을 못할테니 극역 구지 ᄒᆞ옵쇼셔 갈기리 총ᄉᆞᄒᆞ여 고만
ᄒᆞ고 가난니다 쇼ᄆᆞ를 쎨써리고 문박기 나셔더니 션관은 간되업고 청아
ᄒᆞᆫ 옥져쇼ᄅᆡ 공즁의 들이거날 용왕의 싱각하되 톡기라 ᄒᆞ난거시 양게의
김싱이라 엇지ᄒᆞ여 구하리요 의대신 ᄒᆞ시기로 만죠입서 ᄒᆞ라 ᄒᆞ교를 하
옵시니 슈즁이 진동ᄒᆞ여 군명은 불ᄉᆞ가 만죠 ᄇᆡᆨ관 드러 풀풀씌여 달여
들제 ᄐᆡ호복히씨 유용셔여늘 이용기관 ᄒᆞ단마리 ᄉᆞ기의 잇셔씨나 용궁
의 베슬일흠 상고의 난거시라 죠선과난 달의것다 동편의 문관셔고 셔편
의 무관셔셔 양반을 구별ᄒᆞ며 일ᄶᆞ로 들어올제 좌승상 거북 우승상 이어
이부상셔 노어 호부상셔 방어 예부상셔 문어 병부상셔 슈어 형부상셔
쥰어 공부상셔 민어 한림학ᄉᆞ 짤짜구 간의ᄃᆡ부 뭇치 ᄇᆡᆨ의ᄌᆡ상 궐어 금ᄌᆞ
광녹 금치 은쳥광녹 은어 ᄃᆡ원슈 고ᄅᆡ ᄃᆡ사마 곤어 용양장군 이심 호위
장군 ᄉᆞ어 표긔장군 벌덕게 유격장군 ᄉᆡ우 합장군 죠ᄀᆡ 원츔군 메어기
쥬부 ᄌᆞᄅᆡ 형쥬자사 쳥어 셔쥬자 ᄉᆞ셔ᄃᆡ 연쥬ᄌᆞᄉᆞ 연어 쥬쳔ᄐᆡ슈 홍어
쳥ᄇᆡᆨ이 ᄌᆞ숀 ᄇᆡᆨ어 탐관오리 ᄌᆞ손 오젹어 터리진 ᄇᆡ암장어 슈염진 ᄃᆡ하
구역업난 전북 ᄇᆡ부른 올창이쩨가 반ᄎᆞ로 들어와셔 쥬룰루 업듸린니 죠
관더리 들어오면 의관신야 어로향 향ᄂᆡ가 날테인듸 쇽 뒤집난 비린ᄂᆡ가
파시평 웃슈로다 용왕이 ᄒᆞ교ᄒᆞ되 군신지 분의를 경등ᄂᆡ가 아옵난가 좌
승상 거북이 엿ᄌᆞ오되 신의집이 션세부텀 실영키로 유명ᄒᆞ와 천문지리
통달ᄒᆞ니 인간의 셩제현신 다그심을 입어시니 ᄒᆞ우씨 구궁알기 신의션
죠 가라치고 쥬공이 낙양젼키 신의션죠 가라치고 ᄉᆞᆷᄃᆡ쪅 셔군덜리 치쳔
ᄒᆞᄒᆞ올젹의 여직죵 귀죵 셔죵경ᄉᆞ죵 셔민죵 하엿쓰니 신의집 공 만ᄉᆞᆸ기
로 만고의 젼ᄒᆞᆫᄉᆞ기 신의집의 다잇ᄉᆞ와 군신분의 즁ᄒᆞᆫ쥴을 ᄌᆞ상이 아난
이다 용왕이 ᄯᅩ물어 엇지ᄒᆞ면 츙신인고 좌승상이 엿ᄌᆞ오되 인군의게 죠

흘테면 제몸 쥭기불고키로 진나라 ᄀᆡᄌᆞ츄난 활고ᄉᆞ순 ᄒᆞ엿삽고 ᄒᆞᆫ나라 기신이난 광쵸분ᄉᆞ ᄒᆞ얀ᄂᆡ다 용왕이 ᄯᅩ물어 우리 슈궁의도 그런츙신 혹 잇실ᄀᆞ 우승상 이어기 엽페셔 ᄉᆡᆼ각ᄒᆞ니 갓치경승으로 함ᄭᅴ 입시ᄒᆞ엿ᄶᅡ ᄀᆞ 좌승상은 ᄒᆞ엿난듸 나는ᄃᆡ답 업시면은 쥬발의 효츨쳠ᄇᆡ 그아니무석 인야 썩나셔 ᄃᆡ답ᄒᆞ여 신의집이 문죵으로 만고의 유명키로 쳔ᄒᆞᄃᆡ셩 공 부ᄌᆞ가 신의일흠 빌어다ᄀᆞ 그아달을 일흠ᄒᆞ고 왕상갓튼 경셩이나 신의 집곳 아니오면 효ᄌᆞ될슈 업ᄉᆞ오니 쳑쇼셔 ᄇᆡ의품고 용문의 ᄯᅱ여올나 셩 군을 셩기오니 쳔고ᄉᆞ기를 몰을거시 업ᄉᆞ오되 츙신이라 ᄒᆞ난거시 평시 의난 알슈업셔 질풍의 지경쵸요 판탕의 식츙신 평시의 보올제난 다모도 츙신이나 환란을 당ᄒᆞ오면 츙신이 귀ᄒᆞ외다 용왕왈 짐의병이 위즁ᄒᆞ여 션의 의하난마리 톡기간를 못먹으면 쥬을박귀 슈업다니 엇던신ᄒᆞ 톡기 좁아 짐의병을 구ᄒᆞ리요 공부상셔 민어 여ᄌᆞ오되 톡기라 ᄒᆞ난거슬 얼골 은 모로오나 사긔로 보올진ᄃᆡ 즁ᄉᆞᆫ의 쇼ᄉᆞᆫ이라 몽염의 옛일갓치 어여ᄊᆞ 고 ᄌᆞᆷ난슌니 경병ᄉᆞᆷ쳔 ᄂᆡ여쥬어 ᄃᆡ장고ᄅᆡ 보ᄂᆡ쇼셔 고ᄅᆡ가 분을ᄂᆡ여 츌 반ᄒᆞ여 엿ᄌᆞ오되 쥬륙이 달낫스니 슈즁의 잇던군ᄉᆞ 육젼을 엇지할지 졀 언쇼견 가지고도 문관을 ᄌᆞ셰ᄒᆞ야 죠흔벼ᄉᆞᆯ ᄒᆞ여먹고 죠금의테 ᄒᆞᆫ일이 면호반의게 밀여ᄒᆞ니 ᄇᆡ쇽의 잇난거시 불에풀 ᄉᆡᆫ이기로 변통없시 ᄒᆞ난 마리 교쥬고실 갓ᄉᆞ외다 공부상셔 무식하여 아무ᄃᆡ답 업셔ᄉᆞᆫ나 ᄒᆞᆫ림학 ᄉᆞ ᄶᅡᆯᄶᅡ구 엿ᄌᆞ오되 톡기라 ᄒᆞ난거시 죠고만ᄒᆞᆫ 김ᄉᆡᆼ이라 병환의 곳 죠흘 테면 ᄃᆡ와의 위덕으로 그ᄶᅡ진것 구ᄒᆞ기ᄀᆞ 무슨염여 잇슬릿ᄀᆞ 톡기멧슈 바치라고 ᄉᆞᆫ군의게 죠셔쵸를 직금ᄒᆞ여 올일이다 용왕이 ᄯᅩ물어 죠셔난 ᄒᆞᆫ다ᄒᆞ고 뉘ᄀᆞ갓다 ᄉᆞᆫ군쥴가 간의ᄃᆡ부 못치 엿ᄌᆞ오되 표기장군 벌덕게 가 의갑이 굿ᄉᆞ온듸 열발을 갓쵸와셔 진퇴를 다ᄒᆞ옵고 졔 고향이 육지오 니 죠셔쥬어 보ᄂᆡ쇼셔 게가분이 잔뜩 나니 밋쳐말을 못ᄒᆞ여셔 입의 거품을 이면셔 열발을 엉금ᄉᆞᄉᆞ기여 나셔 발명ᄒᆞᆫ다 규궁의 베살더리 인간과 갓잔ᄒᆞ여 셰도로도 못ᄒᆞ옵고 쳥으로도 못ᄒᆞ옵고 풍신과 덕망으로 별틱ᄒᆞ여 ᄒᆞ옵기로 노어난 거구셰린 잘싱길쓴 아니오라 장ᄒᆞᆫ이가 싱각ᄒᆞ고 쇼동파가 귀이역여 친구가 졈잔키로 베슬ᄎᆞ지 이부상셔 방어난 ᄒᆞ방낙듸가 유명할쓴안니오라 일흠ᄯᆞ가 쳔원지방 이란 방ᄶᆞ ᄒᆞᆫ편 부피기로 쌍ᄎᆞ지 호부상셔 문어난 팔쑈오니 팔쵸목을 웅ᄒᆞ엿고 일흠이 글문ᄶᆞ니 예문ᄎᆞ지 예부상셔 슈어난 용밍잇셔 쒸기를 잘ᄒᆞ옵고 일흠ᄯᆞ가 저기쥰슈란 쎄여날 슈ᄶᆞ 기로 군ᄉᆞᄎᆞ지 병부상셔 쥰어난 가시 만ᄒᆞᄉᆞ 사람마닥어려ᄒᆞ고 일흠ᄯᆞ가 용법엄쥰이란 노풀쥰ᄌᆞ기로 형법ᄎᆞ지형부상셔 민어난 비속의 갓풀들어 장인의게 긴ᄒᆞ옵고 일흠ᄯᆞ가 이용안민이란 비셩민ᄶᆞ기로 공인ᄎᆞ지 긍부상셔 도미갓치 맛시잇고 풍신이 졈잔하셔 일흠웃ᄶᆞ 원졈업고 알이어ᄶᆞ 안들잇다 상셔승탁 못ᄒᆞ난듸 한림학ᄉᆞ 쌀싸구난 이부상셔 노어의 ᄌᆞ식이요 간의듸부 못치난 병부상셔 슈어의 ᄌᆞ식이라 져의집 셰덕으로 구상유취 ᄒᆞᆫ것더러 청요ᄒᆞᆫ 베살ᄒᆞ여 아모ᄉᆞ체 모르고셔 방안장담 져리ᄒᆞ나 슈룩이 달나시니 용왕의 ᄒᆞᆫ죠셔를 손군이 들를테요 져의더러 죠셔ᄒᆞ고 져의더리 가라시오 용왕이 드러보니 불상ᄒᆞᆫ 호반더리 문관의게 평싱눌여 졀치부심 ᄒᆞ엿ᄯᅡ가 일언씨을 당ᄒᆞ여셔 큰 ᄊᆞ흠이 나것거든 용안을 비식들어 빅의지상 도라보며 퇴간을 구ᄒᆞ기가 시각이 급ᄒᆞ온듸 문무가 불합ᄒᆞ여 틱용할슈 업ᄉᆞ오니 문무간의 보닐신ᄒᆞ 선싱이 쳔거ᄒᆞ오 궐어가 엇지ᄒᆞ여 빅의 지상 되엿난고 슈즁의 베살ᄒᆞ기 환히풍파 무섭싸고 ᄒᆞᆫ가이 물너가셔 도화유슈 별유쳔지 빅구빅노 벗슬 숨어 숌공불환 ᄎᆞ강순의 장치화와 노난고로 슈국의 군신드리 강호션싱 죤칭ᄒᆞ여 슈국의 일잇스면 예관 보니 쳥히나ᄀᆞ 의논을 ᄒᆞ난고로 벼살업시 국ᄉᆞ하니 당나라 이필갓치 빅의지상 되엿ᄉᆞ나 용왕이 병즁ᄒᆞ여 국ᄉᆞ

가 위ᄐᆡ 키로 의논ᄎᆞ로 모셔와셔 입시동춤 되여 써니 궐어가 엿ᄌᆞ오되 지신은 막여쥬라 ᄃᆡ왕이 경합쇼셔 불승기엄 활신하면 불가타 ᄒᆞ오리다 남의짐ᄌᆞᆨ ᄒᆞ기 좀어려운 노릇신아 욧임군이 근니식켜 홍슈를 다사리고 공명이 마즉보ᄂᆡ 가졍을 직겨스니 허물며 병든 용왕 신ᄒᆞᄌᆡ죠 알슈잇나 뭇난쪽쪽 당찬쿠나 합장군 죠ᄀᆡ 젼신갑쥬 단ᄉᆞᄒᆞ니 보ᄂᆡ여 엇더ᄒᆞᆫ고 합장군은 진장부라 보ᄂᆡ면 죠을테나 휼죠ᄒᆞ고 원슈잇셔 두리셔로 닷토다가 어인공이 쉽ᄉᆞ오니 보ᄂᆡ지 마옵쇼셔 젹흔공 메어기가 철관장염 졈잔ᄒᆞ니 보ᄂᆡ여 엇써ᄒᆞᆫ고 요ᄉᆞ이 죵피사루 돌밋마닥 푸러스니 밋물 근방 못가지요 즁녹지국 필유즁신 도미가 발셔부틈 상셔가 원이란니 단여오면 시기기로 도미를 보ᄂᆞ볼가 ᄉᆞ월팔일 갓가오니 셔울이면 쑥갓시요 시골은 고ᄉᆞ리 숑기탕 찜가음 보ᄂᆡ짜는 곳죽지요 올창이 ᄇᆡ부르ᄆᆡ 경윤을 품엇스니 보ᄂᆡ여 엇써할고 ᄒᆞᆫ두달의 못올테니 ᄀᆡ그리 되거드면 과두지ᄉᆞ 알슈잇쇼 문답이 장황ᄒᆞ여 일즁불결 ᄒᆞ난구나 셔반즁 ᄒᆞᆫ죠관이 츌반ᄒᆞ여 엿ᄌᆞ오되 효도난 ᄇᆡᆨ힝의 근원이요 충셩은 ᄉᆞᆷ강의 웃뜸이라 쳔셩으로 할거시졔 갈아쳐 ᄒᆞ올익ᄀᆞ 신의션ᄃᆡ ᄒᆞᆫ아비가 명나슈 ᄉᆞ옵더니 졀강으로 취쳐ᄒᆞ여 굴ᄉᆞᆷ여의 고기난 ᄒᆞ라비가 어더먹고 오ᄌᆞ져의 고기난 할미가 어더먹어 부부지간 두ᄇᆡ쇽의 츙혼이 잔득들어 ᄌᆞ숀이 나난ᄃᆡ로 ᄇᆡ쇽츙신이요 ᄃᆡᄃᆡ츙신이라 슈즁은 고ᄉᆞᄒᆞ고 셰상의 ᄉᆞ람덜ᄯᅩ 츙심의리 잇난이ᄂᆞᆫ ᄌᆞᆸ아먹난 법이 업고 어부더러 ᄌᆞᆸ엇스면 ᄉᆞ다 물의 넛난고로 죵족이 번셩ᄒᆞ되 여러버살 안니ᄒᆞ고 죠혼베살 구치안코 일문즁 상ᄌᆡ샌바 쥬부베살 셰전ᄒᆞ니 황하슈가 ᄯᅴ갓ᄯᅩ록 국가를 모시옵고 동휴쳑을 ᄒᆞ올테니 신의간을 잡슈와셔 ᄃᆞ왕환후 나흘테면 곳ᄊᆡ여 올이올리 툇간이 죠타ᄒᆞ니 신의졍셩ᄃᆡ로 그여이 구ᄒᆞ리다 만죠가 다놀나여 에워셔셔 살펴보니 평ᄉᆡᆼ모도 멸시ᄒᆞ든 쥬부 자ᄅᆡ어든 용왕이 의혹ᄒᆞ여 ᄌᆞ셰이 뭇난구나 톡기을 좁ᄌᆞᄒᆞ면 슈국에셔 양게가지 멧만리 될테이요 허다ᄒᆞᆫ 쳔봉 한학 어ᄂᆡᄉᆞᆫ을 ᄎᆞ져가며 ᄉᆞᆷᄇᆡᆨ모족 만ᄒᆞᆫ즁의 톡기를 엇지알며 셔령톡기 만나기로 엇지ᄒᆞ여 디려올지 신표셔의 츙셩과 공명의 지략이며 거름은 과보갓고 눈발기 이루갓고 쇼진의 구변이며 ᄆᆡᆼ분 갓튼 장ᄉᆞ라야 그놀릇슬 할테인ᄃᆡ 너 ᄉᆡᆼ긴 모양보니 어ᄃᆡ 그러ᄒᆞ것난냐 ᄇᆡᆨ쇼쥬 안쥬 ᄒᆞ기 탕강움이 십상이다 쥬부가 엿ᄌᆞ오ᄃᆡ 츙셩지략 말잘ᄒᆞ기 방촌간의 드러스니 외모로 알슈업고 외모로 보은ᄃᆡ도 과보가 잘거러셔 ᄒᆞ를 좃ᄎᆞ갓ᄉᆞ오리 그발이 둘ᄲᅮᆫ인듸 신의발은 너이옵고 ᄆᆡᆼ분이 심셰에 구경을 드러시되 목감쵸지 못ᄒᆞ난듸 신은 목을 츌입ᄒᆞ고 ᄃᆡ가리가 ᄲᅬ족ᄒᆞ니 ᄇᆡᆨ기의 예두옵고 허리가 너버시니 오ᄌᆞ셔의 십위옵고 코궁기 좁ᄉᆞ오나 의ᄉᆞ난 넝넉ᄒᆞ고 보리안니 퍼지오되 구변은 잇사오니 간뇌도지 할지라도 톡기좁아올테오니 톡기의 ᄉᆡᆼ긴형용 ᄌᆞ셰그려 쥬옵쇼셔 용왕이 츄어 츙저라 쥬부지츙이여 신ᄌᆡ라 쥬부지신이여 화ᄉᆞ모인 불너드러 ᄇᆡᆨ옥연의 먹을갈고 각ᄉᆡᆨ치ᄉᆡᆨ 고이ᄀᆞ여 교쵸를 폐여노코 문셔관 쎄여들고 톡기를 기일얄졔 교인이 슈궁화ᄉᆞ라 톡기화본 업셔쑤나 만죠가 걱정터니 젼복이 썩나오며 ᄂᆡ젼신이 화츙이라 ᄉᆞᆫ즁의 잇슬적의 ᄉᆞᆫ영ᄉᆞᆫ이 날너던지 독수리 급ᄒᆞᆫ변이 무듸듸듸 이러날제 ᄉᆞᆫ즁에 만맛한게 나와 톡기ᄲᅮᆫ이로다 비셩직황으로 져안니면 나죽기로 환란상구 지ᄂᆡ시니 금슈가 달나씨되 정지가 ᄌᆞ별키로 톡기의 ᄉᆡᆼ긴형용 쇽의 그져 암암ᄒᆞ니 ᄂᆡ말ᄃᆡ로 그려ᄂᆡ라 젼복은 가르치고 화ᄉᆞ난 그리난듸 ᄉᆞᆫ월이 교여촉 바라보는 눈그리고 쳐쳐문졔죠 쇼ᄅᆡ듯난 귀그리고 츈풍화만ᄉᆞᆫ 향ᄂᆡ맛난 코그리고 나ᄉᆡᆼ좁ᄉᆡᆼ을 쥬어먹난 입기리고 ᄒᆞᆫ노 츅건퇴 다라나난 발그리고 진나라 즁셔령 붓ᄆᆡ여든 털기리고 두귀난 ᄶᅩᆼ곳 두눈은 도리도리 허리난 잘츕 ᄭᅩᆼ지난 모착 셜셜기려 ᄂᆡᄲᅧᆯ인니 ᄌᆞᄑᆡ 화상바더 목의언ᄭᅩ 옴ᄯᅳ리니 아모염여 업셔쑤나 용왕젼의 ᄒᆞ직ᄒᆞ니 용왕이 부탁ᄒᆞ되 옛날의 진씨황이 불ᄉᆞ약 구ᄒᆞ랴 셔씨을 보ᄂᆡ써니 지왕ᄃᆡ쳑 안니와셔 여ᄉᆞᆫ일부 되엿스니 그안니 불상ᄒᆞᆫ가 경갓튼 장ᄒᆞᆫ츙셩 만고의 쌍업시니 양게의 잇난 톡기 슈이좁어 도라와셔 짐의 병을낫게 ᄒᆞ면 분모열토 원급묘에 그공뇌를 갑플테니 부ᄃᆡ가 죠심ᄒᆞ라 쥬부가 ᄒᆞ직ᄒᆞ고 집으로 도라오니 쥬부 양게 간단말을 집안의셔 발셔듯고 동셩지친 ᄂᆞ외쳑이 젼숑ᄎᆞ로 다모왓다 쥬부의 ᄃᆡ부인니 쥬부를 경게ᄒᆞᆫ다 너의부친 식욕 만ᄒᆞ 낙시밥을 물어싸가 쳥연죠ᄉᆞ ᄒᆞ엿기로 독슈공방 ᄂᆡ셔름이 너ᄒᆞᆫ나를 길너ᄂᆡ여 불면 날가 쥐면 써질싸 아젹의 나가 늣게 오면 문의비기 지다리고 졍글게 나가 안도라 오면 여의 비겨 바ᄅᆡ더니 네가 겨금베살 ᄒᆞ야 임군을 섬기다가 임군이 병환게셔 약구ᄒᆞ러 간다ᄒᆞ니 쥬의신욕 쥬의신ᄉᆞ 당당ᄒᆞᆫ 직분이니 지셩으로 구ᄒᆞ다가 만일약을 못엇거든 골폭ᄉᆞ장 게쥭제셔 도라오지 말씨어다 ᄃᆡᄃᆡ로 츙신집의 션영누덕 될거시니 두어셔 무엇ᄒᆞ리 쥬부가 엿ᄌᆞ오되 졍셩을 다ᄒᆞ와셔 우의로 임군병환 아ᄅᆡ로 모친마음 둘다편케 ᄒᆞ올리다 쥬부의 마노라가 ᄒᆞ직을 ᄒᆞ난ᄃᆡ 그도 ᄯᅩ 의법이여 죵고지무 금실지우 잠시이별 어려오되 오륜을 말련ᄒᆞᆯ제 군신유의 먼져씨고 부부유별 후의씨니 군신의 즁한의가 부부보단 더ᄒᆞᆫ지라 임군을 위ᄒᆞ다가 쥭난ᄃᆡ로 ᄒᆞᆫ이 업ᄂᆡ 당상의 늘근ᄌᆞ친 ᄂᆡ가 봉양 할거시오 실ᄒᆞ의 얼인ᄌᆞ식 ᄂᆡ가길너 ᄂᆡᆯ거시니 집안ᄉᆡᆼ각 아예 말고 톡기만 어더다가 임군환후 낫게ᄒᆞ고 휘편말리거 안득염향규 낭군이 몰으시요 쥬부ᄃᆡ답ᄒᆞ되 부인말삼 듯ᄉᆞ오니 츙신의 안ᄒᆡ 되기 북그럽지 안니ᄒᆞ니 말ᄉᆞᆷᄃᆡ로 할써시니 어마님을 지셩봉양 어린것덜 ᄌᆞ로ᄎᆞ져 멀니가게 ᄒᆞ지마오 셰상의 흉ᄒᆞᆫ놈들 말굽ᄌᆞᄅᆡ 맛촟타고 건져다가 말마먹제 ᄎᆞ례로 ᄒᆞ직할제 아ᄌᆞ씨 평안니 단여 오시오 형님 평안니 단여 오시오 죡하 잘단여 오노라 쇼상강숀 ᄉᆔ댕겨 오느라 쥬부의 쳐가는 쇼상강이든가보더라 이종ᄉᆞ촌 쇼ᄅᆡ 고동 ᄂᆡ종ᄉᆞ촌 외징쳑 슉우령 육지ᄉᆞ돈 달판니 연에 ᄒᆞ직을 ᄒᆞ난데 천만뜻밧 ᄒᆡ구란놈 염푸와셔 안져거든 쥬부가 물어 너난 엇지 예왓난야 쳑질이 먼ᄃᆡ가니 ᄒᆞ직ᄎᆞ로 ᄎᆞ져왓제 쥬부가 분을ᄂᆡ여 우리집 ᄂᆡ외쳑이 다 ᄂᆡ력이 잇난이라 고동쇼ᄅᆡ 울렁더리 ᄂᆡ목과 갓틔여셔 들낭날낭 ᄒᆞ난고로 촌슈가 잇거니와 네가 엇지쳑분 잇노 ᄒᆡ구가 우셔 ᄂᆡᄌᆞ지도 네목갓터 셔면 드러가고 안지면 나오기로 쥬부의게 쳑슉되졔 좌즁이 광ᄌᆡᆨ 왓다 ᄒᆡ구를 쑈친후의 쥬부가 발힝ᄒᆞ여 슈궁풍경은 죠셕의 보든듸라 ᄉᆞᆫ즁을 어서 ᄎᆞᄌᆞ 만경창파 얼는지ᄂᆞ 쳔봉만학 편답할제 역ᄉᆞᆫ의 밧두둑은 슌님군 짜부흔젹 도ᄉᆞᆫ의 너룬터난 ᄒᆞ우씨 공밧든듸 ᄃᆡ악의 무든ᄇᆡᆨ옥 헌원씨 봉션이요 이군ᄉᆞᆫ 노구ᄊᆞ리 슉양홀리 비든듸라 슈양ᄉᆞᆫ ᄉᆡ고ᄉᆞ리 이졔청졀 가련ᄒᆞ고 면ᄉᆞᆫ의 도든풀은 ᄌᆞ츄츙ᄒᆞᆫ 젹막ᄒᆞ다 ᄐᆡᄉᆞᆫ의 공부ᄌᆞ는 쳔ᄒᆞ를 젹다시고 무호의 중졈이난 츈복을 셜쳐ᄊᆞ나 기ᄉᆞ아젹 볏셰 봉황이 어ᄃᆡ가며 농ᄉᆞᆫ 봄바람의 잉무가 말을ᄒᆞᆫ다 취역ᄉᆞᆫ 올나라니 ᄐᆡ아검 무치엿고 게명ᄉᆞᆫ 지ᄂᆡ가니 옥쇼셩 ᄉᆞᆫ쳐엿다 낙안봉 어늬날의 범아부 쳔상보고 ᄐᆡ힝ᄉᆞᆫ 가는구름 젹인걸 고향ᄉᆡᆼ각 상ᄉᆞᆫ의 허치인건 ᄉᆞ호의 두든바돌 져ᄉᆞᆫ즁의 구난거슨 쇼부의 버린죡박 부츄ᄉᆞᆫ 말근쇼ᄅᆡ 엄션ᄉᆡᆼ 바람이요 쳔목ᄉᆞᆫ 나문향기 도졍졀의 국화로다 여ᄉᆞᆫ의 큰구렁은 진시황의 굴총터 형ᄉᆞᆫ의 익씨들은 앙슉ᄌᆞ의 타루비 낭거ᄉᆞᆫ 셰인비셕 ᄒᆞᆫ공을 ᄉᆡ겻스며 팔공ᄉᆞᆫ 만ᄒᆞᆫ쵸목 진병인가 의심ᄒᆞᄂᆡ 향ᄉᆞᆫ의 씨진거슨 ᄇᆡᆨ난쳔의 약숏시요 화ᄉᆞᆫ의 나문집은 진도남의 운ᄃᆡ로다 형ᄉᆞᆫᄉᆞ 구름것기 ᄒᆞᆫ문공의 경셩이요 무이ᄉᆞᆫ 죠흔쳔셕 쥬회암의 금셔로다 항ᄉᆞᆫ의 진ᄇᆡ암은 슈미진을 치고잇고 흥ᄉᆞᆫ의 우난학은 셔관이 모와ᄊᆞ나 낙가ᄉᆞᆫ 관음보살 감노슈 병을들고 오ᄃᆡᄉᆞᆫ 문수보살 감즁연 안져ᄊᆞ나 구용ᄉᆞᆫ 운화부인 금간옥쳑 볼슈업고 쳔ᄐᆡᄉᆞᆫ 마고션에 상젼벽ᄒᆡ 슈놋는다 골

윤순 안기성은 화쵸자상 옥경가고 봉닋손 젹숑ᄌᆞ난 구름깁퍼 못찻것다 관순 발근달의 강젹이 쳐량ᄒᆞ고 무산 져문비의 신여가 쇼식업다 이곳져곳 두루ᄎᆞ져 ᄒᆞᆫ곳슬 당도ᄒᆞ니 우순의 낙쵸ᄒᆞ니 창오순의 구름일고 회게순의 안ᄀᆡ더펴 천지ᄀᆞ 젹막커날 바위틈의 장신ᄒᆞ고 혼ᄌᆞ안져 죠우더니 아미순의 달이도다 영이평강 발가써날 여순동남 오로봉을 밤ᄉᆡ도록 ᄎᆞᄌᆞ가니 향노봉의 ᄒᆡ비치여 불근닋 일어나고 폭포쇼릐 요란커날 졈간안져 귀경터니 엇더ᄒᆞᆫ 친고ᄒᆞ나 왼몸의 이슬젹셔 죠로르 흘이고셔 압푸로 지나가다 쥬부를 얼는보고 인ᄉᆞ들 부치난듸 유식발명 ᄒᆞ노라고 문ᄌᆞ로 ᄒᆞ여 보와 긱죵ᄒᆞ쳐닋오 쥬부가 자셰본즉 제형용과 방ᄉᆞ커든 문ᄌᆞ로 듸답ᄒᆞ여 닋라ᄒᆞ난이난 동영긱 셔역긱의 졍쳐가 업건이와 게게셔난 뉘라시요 져거시 듸답ᄒᆞ되 닋셩명을 일ᄌᆞ면 본ᄉᆞ가 장황ᄒᆞ여 입담간의 못할 테나 당신의 ᄉᆡᆫ긴의표 나ᄒᆞ고 방ᄉᆞᄒᆞ니 닋련을 ᄒᆞ오리다 우리집 션죠쎄서 남ᄒᆡ슈궁 베살ᄒᆞ여 듸듸츙신 지닋더니 죠부님이 목강ᄒᆞ여 임군의게 직간타가 쇼인의게 촘쇼만나 양게로 찬축ᄒᆞ니 다시고향 못가시고 유어순즁 힝임안장 안식이 초췌ᄒᆞ여 형용이 골골ᄒᆞ니 양게의 ᄉᆞ람덜이 얌전ᄒᆞ고 불상ᄒᆞ여 굴솜여와 갓다ᄒᆞ여 당호를 지여쓰되 남ᄒᆡ의셔 왓싸ᄒᆞ여 남역남ᄍᆞ 쎄고 거세 ᄀᆡ취ᄒᆞ되 아듣셩이란 ᄊᆡᆯ셩ᄍᆞ 쎄여 남셩션싱이라 불의던니 그안ᄒᆡ가 슈즁잇셔 기달이다 못ᄒᆞ여셔 여필죵부 ᄎᆞ져나와 육지ᄉᆞ림 아죠되여 ᄌᆞ식덜을 나은거시 순즁의셔 ᄉᆞ난고로 도토리를 쥬어먹어 촘나무 살이올나 들우의 지닋가면 나무신 신엇난듯 가난ᄒᆞᆫ 우리형셰 일홈 ᄆᆡ양질 슈옵셔 죠부님 당호 두고 듸듸로 불너가니 아달도 남셩이 손ᄌᆞ도 남셩이 이후 중손 고손 나도 남셩이라 할테지요 쥬부가 들어본직 동죵이로구나 ᄒᆞᆫ슘지고 ᄒᆞ난마리 셰상일 알슈업쇼 우리션죠 형제분의 ᄑᆡ게ᄀᆞ 갈여쓰니 우리난 별ᄍᆞ파요 오ᄍᆞᄒᆞ신 그방죠가 육형졔 분이신듸

기운이 쳔ᄒᆞ장ᄉᆞ ᄉᆞᆷ신ᄉᆞᆫ을 실코 잇셔 이 젹션과 죠와ᄒᆞ여 그방죠 상ᄉᆞ난 후 젹션이와 죠상ᄒᆞ고 만고젼부 ᄒᆞ엿시니 육오골이상ᄉᆞᆷᄉᆞᆫ 유안ᄌᆡ가 지금ᄭᅡ지 젼ᄒᆞ난ᄃᆡ 우리 슈궁의난 그ᄌᆞ손이 업ᄉᆞᆸ기로 절ᄉᆞᄒᆞᆫ가 하엿더니 죵씨 말ᄉᆞᆷ듯ᄉᆞ오니 죵씨가 그ᄌᆞ손 우리집 죵손이요 남셩이가 이 말듯고 눈물 펄펄흘이면셔 다졍이 하난마리 본시동근ᄉᆡᆼ의 ᄉᆞᆫ슈의 갈이여셔 이제야 상면ᄒᆞ니 ᄂᆡ마음 반갑기난 칙양이 업ᄉᆞ오나 죵씨난 엇지ᄒᆞ여 져러한 귀ᄒᆞᆫ몸이 만리발셥 하신잇가 예 우리 남ᄒᆞ슈궁 귤ᄂᆡ의 저번나셔 ᄒᆡ마닥 ᄀᆡ가걸어 슈족절죵 가려키로 부득이 슈졍궁을 ᄌᆞ리윙겨 짓ᄌᆞᄒᆞ되 슈궁의 ᄌᆡ관업셔 쳥ᄉᆞᆫ월즁 퇴가 눈이 그리 박다기로 슈궁으로 모셔다가 ᄃᆡ궐터를 졍ᄎᆞᄒᆞ되 톡기의 ᄉᆡᆫ긴 형용 젼연이 모로기로 동셔분쥬 열어달의 지금상면 못ᄒᆞ엿쏘 남셩이 ᄃᆡ답ᄒᆞ되 ᄉᆞᆫ즁의 일잇쓰면 모족더리 모도모와 공ᄉᆞ를 ᄒᆞ난턴ᄃᆡ 나와 둑겁이난 몸이털은 업ᄉᆞ오나 네바리 도쳣짜고 함씌ᄆᆡ양 춤예턴니 요ᄉᆡ 무슨 일잇난지 금월십오일의 냥야ᄉᆞᆫ 취옹쳥의 일제이 모오라고 통문을 써가지고 다람이가 돌여쓰니 ᄂᆡ집의 가 계시다가 그날의 함씌가셔 모족모음 귀경ᄒᆞ면 ᄉᆞᆷᄇᆡᆨ모족 다보시고 톡기만나보오리다 쥬부가 ᄎᆞᆺ타ᄒᆞ고 남셩의집 함게가셔 뭇ᄐᆡ동죵 덜을 제제이 지면ᄒᆞ니 집집이 돌여가며 착시리 ᄃᆡ졉ᄒᆞ고 모음날이 도라오니 남셩과 한가지로 냥야ᄉᆞᆫ을 ᄎᆞ져가니 털죠흔 친구더리 모도 드러모오난ᄃᆡ 공부ᄌᆞ의 ᄌᆞᆨ춘츄 절필ᄒᆞ던 기린니 쳔궐의 상위핍법 무섭다 코기리 ᄒᆞ동의 노ᄉᆞ후 쇼ᄅᆡ큰 ᄉᆞᄌᆞ 홍문연 탄금ᄌᆞ가 긔웅하산 고음강슈동유 원야셩 슬피우난 원ᄉᆡᆼ이 호쇼풍ᄉᆡᆼ 문왕덕화 장ᄒᆞ시다 영유ᄉᆞ복 ᄉᆞ슴 욕엽마오 엽장의 공명탄식 노로 한문공이 죡보짓던 모영후손 톡기ᄉᆞᆫ간의 쥐ᄌᆞᆸ기난 긔긔마가 못당ᄒᆞ니 무호동즁삭 진씨왕을 네아나냐 고묘ᄎᆞᆼᄉᆞ 여우 셔무아 쳔아용의 살살기난 쥐 죠ᄉᆞᆷ모ᄉᆞ 엇지알고 박낭져복 다람이 ᄊᆡᆯ죠은 고랑이

털조흔 너구리 기름만흔 멧돗 멍더가음 오쇼리 상황모 쪽졔비 부리힌 죠아기 강남길을 엇지갈고 엄금엄금 둑거비 가다쥬어 모우더니 셔로상좌 싀양ᄒᆞ여 기린으로 상좌ᄒᆞ니 기린이 싀양하여 나난세상 안나잇고 셩인만 짜라단여 얼픗왓다 도로가니 동방군ᄌᆞ국의 갑ᄌᆞ월연 셩인임군 등국을 한거시니 좀짠가셔 단여오ᄌᆞ 흔양으로 가난길의 모족모음 흔다기에 지면ᄒᆞᄌᆞ 온길이니 열어이 모운슈셕 손이 엇지 안지리요 열어번 ᄉᆞ양흔니 좌편의 별셕일셕 긔린이 몬져안ᄉᆡ 코기리 ᄉᆞᄌᆞ이며 곰과 원싱이가 그 밋틔 늘어안ᄉᆡ 순군이 쥬인으로 흔가운ᄃᆡ 쥬셕ᄒᆞ고 우편의 ᄉᆞ슴 노로 톡기 여의 삭 등물이 졔ᄎᆞ로 안진후의 순군이 고긔들어 취옹졍기 문션판 바라보며 ᄒᆞ난마리 구양공 그어룬이 우리ᄒᆞ고 쳑잇던가 톡기가 믈어 엇지하신 말솜이요 유인거이 금죠낙이라 싀판ᄌᆞ난 들을쓰고 김싱슈 ᄶᆞ 안쎠시니 그것이 절통ᄒᆞ다 톡기ᄃᆡ답ᄒᆞ되 그 문력을 보올진ᄃᆡ 명셩상ᄒᆞ라 ᄒᆞ엿쓰니 울명ᄶᆞ 아린고로 김싱슈ᄶᆞ 못썻나부 ᄉᆞ슴이 ᄒᆞ난마리 유유녹명이라니 ᄂᆡ쇼ᄇᆡ도 울명ᄶᆞ제 순군이 발는ᄒᆞ여 오날 모음ᄒᆞ라기난 굴ᄂᆡ 인심 ᄒᆞ무셔워 김싱을 줍아먹기 왼갓쇠가 다 싱기고 순즁희 슈목업셔 은신할씨 업셔시니 이잔흔 우리모족 절죵이 가려키로 일장취회 공논ᄒᆞ여 각언기지 들어보면 ᄌᆞ신지척 일년지 피란지방 혹잇실가 이 모음을 ᄒᆞ여시니 불게노쇼ᄒᆞ고 각츌의견ᄒᆞ여 ᄌᆞ상이 말을ᄒᆞ라 너구리 엿ᄌᆞ오되 쇼락의 쇼견의 난 평싱가중 잇사오나 셰력이 불급ᄒᆞ여 긔구를 못ᄒᆞ더니 ᄒᆞ문ᄒᆞ시기로 감이 앙달ᄒᆞ옵ᄂᆡ다 쳔지긔벽 흔연후의 ᄉᆞ람이 최령ᄒᆞ니 김싱이라 ᄒᆞ난거슨 ᄉᆞ람위히 싱겨시니 셩인의 ᄒᆞ신말솜 오십의 비유불포 ᄉᆞ람이라 ᄒᆞ난거슨 김싱줍아 먹난테니 ᄉᆞ람손의 죽난거슨 죠금도 셜잔ᄒᆞ나 순힝긔라 ᄒᆞ난거슨 갓탄 우리모족으로 기식인가 ᄒᆞ엿시니 달은긔와 갓튼힝셰 쫑이나 먹어쥬고 도젹이나 직켜시면 쥬인은혜 갑풀텐ᄃᆡ

무신연의 아당으로 ᄂᆡ잘맛난 ᄌᆞ랑ᄒᆞ여 심궁곡 층암절벽 찻고ᄎᆞ져 들어와셔 엇그젹ᄭᅵ 지ᄂᆡᆫ뒤도 ᄂᆡ를부쳐 길을ᄎᆞ져 굴쇽의 들어시되 긔어이 물어ᄂᆡ여 졔아모리 ᄋᆡ써시나 피ᄒᆞᆫ먹음 고기ᄒᆞᆫ졉 맛시나 볼슈잇쇼 졔몸의이도업고 동졔만 살ᄒᆡᄒᆞ니 그놈슈위 가살이라 ᄉᆞᆫ군임 이후랑은 다른김ᄉᆡᆼ 살ᄒᆡ말고 졔쇼위 ᄉᆞᆫᄒᆡᆼᄀᆞ를 셰상의 잇난ᄃᆡ로 다ᄌᆞᆸ아다 ᄌᆞᆸ슈면 쇼탁쌘안니오라 덕급금슈 ᄒᆞ오리다 ᄉᆞᆫ군이 ᄃᆡ답ᄒᆞᄃᆡ ᄉᆞᆫᄒᆡᆼᄀᆡ의 ᄒᆞ난쇼위 절절가통ᄒᆞ니 다ᄌᆞᆸ어다 먹어시면 네게도 설원되고 나도 츙복 ᄒᆞ련만은 일등표슈 쌀아당겨 나지면 압풀셔고 밤이면 ᄒᆞᆫᄃᆡ잔니 어설피 물야다ᄀᆞ 죠충귀의 불이번듯 양환니 쑥나오면 ᄂᆞ신셰 엇지되리 머구리 엿ᄌᆞ오되 그러ᄒᆞ면 ᄉᆞᆫᄒᆡᆼᄀᆡ난 졔명ᄃᆡ로 ᄉᆞ오릿ᄀᆞ ᄉᆞᆫ군왈 교퇴ᄉᆞ의 쥬흔핑이라니 져도쥭난날이잇졔 노로가 발논ᄒᆞ여 오날이 모음의 ᄉᆞᆫ즁이 다모우고 기린션ᄉᆡᆼ임이 의외왕임ᄒᆞ겨시니 무슨 음식 ᄌᆞᆨ만ᄒᆞ야 ᄃᆡ졉을 ᄒᆡ야ᄒᆞ졔 ᄉᆞᆫ군이노루를 츄어 아ᄆᆡ도 늘근이가 인ᄉᆞ를 더아난고 장셩ᄉᆡᆼ 일흠ᄊᆞ의 늘글노ᄊᆞ 잇난고로 결언말을 몬져ᄒᆞ졔 여의가 썩나셔며 다람이 과동ᄒᆞᄌᆞ 밤과도토리를 만니모와 두엇씨니 가져오라 ᄒᆞ옵쇼셔 ᄉᆞᆫ군이 죳타ᄒᆞ고 모운식구 져려단은 쥬먹세여 엇지할슈 업셔시니 져와갓튼 만만장이 졔가 ᄀᆡ려 쏘ᄂᆡ셰여 쥐도 양식 만할테니 가져오라 ᄒᆞ옵쇼셔 ᄉᆞᆫ군이 죠타ᄒᆞ니쥐와 다람이가 ᄋᆡ써 쥬어모운 거슬 다갓다밧쳐ᄊᆞ나 좌즁이 분식 ᄒᆞᆫ후ᄉᆞᆫ군이 ᄒᆞ난마리 나난실과 못먹의니 무슨요긔 ᄒᆞ야 ᄒᆞ졔 여우가 쏘나셔며 ᄉᆞᆫ군임 그식양의 살ᄒᆞᆫ 김ᄉᆡᆼ털은 입담업셔 못할테니 밋도야지 큰ᄌᆞ식이 지금ᄌᆞᆸ어 파ᄌᆞᄒᆡ도 열양갑은 픈픈ᄒᆞ니 가져오라 ᄒᆞ옵쇼셔 ᄉᆞᆫ군니 죠와라고 여우를 휠셕츄어 호션ᄉᆡᆼ이 얌젼ᄒᆞ여 ᄂᆡ식셩을 쏙아난고 ᄂᆡ엽페와 안지시요 여우가 하하웃고 팔쪽팔쪽 쒸여가셔 ᄉᆞᆫ군엽페 썩안지니 멧도시 분이나셔 여우를 씨무잔들 ᄉᆡᆼ호ᄉᆞ셰라 셰거ᄒᆞ난 것더리요 ᄉᆞᆫ군엽

폐 안져씨니 가호위를 ᄒᆞ엿ᄉᆞ나 엇지할슈 업셔시니 졔분을 못이기여 ᄉᆡ금치 입의물고 으득으득 씨믈면셔 큰자식을 납상ᄒᆞ니 ᄉᆞᆫ군이 큰입으로 양볼제비 먹을젹의 여우가 엽페안져 ᄌᆞ랑이 무셥ᄉᆞ나 져의덜리 못ᄉᆡᆼ겨서 나무게 복ᄀᆡ이네 ᄌᆞ펴먹네 걱경ᄒᆞ졔 날가치 ᄒᆡᆼ셰ᄒᆞ면 아무걱경 업제 나무무덤 밧쪽 엽페 굴을파고 업셔지면 ᄉᆞᆫᄒᆡᆼᄉᆞᆫ이 암만ᄒᆞ도 불질를슈도 업고 쏙기여 가다가도 오좀만 누어시면 ᄉᆞᆫᄒᆡᆼᄀᆡ도 할슈업고 아무ᄃᆡ를 가드ᄅᆡ도 쥬관ᄒᆞ난 ᄉᆞ람의게 비우만 마츄우면 일ᄉᆡᆼ이 편ᄒᆞᆫ신세 공츌믈의 노타쥬셰 장담을 ᄒᆞᆫ츰ᄒᆞ니 ᄉᆞ어취웅이라니 곰이 ᄆᆡ오 의기잇셔 나안지며 ᄒᆞ난마리 오날 우리 모의긔난 ᄉᆞᆫ즁졔페 ᄒᆞᄌᆞ더니 산ᄒᆡᆼᄀᆡ난 업셰라되 포슈무셔 할슈업고 ᄋᆡᄌᆞᄒᆞᆫ 쥐 다람이 과동지ᄌᆞ 다ᄊᆡ기여 부모쳐ᄌᆞ 굼길테요 가셰부족 멧ᄯᅩ야지 상명지통 보와시니 시쇽의 비ᄒᆞ면은 ᄉᆞᆫ군은 슈령갓고 여우난 간물츌피 ᄉᆞᆫᄒᆡᆼᄀᆡ난 셰도아젼 너구리 멧ᄯᅩ시며 쥐와 다람이난 금씨앗난 ᄇᆡᆨ셩이라 오날젼녁 ᄯᅩ지ᄂᆡ면 여우눈의 못괴인놈 무ᄉᆞᆫ환을 ᄯᅩ당할지 그놈의 우숨쇼ᄅᆡ ᄲᅦ졀여 못듯것ᄂᆡ 그만ᄒᆞ여 파합시다 ᄉᆞ군이 헐말업셔 파좌ᄒᆞ고 이러셔니 여우가 곰을 별너 엇싸이간 부치던지 불한번은 밧게ᄒᆞᆫ다 각각ᄒᆞ직 도라갈제 쥬부가 남셩엽페 가만이 업듸여셔 각기모ᄉᆡᆨ ᄒᆞ난말을 다보고 드러ᄉᆞ나 모음을 파ᄒᆞᆫ후의 톡기뒤의 ᄯᆞᆯ아가며 쳥ᄉᆞᆫ셕격 유벽쳐의 톡기를 ᄒᆞᆫ번불너 여보 퇴ᄉᆡᆼ원 톡기의 근본셩졍 무겁지 못ᄒᆞᆫ거시 겸ᄒᆞ여 쳬쇼ᄒᆞ니 왼ᄉᆞᆫ즁이 멸시ᄒᆞ녀 뉘가 ᄃᆞ졉ᄒᆞ것는냐 쥐와 여의 다람이도 톡기야 톡기야 여호쇼아 일흠불너 무죤장 아문으로 평ᄉᆡᆼ을 ᄌᆞᄂᆡ다ᄀᆞ 쳔만뜻박 뉘가와셔 ᄉᆡᆼ원이라 죤층ᄒᆞ니 죠와 앙죠못견듸여 짱장짱장 쒸여오며 게뉘랄게 게뉘랄게 날찬난게 게위랄게 상ᄉᆞᆫ의 ᄉᆞ호드리 바돌두ᄌᆞ 날을찻나 쥭임의 칠현드리 슐을먹ᄌᆞ 날을찻나 쳥풍명월 ᄎᆡ셕가ᄌᆞ 이젹션이 날을찻나 게도난장 젹벽가ᄌᆞ 쇼동파가 날을

찻나 인ᄉᆡᆼ부괴 물을야나 부운유슈 갈의치제 역ᄃᆡ홍망 물을야나 상젼벽ᄒᆡ 갈으치제 오리팔팔 짱장짱장 쒸여오니 쥬부가 의동ᄒᆞ여 톡기가 쥬부보고 의심을 ᄆᆡ오ᄒᆞ여 이것시 무엇신고 졔숀죠 의심ᄂᆡ고 졔가 도로파의ᄒᆞ여 쇠똥이 말나난가 이ᄉᆞᆫ즁의 무슨 쇼씨아진 부등감이 엇지져리 묘케씨져 액ᄭᅩ 이것 큰일낫다 ᄉᆞᆫ영왓든 죵장이가 질을승 ᄭᅳᆯ너노코 똥누러갓나보다 밧비밧비 도망ᄒᆞᄌᆞ 짱장짱장 쒸여가니 쥬부가 ᄉᆡᆼ각ᄒᆞᆫ즉 그ᄃᆡ로 두어셔난 져리방정마진거시 남쥬월 북쥬호을 ᄒᆞᆫ업시 ᄒᆞ것거든 ᄯᅩᄒᆞᆫ번 크게 불너 여보퇴ᄉᆡᆼ원 톡기가 가다듯고 뉘ᄀᆞ 날을 ᄯᅩ부르노 고이ᄒᆞ다 고이ᄒᆞ다 아장아장 도로오며 쥬부를 바라보니 악가업던 목쥴기가 강당틈의 ᄇᆡ암갓치 실금이 나오거든 의슴나고 겁이나셔 각가이 못오고셔 멀직이 셔셔보며 문ᄌᆞ로 슈ᄌᆞᆨᄂᆡ여 ᄂᆡ가 이ᄉᆞᆫ즁의 ᄉᆡᆼ어ᄉᆞ 장어ᄉᆞ 유어ᄉᆞ 노어ᄉᆞ 몃해가 되야씨되 급시쵸견 ᄒᆞ난 터의 날을 엇지알고 무엇ᄒᆞ려 불너난요 쥬부가 ᄃᆡ답ᄒᆞ되 유붕이 ᄌᆞ원방ᄂᆡᄒᆞ니 불역낙호가 공부ᄌᆞ의 말숨인듸 어이그리 무식ᄒᆞ여 각각이 안니오고 쳐음본다 괄시ᄒᆞ니 인ᄉᆞ가 털억인듸 톡기가 드러본직 ᄉᆡᆼ긴것과 말ᄒᆞ난게 불이방관이어든 엽페와 썩안지며 뉘라ᄒᆞ시오 예나난 슈궁의셔 쥬부별살 ᄒᆞ어먹난 ᄌᆞᄅᆞ요 ᄉᆞᆫ슈가 셔로달나 풍마우지 볼상급의 슈궁의 죠관으로 ᄉᆞᆫ즁은 엇지왓쇼 쥬유북ᄒᆡ 모창오라 어ᄃᆡ난 못가것쇼 우리용왕 장ᄒᆞᆫ덕화 구오위의 거ᄒᆞ시고 팔쳔리를 진무ᄒᆞ니 일ᄉᆞ만긔 되옵난듸 신ᄒᆡ가 ᄌᆡ죠업셔 창양ᄒᆞ기 어렵기로 용왕의 분부모와 왕ᄌᆡ지ᄌᆡ 구ᄒᆞ기로 천ᄒᆞ명ᄉᆞᆫ 편답싸ᄀᆞ 오날날 모죡모음 쳔ᄒᆡᆼ으로 맛나기로 만좌를 다보아도 ᄑᆡ왕지난 비웅비표라 션ᄉᆡᆼᄒᆞ나 샌이기로 션ᄉᆡᆼ을 모겨가ᄌᆞ 뒤를싸라 왓ᄉᆞ오니 바ᄅᆡ견ᄃᆡ 퇴션ᄉᆡᆼ은 범슈의 왕게쌀듯 ᄒᆞᆫ신의 쇼ᄒᆞ쌀듯 날을싸라 가ᄉᆞ이다 톡기가 졔인물의 ᄒᆞ감ᄉᆞᄒᆞᆫ마리어든 졔쇼견도 의심ᄒᆞ여 엇터키에 ᄂᆡ형용이 곰보단도

나흘테요 표범보단 나을테요 쥬부가 딕답ᄒᆞ되 곰의 몸이 비록크나 눈이 젹고 털이덥퍼 틱양졍기 부죡ᄒᆞ니 미련ᄒᆞ여 못쓸테요 범이 비록 용밍ᄒᆞ나 코ᄎᆞ룹고 쥴기업셔 승악이 져함ᄒᆞ니 단명ᄒᆞ여 못쓸테요 션싱의 기상 보니 치셰지 능신이요 난셰지 간웅이라 눈이발고 쇽춍ᄒᆞ야 천문지리 다 알테요 몸이적고 발이쌜나 손도넘고 물도찍즤여 싸라가리 업슬테니 쳡ᄉᆞᄒᆞᆫ 져구변이 쇼진의 합죵인지 각금각금 죠운난 것 공명의 츈슈런가 싱긴거시 모도졍신 볼쇼록 모도구경 모죡즁 졔일이니 우리슈궁 갓ᄉᆞ오면 입상츌장 졔공명을 쌀의리 뉘잇스리 톡기가 드러본즉 쥬부의 ᄒᆞ난말리 졔싱긴 형용ᄒᆞ고 낫ᄉᆞ시 쪽갓써든 가만니 싱각ᄒᆞᆫ직 형용은 무던ᄒᆞ나 쇽의 글이업셧스니 슈궁의 글유무을 알어야 할테여든 쏘물어 슈궁죠관 즁의 문장이 메시되요 문장죠관 잇스면은 영덕젼 지을젹의 립양문 못지어셔 양게까지 멀니 나와 여션문을 청햇것쇼 쏘물어 슈궁의 훨젹키큰 죠관잇쇼 영덕젼 상양할졔 키큰죠관 가리난듸 닉가상양 ᄒᆞ엿지요 그리큰 슈궁의셔 날만ᄒᆞᆫ키도 없쇼 션싱이 들어가면 방풍씨 들어왓다 모도깜짝 놀나지요 톡기가 싱각ᄒᆞᆫ즉 널운 의견 죠흔 구변 닉쇽의 홈박들고 글 잘ᄒᆞ고 키큰죠관 슈궁의 업다ᄒᆞ니 나진인 신언셔판 눌일듸가 업구만은 안토즁쳔 이ᄉᆞ셰가 썩써나기 어렵구나 ᄒᆞᆫ번 ᄉᆞ양ᄒᆞ여보아 쥬부를 쌀아가면 죠키난 죠흘테나 살임지낙 풍월지흥 이길슈가 업ᄉᆞ오니 엇지쌀아 갈슈잇쇼 쥬부가 물어 살임지낙 풍월지흥 만이도 그리 죠ᄊᆞ오면 나도 여기 함ᄭᅴ슨셔 슈궁으로 안갈테요 이약이 죠금ᄒᆞ오 슬업슨 톡기 쇼견 제가 쥬부 도로기로 살임풍월 ᄌᆞ랑할졔 터도업난 거진말을 냉슈먹슷 하난구나 쳔산의 봄이오면 만ᄌᆞ쳔홍 그림병풍 잉가졉무 죠흔풍유 놀기도 죠컨이와 공문졔ᄌᆞ 오칠관등 긔슈의 목욕하고 무호의 발람씰졔 쌀아가서 귀경ᄒᆞ고 녹음방쵸 승화시 공ᄌᆞ왕손 답쳥귀경 츄쳔경츌슈양이 녹의

홍상 근늬귀경 긔봉율을 화운승 피셔임쳔 목욕귀경 ᄉᆞᆷ하를 다보ᄂᆡ고 금풍이 일어나고 옥노가 셔리되어 상엽홍어 이월화 경거좌ᄋᆡᄒᆞ난듸와 황화구일 요을음 낙모취무 효흔긔경 쳔순죠비 ᄉᆞᆫ친거을 나혼자 마싀겨워 용문상설 ᄒᆞ올젹의 ᄆᆡᆼ호연도 ᄯᆞᆯ아가셔 슌간ᄉᆞ시 죠흔경을 오난ᄃᆡ로 귀경하야 임ᄌᆞ업난 쳥순녹슈 모도 우리집을 ᄉᆞᆷ고 갑업난 쳥풍명월 나혼ᄌᆞ 쥬인되야 알헐간의 ᄉᆞ과시니 반고씨젹 시졀인ᄀᆞ 식목실을 ᄒᆞ여씨니 유쇼씨젹 ᄇᆡᆨ셩인ᄀᆞ 이러ᄒᆞᆫ 편ᄒᆞᆫ신셰 시비하리 뉘잇스며 이러ᄒᆞᆫ 죠흔흥미 아셔가리 뉘잇스리 슈궁이 죠타ᄒᆞ되 이힝직쳔이라니 갈슈업졔 갈슈업제 회슈를 견네면은 유ᄌᆞ도 탱ᄌᆞ되니 안갈나네 안갈나네 쥬부가 돌의면셔 가만이 ᄉᆡᆼ각ᄒᆞᆫ직 져를 훨썩 츄어더니 죠분쇼견 교고가 나셔 저러케 뎜벙이니 되게ᄒᆞᆫ번 탁질너셔 져놈긔를 썩거보ᄌᆞ 쳔연니 물어보아 여보 퇴ᄉᆡᆼ원임 말슴다 ᄒᆞ시셧쇼 예 다ᄒᆞ엿소 몹시불어 뒥기시오 ᄉᆞᆫ의셔 부난바람 ᄒᆡ풍보단 훨젹셰니 귀가시려 못듯것쇼 슈즁의 잇난이난 ᄉᆞᆫ즁일을 모로리라 져러케 과장ᄒᆞ되 당신의 가련신셰 낫낫치 다일을게 당신니 들의시랴우 말슴ᄒᆞ시오 쳔봉의 바람ᄎᆞ고 만학의 눈ᄊᆞ이여 ᄶᅡ의난 풀리업고 나무의 과실업셔 열어날 굴문신셰 어둑침침 바위틈의 고푼ᄇᆡ 트러쥐고 젹막키 안진거동 진나라 함곡관의 쵸회왕의 신세런가 북ᄒᆡ상 리교즁의 쇼즁낭의 고생인가 무슨경의 상설방ᄆᆡ 이ᄉᆞᆷ월의 눈이 녹아 풀도돗고 ᄭᅩᆺ도 푸여 쥬린구복 ᄎᆡ우랴고 이골져골 단니다ᄀᆞ 슉슉트져 코잔그믈 빈틀업시 들어치고 규규무부 날싼거름 쇼ᄅᆡ지고 쬬ᄎᆞ오니 절운ᄊᆞᆼ지 샷티씨고 코군역의 단ᄂᆡ펄펄 불변쳔지 도망할졔 천만의외 독슈리가 즁쳔의 노피 ᄯᅥᆺ다 나라나려 압막으니 당신의 가궁졍셰 적벽강 화젼즁의 목슘이 아니죽고 간신이 도만타가 화룡도 죠분목의 관공 만난 죠죠로다 어ᄂᆡ틈 무슨경황 긔슈복욕 무호 바람 ᄉᆞ오유월 여름되면 당신신셰 더엇덕고 슘풀짓고 나리더워 진둥ᄀᆡ 왕ᄀᆡ암이 만신을 침질ᄒᆞ니 좁ᄌᆞᄒᆡ도 손이업고 두루 ᄌᆡ도 ᄊᆞᆼ지업셔 복ᄀᆡ다 못견ᄃᆡ여 ᄉᆞᆫ밋태로 나려오니 픗나무 쵸균이며 기음ᄆᆡ던 농부더리 호무들고 ᄌᆞᆨᄃᆡ들고 이목져목 쬬ᄎᆞ오니 피호봉난 져졍경이 엇써타 ᄒᆞ것난ᄀᆞ 츄쳔목욕 귀경 ᄉᆡᆼ각 어늬 틈의 날터이며 칠팔구월 가을되여 공손의 입쎨어져 ᄉᆞᆫ과목실 낭ᄌᆞᄒᆞ니 물것업고 밥만ᄒᆞ여 모쪽의 죠흔ᄊᆡ난 일연즁 졔일이나 봉봉이 안진거슨 ᄆᆡ바든 슈월ᄌᆞ요 골골리 뒤난거슨 ᄂᆡ잘맛는 ᄉᆞᆫ힝ᄀᆡ라 몽치든 모리군은 양엽퓌셔 호구리고 죠총든 일ᄊᆞ표슈 화문의 화승박아 목목시 안져시니 당신의 급ᄒᆞᆫᄉᆞ셰 비상쳔을 할테인ᄀᆞ 즁진츌을 할테인ᄀᆞ 단풍귀경 국화귀경 ᄂᆡ쇼견은 할슈업ᄂᆡ 우리 슈궁 갓씨면은 ᄐᆡ평힝낙 할테기여 모셔가ᄌᆞ ᄒᆞ엿써니 화망쌀리 ᄉᆞ쥬ᄂᆡ라 모가겟다 ᄒᆞ오시니 괵쳘의말 아니듯고 죵실의 한신죽엄 범여편지 불신하고 월나라 죵이죽엄 션싱신셰 불상ᄒᆞ오 ᄂᆡ힝식이 춍춍ᄒᆞᆫ니 부득이 가난이다 ᄒᆞ즉ᄒᆞ고 썩썩가니 톡기ᄀᆞ 싸러오며 여보시오 별쥬부 셩경 그리급ᄒᆞ시오 쥬부가 ᄃᆡ답ᄒᆞ되 나할말은 다ᄒᆡ시니 불너도 씰ᄊᆡ업쇼 평안니 게옵셔셔 ᄉᆞᆫ림지탁 누리시요 앙금앙금 밧비가니 톡기연에 쌀아오며 슈궁의 들어가면 화망쌀을 면할잇ᄀᆞ 알기쉬운 오힝이치 슈극화를 몰의시요 그는 글어할테이나 타국의셔 왓다ᄒᆞ고 쳔ᄃᆡ를 ᄒᆞ거드면 그안니 졀통ᄒᆞ오 엇지 그리무식ᄒᆞ오 동ᄒᆡ ᄉᆞ람 여상이가 쥬나라의 상보되고 윗나라 ᄇᆡᆨ이ᄒᆡ가 진나라 졍승되니 무슨쳔ᄃᆡ 바닷것쇼 우리ᄉᆞᆫ즁 친고덜케 ᄒᆞ직이나 ᄒᆞ고가졔 ᄃᆡᄉᆞ난 불모어즁 각기쇼견 다달의니 위방인니 가지말나 말일이도 잇슬테요 그일리 장이 죠니 함씌 가ᄌᆞ 할테니 니질ᄶᅡ의 집짓기라 ᄉᆞᆷ연불셩 엇지ᄒᆞ게 우리쳐 디려나간다고 ᄒᆞ고가제 모급부인 ᄒᆞ거드면 망하난 법인거슬 슈궁의가 공연ᄒᆞᆫ후 쌍교보ᄂᆞ 모셔가면 오직이 죠컷난가 이리져리 살ᄉᆞ돌나 슈ᄌᆞᆨᄒᆞ며 가노라니 방졍마진 여우ᄉᆡᆨ기

ᄉᆞᆫ모퉁이의 썩나셔며 이아 톡기야 너 어ᄃᆡ 가난냐 베살ᄒᆞ려 슈궁간다 이ᄋᆡ야 가지마라 슈능ᄌᆡ쥬 역능복쥬 물이란게 위ᄐᆡᄒᆞ고 죠승은 모ᄉᆞᄉᆞ의 베살리 위ᄐᆡᄒᆞ니 두가지 위ᄐᆡᄒᆞᆫ일 타국으로 구ᄉᆞ갓다 못되면은 굴머 죽고 잘되면은 오ᄉᆞᄒᆞᆫ다. 엇지ᄒᆞ여 오ᄉᆞᄒᆡ야 이ᄉᆞ라 ᄒᆞ난ᄉᆞ람 촛나라 명필노셔 진나라의 들어가셔 승상까지 하여써니 함양시상 탄황견 허리 베셔 쥭여시며 오기라 하난ᄉᆞ람 윗나라 명장으로 촛나라의 들어가셔 경승이 되엇써니 귀쳑ᄃᆡ신 공살ᄒᆞ니 너도 지금 슈궁가셔 만일 죠흔 베살ᄒᆞ면 경영이 쥭을테니 퇴ᄉᆞ호비 우리경지 ᄂᆡ셔룸이 엇더컷나 가지마라 가지마라 톡기가 올케듯고 쥬부의게 하직하여 당신혼ᄌᆞ 잘가시요 나난 가지 못하것쇼 쳔봉ᄇᆡᆨ운 ᄂᆡ바리고 만경창파 가ᄌᆞ기난 베살ᄒᆞ잔 쓧실너니 베살ᄒᆞ면 쥭난다니 ᄀᆡᆨᄉᆞᄒᆞ러 갈슈잇쇼 어진벗 우리여의 춍곡션도 ᄒᆞ난 말을 ᄂᆡ어이 안듯것쇼 쥬부가 ᄉᆡᆼ각ᄒᆞᆫ즉 다도여가난 일을 져몹실 여의놈이 방졍을 부려꾸나 여의ᄒᆞ고 톡기ᄒᆞ고 이간을 썩부쳐 죠흔친구 두엇시니 두리가셔 잘지ᄂᆡ오 졔복이 안인거슬 권ᄒᆞ여 씰ᄃᆡ업쇼 도라도 안니보고 앙금앙금 나려가니 톡기가 도로오며 ᄌᆞ상이 뭇난마리 복업다니 웬말이요 쥬부가 ᄃᆡ답ᄒᆞ되 나무두리 죠흔졍지 나진말리 부당ᄒᆞ나 당신니 물의시니 할박기 슈가업쇼 ᄂᆡ가 육지나온지가 열어달리 도여기로 여의가 차져와셔 져를 다려가려ᄒᆞ되 방졍시련 그모양과 간교ᄒᆞᆫ 그심슬리 불가근 할테기여 못ᄒᆞ것다 ᄶᅦ여써니 당신다려 간단말을 이놈이 엇지알고 쪼ᄎᆞ와셔 져희ᄒᆞ니 당신은 ᄶᅦ보ᄂᆡ고 졔가 인졔 싸라오졔 톡기가 고지들어 ᄎᆞᆷ글엇탄 말ᄉᆞᆷ리요 얼마안헤 알일인듸 거진말 할슈잇쇼 경망ᄒᆞᆫ 져톡기가 단ᄎᆞᆷ의 고지듯고 여의다려 욕을ᄒᆞ여 그놈의 평ᄉᆡᆼ힝셰 ᄉᆞᄉᆞ이 져러ᄒᆞ제 열놈이 ᄇᆡᆨ말ᄒᆡ도 나ᄂᆞᆫ ᄯᆞᆯ아 갈테이요 그렁져렁 나려가니 ᄒᆡ변 당도ᄒᆞ엿ᄉᆞ나 창파만경 가니업셔 슈쳔일ᄉᆡᆨ 되엿씨니 톡기가 ᄭᆞᆷ짝놀ᄂᆡ 져게

모도 물이요 글어치요 져쇽의셔 살의시요 그러ᄒᆞ오 코군역의 물들어가 숣이나 쉴슈잇쇼 글어키에 ᄂᆡ코궁기는 죠그망콤 뚤어씨요 ᄂᆡ코난 군역 큰니 엇지ᄒᆞ잔 말ᄉᆞᆷ이요 쑥입쓰더 막의시요 깁기난 얼마나 ᄒᆞ오 우리발 목 물리지요 졀언 거진마리잇쇼 만일거긔 싸져씨면 ᄒᆞᆫ달을 나려가도 짱의바리 안다컷쇼 나몬져 들어갈게 당신은 셔셔보오 쥬부가 팔짝쒸여 ᄒᆡ상의 짱실써셔 하위하위 허염하며 어듸깁퍼 어듸깁퍼 톡기가 하하우셔 당신은 헤염ᄒᆞ오 드러와 보면알제 톡기가 시험ᄎᆞ로 언덕의 압발딋고 물쇽의 뒷발 너어 시험ᄒᆞ여 보려ᄒᆞ니 쥬부가 달여들어 톡기의 뒷다리를 뎅경물어 ᄎᆡ그시니 톡기가 풍싸져셔 ᄒᆡ슈를 만니씻짜 쥬부가 등기업고 ᄒᆡ상의 등등써셔 졍쳐업시 가난구나 톡기가 물짱써고 쥬부등의 안져노니 긔호지세 되어시니 다시나릴 슈도업고 살업난 져볼기와 털업난 ᄌᆞᄆᆡ 등의 압파안질 슈가업다 쥬부를 불너 여보 나아리 여기어듸 쥬막잇쇼 쥬막은 무엇ᄒᆞ게 숑곳시나 솔일넌지 연장ᄒᆞ나 어더다ᄀᆞ 나의리 등의 말 쭉 박어 손ᄌᆞ비 ᄒᆞ옵시다 오ᄅᆡ타면 이력나제 처음ᄇᆡ탄 ᄉᆞ람갓치 톡기가 멀무ᄒᆞ여 똥물를 다토ᄒᆞ니 쥬부가 죠죵ᄒᆞ여 이번은 져ᄇᆡ쇽의 ᄉᆞᆷ위로 구젼단이 밤낫들어 갈테이니 ᄉᆞᆫ과목실 먹은것슨 휠셕게여 쇽을씨제 톡기가 ᄃᆡ답ᄒᆞ되 ᄉᆞᆷ위로 맛못보고 즁노의셔 죽기쉽쇼 쥬부 연에 죠죵ᄒᆞ여 만일져리 위텁거든 ᄉᆞᆫ즁으로 도로가졔 글렁져렁 간노라니 톡기가 이력나셔 무셔운긔 ᄒᆞ나업고 과거경쳐를 알기로 물어 져기져것 무엇시오 쥬부의 된ᄉᆞ경이 육지온지 열어달의 밤낫으로 고상ᄒᆞ다 톡기를 게우돌나 고국으로 돌라가기 시각이 밥버시니 톡기 귀경 식키ᄌᆞ고 ᄒᆡ상의 두류ᄒᆞ여 갈으쳐 쥴이가 잇나 죠케ᄃᆡ답ᄒᆞ여 슈궁의셔 벼살ᄒᆞ면 남명팔쳔리를 죠셕귀경 할거시니 지쳬말고 어셔가ᄌᆞ 숭교군의 망션거름 ᄃᆡ고들고 ᄂᆡ노와셔 슈경문밧 당도ᄒᆞ니 어두구면 여러군사 쥬부보고 졀을ᄒᆞ며 평안니 힝추ᄒᆞ고 톡기ᄌᆞ바 오신잇가 쥬부가 ᄃᆡ답ᄒᆞ되 오 져거시 톡기이니 작실리 맛타두라 문안으로 들어가니 톡기가 들어본즉 경영이 탈이여든 군ᄉᆞ덜과 슈족ᄒᆞ여 당신ᄂᆡ는 슈궁의셔 무슨베살 해줍슙쇼 문직킨군ᄉᆞ지요 슈궁의셔 무엇ᄒᆞᄌᆞ 톡기를 줍버왔쇼 우리ᄃᆡ왕임이 병세가 위즁ᄒᆞ셔 톡기간을 줍슈와야 회춘을 ᄒᆞ시리라 션관니 지시키로 별쥬부 ᄂᆡ보ᄂᆡ여 ᄌᆞ바오라 ᄒᆞ엿난듸 당신 쇽몰의것쇼 쥭기가 무엇죠와 고향을 ᄂᆡ바리고 예ᄭᅡ지 ᄯᅡᆯ아왓쇼 톡기가 들어보고 두슈업시 쥭어ᄭᅮ나 두눈만 ᄶᅡ막ᄶᅡ막 ᄉᆡᆼ각ᄒᆞ고 안져ᄶᅥ니 아이요 ᄃᆡ궐안의 쳥영쇼릐 크게나며 만죠가 입시ᄒᆞ여 ᄃᆡ좌기 ᄃᆡ군물을 불시의 ᄎᆞ리난듸 장경ᄃᆡ곤은 분치좌우ᄒᆞ고 신교독신은 용약후션ᄒᆞ야 집졍모 죠라극의 부지기슈 늘어셔셔 톡기를 나입ᄒᆞ니 죠막막ᄒᆞᆫ 이신체가 슈졍궁 널운뜰의 업듸여 ᄉᆡᆼ각ᄒᆞ니 묘창히지일쇽이라 용왕이 병즁ᄒᆞ여 기동을 못ᄒᆞ더니 톡기를 보와노니 ᄉᆡ졍신니 왈칵나셔 쇄창을 열쎨이고 큰쇼릐로 분부ᄒᆞᆫ다 옥황의 명을바다 남히를 직키기로 인간의 비를 쥬고 슈족을 진무ᄒᆞ야 궐덕이 졍즁ᄒᆞ고 궐시가 ᄉᆞ보런니 우연이 병즁ᄒᆞ여 톡간이 안니며는 달은약이 업난고로 별쥬부의 츙셩으로 너를줍아 바쳐시니 네간을 ᄂᆡ어먹고 짐의 병이 나은후의 기특ᄒᆞᆫ 네의공을 짐이 엇지 이질쇼냐 ᄒᆞᆫ나라 기신갓치 풀을묵거 안칠넌지 월나라 범여가치 황금으로 지을넌지 네형용 만들어셔 ᄉᆞ당지어 안칠테요 그리가 능운ᄃᆡ의 네일흠을 ᄉᆡᆨ일테니 살신셩명 그안인야 죠금도 설워말고 ᄇᆡᄂᆡ미러 칼바드라 톡기가 분부듯고 아무 ᄃᆡ답 아니ᄒᆞ고 고ᄀᆡ를 번듯들어 젼상을 바라보며 눈물만 ᄯᅮᆨᄯᅮᆨ지니 용왕이 ᄉᆡᆼ각ᄒᆞ되 저거시 날ᄶᅡ닥의 무죄이 취ᄉᆞ지가 오죡키 불상ᄒᆞᆫ냐 죠흔말노 ᄀᆡ유ᄒᆞ야 함쇼입지 ᄒᆞ게ᄒᆞᄌᆞ 다시분부 ᄒᆞ시기를 네어이 밀연ᄒᆞ야 그러케 분부ᄒᆞ되 쥭기를 설워ᄒᆞ여 눈물을 흘이난야 톡기가 엿ᄌᆞ오되 쥭기설워 안니ᄒᆞ고 못쥭이셔 우난이다 용왕이 의심ᄒᆞ여 그거시 웬말인다 알외옵게 들의시요 쇼퇴갓턴 젹은목슘 인간의 지쳔이라 독슈리 밥이될지 ᄉᆞᆫ힝ᄀᆡ의 반찬될지 그믈의 쌔일넌지 총부리의 타질넌지 죽고만 말테이니 그런ᄃᆡ 죽ᄉᆞ오면 셰상의 낫던ᄌᆞ최 뉘가 다시 아오릿가 복즁의 간을ᄂᆡ여 ᄃᆡ왕환후 구ᄒᆞ오면 아무공뇌 업ᄉᆞ와도 유방ᄃᆡ셰 졀노될듸 허믈며 ᄃᆡ왕덕택 쇽쵸규금 져형용과 인각운ᄃᆡ 져셩명이 그영화 무궁ᄒᆞ여 만셰의 유젼할듸 이방졍 시린거시 간업시 왓ᄉᆞ오니 졀통ᄒᆞ기 칙양업쇼 ᄃᆡ왕이 ᄃᆡ쇼ᄒᆞ여 미련한 거시로다 거진말을 할지라도 가시지방 할거시제 쳔쳔만 부부당ᄒᆞᆫ말 뉘가고지 들을테냐 네ᄇᆡ쇽의 잇난간이 네몸이 예왓난ᄃᆡ 간이 어이 못왓난고 톡기가 앙쳔ᄒᆞ고 ᄒᆞᆫ참을 ᄃᆡ쇼ᄒᆞ니 용왕이 물의시되 간상이 탈노ᄒᆞ니 헐말업셔 웃난구나 톡기가 엿ᄌᆞ오ᄃᆡ 할말ᄉᆞᆷ은 만ᄊᆞ오나 ᄃᆡ왕갓튼 져지위의 무식함을 웃난이다 ᄃᆡ왕의 무궁변화 승쳔입ᄒᆡ ᄒᆞ옵시고 홍윤치우 하시기에 쳔지간 목궁이치 다아시다 ᄒᆞ엿써니 쇼퇴의간 츌립은 쵸동목슈 다아난듸 ᄃᆡ왕혼ᄌᆞ 모로시니 그리무식 ᄒᆞ신잇ᄀᆞ 쳔상의 영허지리 달이맛짜 잇ᄉᆞᆸ기로 망젼이면 ᄎᆞ옵다가 망후되면 쥴어지니 달의 별호 옥퇴옵고 지상의 진퇴지리 죠슈가 맛짜기로 ᄉᆞ리ᄊᆡ난 무리만코 죠금이난 젹ᄉᆞ오니 죠슈별호 ᄉᆞᆷ퇴오ᄆᆡ 쇼퇴의 빗쇽간이 달빗갓고 죠슈갓터 망젼의난 ᄇᆡ의두고 망후의난 박긔두어 진퇴영허 ᄒᆞ난고로 액이되여 ᄌᆞᆺ탓ᄒᆞ제 만일달은 김싱갓치 ᄇᆡ쇽의만 장잇스면 허다ᄒᆞᆫ 김싱즁의 쇼퇴간니 죠타릿ᄀᆞ 금월생오일 냥야ᄉᆞᆫ 취옹졍의 모죡모음 ᄒᆞ옵기로 쇼퇴의 간을 ᄂᆡ여 파쵸입의 고이 ᄊᆞ셔 방장ᄉᆞᆫ 추고봉의 웃둑션난 노숑지의 노피노피 ᄆᆡ다옵고 모음참예 갓ᄉᆞᆸ다ᄀᆞ 별쥬부를 상봉ᄒᆞ여 함게짜라 왓사오니 ᄂᆡ월쵸하르날 복즁이 너을간을 엇지가져 올슈잇쇼 용왕이 들어본즉 이치가 그러커든 졀헐쥴 알라드면 약가르친 션관의게 물어나 보와씰듸 회지막급 되엿수나 또물어 네가 손도 업난거시 빅쇽의 잇난간을 어딕로 집어닉고 임의츌립 ᄒᆞᆫ단 말ᄀᆞ 쇼퇴의 밋순역의 간나오난 궁기잇셔 빅의다 심만쥬면 그궁기로 나오옵고 입으로 싱키오면 도로 들어 가옵지요 간나오난 그군역이 경영짜로 잇단말ᄀᆞ 쇼퇴의 불기짝의 군역이 셔이오니 똥누고 오좀누고 간누고 ᄒᆞ옵지요 용왕이 나를 식켜 밋궁글 젹간ᄒᆞ니 셰군역이 완연쿠나 용왕이 물어 네간이 안이면은 짐의병을 못고칠듸 네빅의 간업시니 엇지ᄒᆞ면 좃컨난야 쇼퇴가 나가오면 쇼퇴간 뿐안니오라 함게걸인 달은간을 만니 가져오련만는 쇼퇴의 먹은마음 딕왕짐ᄌᆞᆨ 못ᄒᆞ시니 쇼퇴를 가두시고 별쥬부 보닉여 쇼퇴의 지엄에게 쇼퇴편지 보닉오면 간ᄎᆞ져 보닐테니 그리ᄒᆞ게 ᄒᆞ옵쇼셔 별쥬부가 업페업셔 시죵을 들어보니 저놈다려 올적의도 허다고생ᄒᆞ엿난듸 허믈며 졔게집은 지면도 못ᄒᆞᆫ터의 어딕가 만나오며 셔령 만나본딕기로 그ᄉᆞ이 ᄀᆡ가 ᄒᆞ여 다른 셔방 어더시면 젼셔방 죽고살기 싱각할이가 잇나 빅쇽의 간업단말 암만ᄒᆡ도 헛말이니 빅가르고 보난슈다 용왕젼의 엿ᄌᆞ오딕 퇴간츌립 ᄒᆞᆫ단말이 ᄉᆞ기에도 업ᄉᆞ옵고 이치의도 부당ᄒᆞ니 빅를갈나 간업시면 신니양게 또나가셔 망젼톡기 ᄌᆞ바올게 빅갈의고 보옵쇼셔 톡기가 드러보니 두슈업시 죽어ᄊᆞ나 쥬부가 말못ᄒᆞ게 막어야 쓰겟거든 쥬부를 도라보며 악가 네말솜을 용왕젼의 ᄒᆞᄌᆞᄒᆞ되 만리동고 졍이잇셔 ᄀᆡ구치 마ᄌᆡ써니 네놈의 ᄒᆞ난거동 갈슈록 방졍이다 쳐음날을 맛날실졔 져통졍을 ᄒᆞ엿드면 그날리보름날 우리식구 슈빅명 함게간을 쎄여닉니 그즁의 나이 늘거 약만니 든 죠흔간을 열어보를 쥬어실듸 쇽이 그리음험ᄒᆞ여 베살ᄒᆞ라 슈국가ᄌᆞ 돌나올 꾀만 ᄒᆞ니 그거시 쳣번허물 딕왕환후 시급ᄒᆞ니 너고나고 또나가셔 간을 어셔 가져와야 치료를 ᄒᆞ실텐듸 날만어셔 죽이라니 네놈의 싱긴형용 음목단족 장경오 가여공 환란이요 불가여공 안탁이라 날을 죽여 간업시면 엇던톡기

다시보리 ᄂᆡ가 슈궁베살ᄒᆞᄌᆞ 너를ᄯᅡ라 갓단마리 ᄉᆞᆫ즁헌ᄌᆞ ᄒᆞ엿시니 나난 다시 안나가고 너혼ᄌᆞ ᄯᅩ나가면 ᄉᆞᆫ즁 우리 동무더러 날다려다 엇ᄯᅡ두고 눌돌우라 ᄯᅩ왓난다 톡기ᄌᆞᆸ기 고ᄉᆞ하고 네목숨이 엇지되며 너죽기난 네죄로되 ᄃᆡ왕환후 엇지되리 외ᄉᆞ는 젼에업고 억담을 져리ᄒᆞ니 안아옛다 츙신죠체 나라 망헐 망신이제 ᄂᆡ목숨 죽난거슨 죠금도 한니업다 독슈리 ᄉᆞᆫ힝ᄀᆡ게 구ᄎᆞ이 죽지말고 슈졍궁 용왕암페 ᄇᆡᆨ관을 별예셰고 칠젹장검 드난칼노 이ᄇᆡ를 갈나씨면 그런 영화 잇것나냐 안아예싸 ᄇᆡ갈나라 ᄇᆡ갈나라 왈칵왈칵 ᄇᆡᄂᆡ미니 쥬부난 헐말업셔 두눈만 ᄭᅡ막ᄭᅡ막 용왕은 둘어본직 그리될 일이여든 만죠를 도라보와 져일을 엇지할고 병부상셔 쥰어 엿ᄌᆞ오ᄃᆡ 죄의란 죵경이요 유형지휼ᄌᆡ은듸 허물여 져톡기난 죄업난 김ᄉᆡᆼ으로 복즁의간 유무가 암만ᄒᆡ도 의심이니 경션이 ᄇᆡ를갈나 간이 만일 업ᄉᆞ오면 죵경흠을 못되오니 갈의지 마옵쇼셔 병부상셔 슈어 엿ᄌᆞ오되 이왕아니 죽이시면 항이지ᄒᆞ 필유ᄉᆞ어 톡기 졔마음을 감동하게 ᄒᆞ옵쇼셔 용왕이 죠타ᄒᆞ고 회진ᄌᆞ쇼 ᄒᆞ야 별쥬부를 ᄭᅮ짓난듸 톡기를 ᄆᆡ오 죤즁ᄒᆞ여 퇴션ᄉᆡᆼ의 ᄒᆞ난말ᄉᆞᆷ 쪽그리될 일리다 쳣번통졍 안헌거시 네가 ᄆᆡ오 미련ᄒᆞ다 이ᄂᆡ력을 ᄒᆞ엿쓰면 양편지방 죠올거슬 왕ᄉᆞ난 물는ᄒᆞ고 퇴션ᄉᆡᆼ님 부액ᄒᆞ여 젼상으로 모셔오라 용왕좌우 모신시녀 일시의 나려와셔 부액ᄒᆞ여 올이난듸 톡기가 죠ᄊᆡ노라 원ᄉᆡᆼ이 모양으로 압발은 취여들고 뒤발은 잣듸드고 시녀의게 붓들이여 눈질게 발을쎄며 젼상의 올나가니 별셜일탑 ᄒᆞ엿써날 네발은 모도우고 썩쪽그려 안져노니 용왕니 슈인ᄉᆞ를 ᄉᆡ로부쳐 유현니 노슈ᄒᆞ되 구앙경화 ᄒᆞ엿던니 좌굴관ᄀᆡ 되엿시니 오흘려 미안하오 톡기 ᄃᆡ답ᄒᆞ되 셩화란 것 웨잇것쇼 쳔만의외 엇던션관 ᄂᆡ일음을 일너씨요 악ᄭᅡ 우리 ᄒᆞᆫ노릇슨 모로고 ᄒᆞᆫ일이니 괘렴치 말으시요 경각의 죽을목숨 ᄃᆡ왕덕퇴 살아시니 무슨 괘렴ᄒᆞ오릿ᄀᆞ 션ᄉᆡᆼ 간니 그리죠와 쥭난ᄉᆞ람 살이오면 양게의 사람들도 션ᄉᆡᆼ네간을 먹고 효험보니 덜어잇쇼 금즉이 만ᄒᆞ지요 졔일의 신선공부 툇간슈를 못먹의면 셩공을 못하기에 안기ᄉᆡᆼ 젹숑ᄌᆞ가 다 우리 문인으로 우리션죠간쓰신 물 어더머고 신셔되여 장ᄉᆡᆼ볼ᄉᆞ ᄒᆞ난고로 직금ᄭᆞ지 셰시되면 교리 화죠 죠혼과실 셰찬을 봉ᄒᆞ지요 만일 그러ᄒᆞ략거면 션ᄉᆡᆼ은 엇지ᄒᆞ여 신션노릇 안니ᄒᆞ고 ᄉᆞᆫ즁의 부치여셔 독슈리와 산힝군의 밥노릇슬 ᄒᆞ난잇가 그ᄂᆡ력리ᄯᅩ잇지요 간경은 나무ᄎᆞ지 목실은 안이먹의면 간의약이 안니드니 양게의 잇난목실 ᄇᆡᆨ연을 먹은후의 쳔상으로 올나가오 션ᄉᆡᆼ은 양게목실 멧ᄒᆡ나 ᄌᆞᆸ슈왓쇼 ᄇᆡᆨ여너머 멋엇시되 신션니 궐리없셔 아직상쳔 못ᄒᆞ엿쇼 그러면 션ᄉᆡᆼ간은 약이 흠복 들어것쇼 두말ᄉᆞᆷ 하시것쇼 ᄊᆡ여ᄂᆡ난날은 왼ᄉᆞᆫ즁이 향ᄂᆡ지요 션ᄉᆡᆼ이 나가계셔 간가지고 오시ᄌᆞ면 멧날되나 되올잇ᄀᆞ슈로 팔졀이난 쥬부가 날을업고 밤낫스로 허엿스면 나흘이나 될거시요육노 이말이난 ᄂᆡ가 쥬부업고 범낫스로 다라나면 ᄉᆞ흘씸될거시니 갈졔일에 올졔 일에 늘쳐ᄌᆞᆸ고 보름이면 ᄂᆡ장이 푼푼치요 용왕이 조와라고ᄃᆡ연을 ᄇᆡ셜할제 운모병풍 둘너치고 슈졍염 노피걸고 예부상셔 문어식켜 풍악을 듸리라니 경각의 드리난ᄃᆡ 미여 이십인은 명당를 흘들면셔능파ᄃᆡ 춤을츄고 가동 ᄉᆞ십ᄇᆡ난 향슈를 나픈거려 ᄎᆡ련곡 노ᄅᆡ하고 영라난 북을치고 소ᄅᆡ난 져를불고 사영은 비파타고 효여난 길을ᄌᆞᆸ고 쳔비난옥반들어 유리죵 호ᄇᆡᆨᄇᆡ의 ᄉᆞᆷ위로 구젼단의 풍유가 낭ᄌᆞᄒᆞ고 굉쥬가 교잔하여 불시의 ᄒᆞ난착ᄎᆡ 영덕젼 낙셩연과 별노진게 업써수나 경망ᄒᆞᆫ 톡기놈이 션쥬를 만니먹고 취흥이 도도하여 션여덜과 대무하며 의뭉ᄒᆞᆫ 말을ᄒᆞ여 슈궁 식구더리 모로인씨 그러ᄒᆞ제 ᄂᆡ의 간은 고ᄉᆞᄒᆞ고 나고 입만마츄와도 ᄉᆞᆷᄉᆞᄇᆡᆨ여 예상ᄉᆞ제 션여덜이 고지듯고 다토와 달여들어 톡기ᄒᆞ고 입마츈다 왼갓ᄌᆞᆨ난 다ᄒᆞᆫ후의 톡기가 고ᄀᆡ들어 영덕젼 바람벽의 상양문 션판보며 경ᄀᆡ를 의논ᄒᆞᆫ다 동으로 바라보니 방장봉ᄂᆡ 지고즁 셔으로 바라보니 약슈유ᄉᆞ 노불미 남으로 바라보니 거츰이만만 만족험 북으로 바라보니 즁셩이 현란화진극 보난경과 지은그리 신통이 갓쇼만은 아ᄆᆡ도 여션문은 연소ᄒᆞᆫ 셔ᄉᆡᆼ이라 망발리 잇난거시 ᄉᆡ로짓난 영덕젼이 용왕의 대궐인듸 패용골리 위양이라 용골두ᄌᆞ 망발이요 용왕이 대경ᄒᆞ여 그말삼이 과연올소 그두ᄌᆞ 그치시요 용ᄶᆞ를 파ᄂᆡ이고 대경ᄶᆞ 죠흘테나 ᄂᆡ기리 춍춍ᄒᆞ니 단여와셔 ᄒᆞ옵시다 용왕젼의 ᄒᆞ직ᄒᆞ니 용왕이 의뭉ᄒᆞ여 톡기를 달ᄂᆡ랴고 좌우를 돌라보며 퇴션ᄉᆡᆼ 져공뇌를 층양할슈 업셔시니 간가지고 오신후의 무신베살 무슨상급 만일이나 갑파볼고 이부상셔 노어 엿ᄌᆞ오대 쥿나라 오동ᄌᆞᆨ의 공베살리 머리되고 진나라 즁서령이 퇴씨의 션대직함 셔선ᄉᆡᆼ 진인ᄌᆞ죠 천문지리 다보오니 낙낙공 즁셔령의 ᄐᆡᄉᆞ관을 겸ᄒᆞ소셔 호부상셔 방어 엿ᄌᆞ오되 퇴션ᄉᆡᆼ 장ᄒᆞ공뇌 ᄌᆞᆨ위로만 못할지라 열토를 할테오니 동졍호 칠ᄇᆡᆨ이를 모도버여 봉효후의 프른씌 늘은유ᄌᆞ ᄎᆞ지ᄒᆞ여 공를밧고 모쵸 쳔필 진쥬 ᄇᆡᆨ곡 연연ᄉᆞ숑 호옵쇼셔 톡기가 옛ᄌᆞ오ᄅᆡ 쇼퇴간을 좁수시고 ᄃᆡ왕환후 평복하면 쳑촌상급 업ᄉᆞ와도 만셰유방 될테오니 과이 진염 마옵소셔 별쥬부와 ᄒᆞᆫ가지로 슈졍문밧 썩나셔니 이번은 살아ᄉᆞᆯ나 이왕의 왓던터니 착실이 귀경ᄒᆞ여 ᄉᆞᆫ즁 여리동무덜게 이약이나 ᄒᆞᄌᆞᄒᆞ고 쥬부를 달ᄂᆞ여 올쌔의난 춍춍ᄒᆞ여 만경창파 몽니과라 아모댄쥴 몰나시니 오날은 그리말고 ᄂᆡ가 무난ᄃᆡ로 ᄌᆞ셰이 갈으치면 너도먹고 오ᄅᆡ살게 죠흔간 ᄒᆞᆫ보 주졔 주부가 ᄉᆡᆼ각ᄒᆞᆫ즉 이번의 가난길은 톡기의게 ᄆᆡ인목슘 톡기의 하난말을 들어야 할테여든 그리ᄒᆞ자 허락ᄒᆞ니 경망ᄒᆞᆫ 져톡기가 잔말이 비상하다 톡기가 나올젹의 이비ᄉᆞᆷ여 보단말은 아마도 망발인게 김ᄉᆡᆼ은 김ᄉᆡᆼᄭᆞ지 ᄉᆞ람을 비러다가 셔로문답 ᄒᆞ련이와 ᄉᆞ람이야 김ᄉᆡᆼ보고 무슨말을 ᄒᆞ것나냐 자ᄅᆡ의 장ᄒᆞᆫ츙셩 톡기의 죠흔귀변 ᄌᆞ랑ᄒᆞ자 ᄒᆞᆫ말인니 김싱으로 뀌밀텐듸 고기타령 두가지만 ᄒᆞ여쥬고 ᄉᆡ타령을 안히죽면 ᄒᆞᆫ잔술의 눈물이라 시타령 ᄉᆞᆺ막으되 ᄒᆡ상으로 지닌오니 ᄉᆡ업페 물업시면은 근경이 안니엿ᄶᅡ ᄌᆞᄅᆡ등의 톡기안져 갈으치며 연에물어 져기져것 무엇신냐 봉황ᄃᆡ상 봉황유 봉거ᄃᆡ공강ᄌᆞ류 그게 금능 봉황ᄃᆡ다 져기져것 무엇시냐 셕인이 승황학거 연파강상 황학누다 져기져기난 쳥쳔역역 ᄒᆞᆫ양수 방쵸졔제하엿스니 그거시 익무쥬다 져기져기난 이십오현 탄야월불승쳥원각비ᄅᆡ 기러기 도라오난 소상강이다 져기난 낙ᄒᆞ고목 졔비ᄒᆞ고 츄슈장쳔 일석이라 ᄶᅡ욱이 나난 등왕각이다 져긔져긔난 황잉구죽흔상식욕별빈졔ᄉᆞ 오셩 ᄭᅬᄭᅬ리우난 호상졍이다 져그져그 월낙오졔상만쳔 강풍이화ᄃᆡ슈면 가마구 우난 교쇼셩이다 져그져그난 월명셩희 오작남비 간치 나라가난 젹병강이다 져그 나라오난것 무엇 요식봉강관기허요 ᄃᆡ붕지진슈여남 북명의셔 남명오난 붕죠다 져그안진것 무엇 쳐고엽상양풍기요 효와화변빅노ᄒᆞᆫ 거ᄒᆡ오리다 져기져기 죠우난것 무엇 별유풍유난화쳐의 녹평신세빅구심거 갈미디 져기나난것 무엇 원앙지상양양비 녹슈찻난원앙이다 져감ᄒᆞᆫ것 무엇 ᄌᆞ거ᄌᆞᄅᆡ당상연 강남셔오난제비다 져기가난것 무엇 강쳔이 막막죠ᄊᆞᆼ거거참ᄉᆡ다 그렁져렁 문답ᄒᆞ며 창히를 다지닌고 유모변의 ᄒᆞ륙ᄒᆞ야 톡기난 압푸셔고 쥬부난 뒤ᄯᆞᆯ을졔 톡기의 분ᄒᆞᆫ마음 쥬부의 지은죄를 곳호령 할테이나 져단단ᄒᆞᆫ 쥬부 쥬둥이로 뒤달리 ᄶᅪᆨ물고셔 물노 도로드러가면 엇졀수가 업썻ᄉᆞ나 ᄒᆡ식이 안뵈도록 ᄒᆞᆫ춤을 훨셕가셔 암상의 놉피안져 쥬부를 호령ᄒᆞᆫ다 네이놈 ᄌᆞᄅᆡ야 네죄목을 의논ᄒᆞ면 살지무셕 괘심ᄒᆞ다 용왕의 의ᄉᆞ잇기 날갓치 총명ᄒᆞ고 닉의구변 업기 용왕갓치 미련터면 악가온 이닉목숨 슈즁원혼 되것구나 동닉박의 척을보니 김싱의 미린ᄒᆞ기 어이슈이 갓다ᄒᆞ되 인족의 미련ᄒᆞ기 모죠보단 더ᄒᆞ더라 오장의 부튼간을 엇지츌납

ᄒᆞ것난야 제소위 시랴이면 ᄉᆞᆫ즁으로 잡어다ᄀᆞ 우리동무 다모와셔 잔ᄎᆡ를 ᄇᆡ셜ᄒᆞ고 네놈을 톡살마셔 ᄇᆡᆨ쇼쥬 안쥬가음 쵸장 찍어 먹을테나 본ᄉᆞ를 ᄉᆡᆼ각ᄒᆞ면 쳑견이 페요ᄒᆞ고 게표가 ᄒᆞ죄리요 각위 긔쥭 ᄒᆞ엿기로 십분 짐ᄌᆞᆨ ᄒᆞ여시며 허믈며 만경창ᄒᆡ 네등으로 왕ᄂᆡᄒᆞ니 ᄉᆞ지동거 되엿기에 목숨 살여보ᄂᆡ쥬니 그리알고 도라가되 조흔약 보ᄂᆡ기로 네왕의게 허락ᄒᆞ니 졈ᄌᆞᄒᆞᆫ ᄂᆡ도리의 엇지식언 ᄒᆞ것난야 ᄂᆡ똥이 장이죠와 쳥열을 한다ᄒᆞ고 ᄉᆞ람드리 쥬어다가 역아를 먹이난니 너의왕 두눈망울 열기가 과ᄒᆞ더라 갓다ᄀᆞ 멱엿시면 병이 곳나을리라 쳘환똥을 만니누어 칙입의 단단이 ᄊᆞ ᄌᆞᄅᆡ등의 올여노코 칙을 감어쥬니 쥬부가 질머지고 슈궁을 가연후의 쥭광지슈라니 톡기 오작쪽켓난냐 ᄶᅡᆨ장ᄶᅡᆨ장 ᄶᅱ여가며 ᄌᆞ기가 무셥수나 항젹은 쳔ᄒᆞ장ᄉᆞ 팔쳔병 거나리고 ᄒᆞᆫᄐᆡ죠와 다토더니 오강도로 못건네고 형가난 만고협ᄀᆡᆨ 삼쳑검 ᄲᆡ여들고 진씨황 질를야다 역슈도로 못건네ᄶᅡ 신통ᄒᆞᆫ 이ᄂᆡᄌᆡ로 각간이 구변으로 용왕을 돌나고코 이물 도로 건네수나 반갑ᄯᅩ다 반갑ᄯᅩ다 우리 고향 반갑도다 의구청ᄉᆞᆫ 녹슈다 모다젼의 보던 ᄃᆡ라 푸른 봉희 구름은 나안져 ᄌᆞ우던ᄃᆡ 넌츌과실 나무열매 나쥬어 먹던데라 너구리 아저 평안ᄒᆞ오 오소리 형임 잘잇던가 베살ᄉᆡᆼ각 부ᄃᆡ말고 이ᄉᆞᄉᆡᆼ각 부ᄃᆡ말 베살ᄒᆞ면 몸 위텹고 타관가면 쳔ᄃᆡ밧ᄂᆡ 몸익은 청ᄉᆞᆫ 풍월 낫익은 우리동무 쥬야상죵 질기놀ᄉᆡ 이ᄯᆡ의 쥬부난 슈궁의 드러가서 용왕이 퇴분먹고 병이나아 츙신되고 톡기난 신션ᄶᅡ라 월궁으로 올나가서 입ᄯᆡᄶᅡ지 도약ᄒᆞ니 ᄌᆞᄅᆡ와 톡기란 게 동시미물 노셔 장ᄒᆞᆫ 츙셩 만ᄒᆞᆫ 의ᄉᆞ ᄉᆞ람ᄒᆞ고 갓튼고로 탈령을 만드러셔 셰세의 유젼ᄒᆞ니 ᄉᆞ람이라 명ᄉᆡᆨᄒᆞ고 퇴별만 못ᄒᆞ면은 그안니 무ᄉᆡᆨᄒᆞᆫ가 부ᄃᆡ부ᄃᆡ 죠심ᄒᆞ쇼

퇴별가 종

정초正初의 행사行事와 관습慣習

正初의行事와慣習

李秉岐

[illegible]

一、정월초하루ㅅ날

1. **新歲問安** 옛날 조정에서는 의정대신이 백관을거느리고 궐내에 들어가 문안을하는데 전문(箋文)을 맛들어정전아페서 축하를하고 외방에잇는관원들은 전문과방물을진상하든것이다。

2. **歲粧** 남녀로소가 모다 새옷을갈어입고 그중에도 어린애들은 색동옷(배배옷)나위를 입고 조와한다。

3. **茶禮** 집집마다 지방이나신주를내모시고 주과포를벌여노코 간단히 지내는 제사。

4. **歲拜** 어린이 젊은이들이 그집안어른 사돈어른 친구어른을 차저단이며 절을하되 보통은 오랫새안 [illegible]

청춘의 세배한 [illegible]
돈후한 풍속이라
새의복 떨처입고
친척린리 서로차저
로소남녀 아동까지
삼삼오오 단열며여
와삭버석 울긋불긋
꽃색이 찬화하다

함은 이광경을 이르는것이다。

5. **歲饌** 세배오는이에게 주육과 과일과 떡국이나 만두를차려내는 일이잇는데 이것을세찬이라고도하며 그중떡국은 설날아츰이면 와례히먹는것이라 나한살더하엿다는뜻을 떡국한그릇더먹엇다고 말하기도하며 술은 소국주·초백주(椒柏酒)·도소주(屠蘇酒)를 먹는데 도소주를먹으면 그해ㅅ동안 온역을알치안는다고 동의보감(東醫寶鑑)가튼책에도적혀잇다。

6. **問安婢** 친척이나 사돈집에서 곱게단장한계집애종을 서로보내어 새해평안하시냐고 뭇는것。

7. **歲銜** 옛날 각관서의 하인이며 각영문의교졸이 춘이에 세숭명단자를써가지고 각기상관의 집을차저가 바치는데 그집에서는 문안에 붉은칠한궤를 내노코맛는다。

8. **歲神** 시두먹—틔무리를 노코 집집마다 위하는신에 복을빌 [illegible]

9. **歲畫** 옛날 도화서(圖畫署)에서 수성선녀(壽星仙女)와 직일신장(直日神將)의 그림을 그려 바치어 축하하는뜻을 포하는것。

10 **門排** 또 금갑한 두장군을 그려 궁궐문에부치기도 하는데 이것을사천왕신상(四天王神像)이라기도하고 혹은 옛날지나의 명장인울지경덕과진숙보의화상이라고도한다。 청조가成(?)에도

때문을 몰려보니
천승만승 래왕하고
오곡백곡 출입하며
삼귀잡신 모진액을
소멸하던 울지경덕
진숙보기 높으소서

하는노래가 곳 이걸 말한것이아닌가。

11. **三災禳法** 남자나 녀자의 나이 삼재(三災)에 당한이는 이날에 세매(三鷹)를 그리어 문지방위에부쳐두어야한다는데 어느지방에서는종이를 붉은물로매서마리를 한줌이에 박어가지고 단여며 집집에는아주고 그대신 밤이나 돈을 가저가는일도 잇다。

12. **德談** 친척이나 친구를맛나면 그해에잘되라고 하는말。—새해로는 복만히바들올 쉬시고 귀한아드님을 두시고 재물을 만히어드시고 신수가대종하시어 만사를소원 [illegible]

—259—

『별건곤』 8권 2호, 1933. 2.

정초正初의 행사行事와 관습慣習[3]

이건 지난 일월 구일, 십일, 십일일에 라듸오로 방송한 것을 다시 수정하여 내논 것인데 먼저 몃 가지 말해둘 것은 이 풍속과 습관은 시대나 지방을 싸라 잇다가 업서진 것도 잇고 지금 남어있는 것이라도 서로 다른 것이 잇스며 이것이 간혹 외국에서 들어온 것도 잇스나 대개는 조선의 고유한 것이 만흐며 그 내력이 어썬 것은 분명치 못한 것도 잇스나 어쌔든 상당히 장구한 세월을 가지고 온 것이며 그 가운대 어느 것이 조타든지 낫브다든지 말하지 아니하고 비록 허황하거나 괴상하거나 싱겁고 우습거나 한 것이라고 그대로 말하는 것이며, 이걸 쏘 체제를 세워 말하는 것이 아니라 그를 단편적斷片的으로 되는 대로 이 서울 지방을 중심으로 말하자는 것이다.

— 필자筆者

3 「正初의 行事와 慣習」, 『별건곤』 8권 2호, 1933. 2.

一. 정월초하루ㅅ날

1. 신세문안新歲問安

옛날 조정에서는 의정대신이 백관을 거느리고 궐내에 들어가 문안을 하는데 전문箋文을 밧들어 정전 아페서 축하를 하고 외방에 잇는 관원들은 전문과 방물을 진상하든 것이다.

2. 세장歲粧

남녀로소가 모다 새 옷을 갈어입고 그중에도 어린애들은 색동옷(때때옷)을 짜위를 입고 조와한다.

3. 다례茶禮

집집마다 지방이나 신주를 내모시고 주과포를 벌여노코 간단히 지내는 제사.

4. 세배歲拜

어린이 젊은이들이 그 집안 어른 사돈어른 친구 어른을 차저 단이며 절을 하되 보통은 초닷새 안으로 하는 것이다. 월령가月令歌에도

> 정초의 세배함은 돈후한 풍속이라.

새 의복 썰쳐입고 친척린리 서로 차저
로소남녀 아동까지 삼삼오오 단일 째에
와삭 버석 울긋붉읏 물색이 번화하다.

함은 이 광경을 이르든 것이다.

5. 세찬歲饌

세배 오는 이에게 주육과 과일과 썩국이나 만두를 차려 내는 일이 잇는데 이것을 설상이라고도 하며 그중 썩국은 설날 아츰이면 의례히 먹는 것이라. 나 한 살 더하엿다는 뜻을 썩국 한 그릇 더 먹엇다고 말하기도 하며 술은 소곡주·초백주椒栢酒·도소주屠蘇酒를 먹는데 도소주를 먹으면 그해ㅅ동안 온역을 알치 안는다고 동의보감東醫寶鑑 가튼 책에도 적혀잇다.

6. 문안비問安婢

친척이나 사돈집에 곱게 단장한 계집애 종을 서로 보내어 새해 평안하시냐고 뭇는 것.

7. 세함歲啣

옛날 각 관서와 하인이며 가영문의 교졸이 종이에 제승명 단자를 써가지고 각기 상관의 집을 차저가 바치는데 그 집에서는 문 안에 붉엉 칠그

쟁반을 내노코 밧는다.

8. 도신禱神

시루떡 한 무리를 해노코 제집마다 위하는 신에 복을 빌기도 함.

9. 세화歲畵

옛날 도화서圖畵署에서 수성선녀壽星仙女와 직일신장直日神將의 그림을 그려 바치어 축하하는 뜻을 표하는 것.

10. 문배門排

또 금갑한 두 장군을 그려 궁궐 등에 부치기도 하는데 이것을 사신왕신상四天王神像이라기도 하고 혹은 옛날 지나의 명장인 을지경덕과 진숙보의 화상이라고도 한다. 성조가成造歌에도

> 대문을 둘러보니 천금만금 래왕하고
> 오곡백곡 출입하며 잡귀잡신 모진 액을
> 소멸하던 을지경덕 중문순경장군 진숙보 놀으소서.

하는 노래가 곳 이걸 말한 것이 아닌가.

11. 삼재양법三災攘法

남자나 녀자의 나이 삼재三災에 당한 이는 이날에 세매三魔를 그리어 문지방 위에 부처두어야 한다는데 어느 지방에서는 중들이 붉엉 물로 매 세 마리를 힌 종이에 박여가지고 단이며 집집에 논아주고 그 대신 쌀이나 돈을 가저가는 일도 잇다.

12. 덕담德談

친척이나 친구를 맛나면 그해에 잘되라고 하는 말 — 새해로는 복 만히 바들 삶을 사시고 귀한 아드님을 두시고 재물을 만히 어드시로 신수가 대통하시어 만사를 소원성취 하신다지요.

13. 점하는 것

그해의 신수를 알고저 점쟁이에게 가서 뭇는 일도 잇고 오행점五行占 토정비결土亭秘訣 늇점짜위를 보기도 한다.……

14. 일월신에게 절하는 것

이 풍속은 경긔도 광주에도 잇섯다 하나 본대 경주慶州에 잇든 풍속이다. 삼국유사三國遺事를 보면 신라新羅의 아달라 님금 째 동해ㅅ가에 연오랑과 세오녀라는 가시버시夫婦가 살다가 하로는 연오랑이 바다로 해조를 캐러 갓는데 별안간 한 바위가 잇서 그를 등에 지고 일본으로 건너갓다.

일본 사람이 보고 비상한 사람이라 하여 님금을 삼엇다. 세오녀는 남편이 돌아오지 안흠으로 차즈러 갓다. 그 남편의 버서논 신을 보고 또한 그 바위에 올랏더니 그 바위는 또 전과 가티 간지라 그 나라ㅅ사람들이 이상히 녀겨 님금에게 들이매 귀비貴妃를 삼엇는데 이 째 신라에 날과 달이 비치 없었다. 일관日官이 알외되 이건 일월의 정이 일본으로 간 까닭이라 한다. 사신을 보내어 돌아오기를 청한 즉 돌아오든 안코 그 귀비가 짠 비단을 주며 이게나 가지고 가서 하늘에 제를 지내라고 하엿다. 사신이 돌아와 그 말대로 한 뒤에야 과연 날과 달이 다시 밝어젓다. 그래서 그 비단을 보물로 삼어 어고에 감추고 그 곳간을 귀비고貴妃庫라 하고 하늘에 제하든 곳을 영일현迎日縣이라 하고 그리고 그 뒤에 이러한 풍속까지 생겻다 한다.

15. 화반花盤

제주 풍속에 산에나 내ㅅ가에나 언덕 머리에 나무와 돌멍이로 귀신 위하는 대를 해노코 이날부터 보름날 까지 무등들이 굿을 하고 꽝과리와 북을 치고 동내로 단이며 재물을 거둔다고.

16. 머리털을 사름

남자나 녀자가 일년ㅅ동안 머리를 빗다가 빠지는 머리를 모아 빗접 속에 너허두엇다가 이날ㅅ저녁에 문 밧게서 사른다. 온역을 물린다고.

17. 야광이(야우광이 양광이)

이날ㅅ밤에는 야광이라는 귀신이 나려와 애들의 신을 신어보아서 맛는 놈이 잇스면 신고 가는데, 그 신 임자가 조치 못하다고 하여 두려워하고 모다 신을 감추고 등ㅅ불을 ㅆ고 자며, 혹은 체를 대청ㅅ벽에나 섬ㅅ돌 사이에 걸어두어 야광이로 하여 그 체구녁을 세어 신 신어 가는 일을 이저버리게 한다. 그러다가 닭이 울면 달어난다고. 동국세시긔東國歲時記에는 야광이를 약왕藥王이란 말이 와전된 것이라고 하엿스며 어썬 이는 또 신을 못 일허버리게 하노라고 그와 가튼 풍속을 냇다고 해석하기도 하는 것이다.

二. 정초ㅅ동안

1. 일일시삼일간一日始三日間

이 동안은 조정에서는 공사도 아니 보고 시전에서는 문도 열어노치 아니한다.

2. 호랑이날과 톳날

인일寅日을 호랑이 날 묘일卯日을 토ㅅ날이라고 하는데, 이따위 날에는 녀자가 남의 집에 아니 가고 비록 가는 일이 잇서도 자도 아니하고 대소변도 아니하고, 토ㅅ날에는 무명실을 켜내어 붉엉 물을 들여 차고 다니고 인구나 목물을 집에 들이지 안는다. 재앙이 잇다고.

3. 룡날

진일辰日을 룡날이라고 하는데 이날은 물을 짓지 안는다 물을 질으면 그해 일하는 날마다 비가 온다고.

4. 배암날

사일巳日은 배암날인데 머리를 빗지 안는다. 배암이 집에 드러온다고.

5. 쥐날

자일子日은 쥐날인데 남도에서는 이 날ㅅ저녁에 애들이 쩨를 지어 다니며 논두렁·밧두렁·벌판에 불을 놋는다. 이걸 쥐불이라 한다. 이 불을 노흐면 그해 쥐가 아니 쐰다고 하나 애들은 다만 불놋는 것이 자미스러워서 하는 것이다.

6. 인일人日

동훈문례속東勛問禮俗이라는 글을 보면 정월 초하루ㅅ날을 닭날, 초이틋날을 개날, 초사흔날을 도야지날, 초나흣날을 양의날, 초닷새날을 소날, 초엿새날을 말날, 초이렛날을 사람날, 초여드레날을 곡식날이라 하엿는데, 이 중에도 사람날 곳 인일人日을 가장 귀한 날이라고 일컬어왓다. 그런데 이날에는 조정에서는 구리쇠로 동인승銅人勝이라는 것을 맨들어 신하들에게 하사하고 인일제人日製라는 과거를 보기도 하고 집집마다 일곱 가지 나물을 작만해 먹고 혹은 집안 식구마다 제 나이ㅅ수대로 적두팟을 먹기도 한다.

7. 팔일八日

팔일은 파일이라고 하는데 파일은 한문ㅅ자로 패일敗日과 갓다 하여 이날은 남자가 출입을 아니하는 풍속이 잇다. 이는 고려ㅅ풍속에 매월 팔일이면 부녀들이 성안으로 성밧그로 나단이며 놀고 그 대신 남자들은 집을 지키고 잇다. 이것이 한 풍속이 되어 이날을 불의출행일不宜出行日이라고까지 하엿다.

8. 모충일毛蟲日

모충일은 호랑이 날인데 이날에 각 시전에서는 개시開市를 하는 이도 잇다. 이는 호랑이 털처럼 부얼부얼 일어나라는 뜻.

9. 립춘立春

립춘은 흔히 정초에 드는데 이날은 춘첩春帖 — 즉 춘축春祝을 집집마다 만히 써 부친다.

10. 상인喪人

상인喪人은 정월 보름 전에는 출입을 아니함.

11. 적두죽赤豆粥

정월 보름 전에 팟죽을 끄려먹으면 조타고 한다.

三. 정월보름

1. 우주지ㅅ대

우주지를 맨들어 기다란 참대 위에 씨우고 벼이삭 모양으로 집으로 수실을 달어 ᄉᆞᆫ 새ᄭᅵ줄을 줄줄이 늘이고 하여 첨아 엽헤 세우고, 그해 농사가 잘되어 벼ㅅ누리 놉히가 그와 가치 놉게 되여지라는 ᄯᅳᆺ인데, 이건 보름 전날(열나흣날)에 시작하여 이월 초하루ㅅ날가지 둔다. 두메에서는 가지 만흔 나무를 쇠외양ㅅ간 뒤에 세우고 목화ㅅ송이를 걸고 애들이 새벽에 일어나 그 나무를 돌아단이며 노래를 부른다.

2. 처용處容

남자나 녀자의 나이 나후직성羅喉直星에 당한 이는 집흐로 사람 형상을 맨들어 이걸 제용 ᄯᅩ는 제웅이라 하고 그 배ㅅ속에나 머리ㅅ속에 동전을 너허 저녁ᄣᅢ 거리에 내버리고 그해의 액을 ᄣᅢ운다 하는데 지금도 서울서는 보름 전ㅅ날(열나흘) 저녁녁이면 애들이 ᄯᅦ를 지어 돌아단이며 대문을 두드리고 「제웅이나 조롱이나 주시오」하고 외치며 제웅을 어더가지고는 나가다 돈을 ᄭᅳ내고 내버리는 것이다.

그런데 직성을 보는 법을 말하면 아홉 직성이 잇스니 그 차서는 제용직성處容直星·토직성土直星·수직성水直星·금직성今直星·일직성日直星·화직성火直星·계도직성計都直星·월직성月直星·목직성木直星 — 이러한대 남자는 열 살이 제용직성, 열한 살이 토직성, 여자는 열 살이 목직성, 열한 살이 제용직성, 이러케 처가면 된다. 그러면 올해에 제용직성을 당한 이는 남자는 열 살. 열아홉 살. 스물여덜 살. 서른일곱 살. 마흔여섯 살. 쉬운다섯 살. 예순네 살이요. 녀자는 열한 살. 스므 살. 스믈아홉 살. 서른여덜 살. 마흔일곱 살. 쉬운여섯 살. 예순다섯 살이다.

또 그 해석을 보면 제용직성處容直星은 또 나후직성羅睺直星이라 하는데 만사대흉하고 삼구월에 관재구설과 안칠과 해산액이 잇고 가을과 겨울에 조손으로 걱정할 수라. 이 해는 먼 길을 가지 말고 제사음식과 말고기를 먹지 말고 정월 보름에 깨끗한 집흐로 사람을 맨들어 머리와 사지에 돈을 너허버리고 깨끗한 종이에 제용의 화상을 그리어 돈을 싸서 버리면 대길하고 하엿다.

그러면 '제용'이란 무엇인가 이는 삼국유사三國遺事에 적혀잇는 '체용處容'이다. 신라 헌강대왕憲康大王 때 대왕이 개운포開雲浦라는 대로 놀러갓는데 갑작이 안개가 컴컴하게 끼는지라. 괴상하여 물은즉 일관日官이 알외되 동해 룡왕이 오리라 맛당히 조흔 일을 하여야 한다고 그래서 룡을 위하여 절을 지라 한즉 안개가 거치고 룡왕이 일곱 아들을 거늘이고 나타나 덕을 기리고 춤을 추고 음악을 알외고 그의 한 아들은 대왕을 따라 서울로 왓는데 베실을 시켜 이름을 체용處容이라 하고 강녀를 주어 안해를 삼게 하고 또 급간 베실을 주엇다.

그 안해가 퍽 엡버 하루는 역질 귀신이 흠모하고 밤에 와 가티 자는데 처용이가 들어와 두 사람이 누운 걸 보고는 노래를 부르고 춤을 추고 나와버렷다. 그 노래는 이러하다.

동경 밝은 달에 새도록 노니다가
들어 내 자리를 보니 가라리[脚]이 네히로새라.
아으 둘흔 내 해어니와 둘흔 눠해어니오.
본뒤 내해이다마르는 아인들 어떠하리오.

이때 역질 귀신은 쏘차 나와 체용의 압헤 꿀허안저 말하기를, 내가 당신의 안해를 갓가히 함에도 당신은 성내지 아니하오니 감격하와 지금부터는 당신의 형상을 그린 그림만 보아도 그 문에는 들어가지 아니하리라 하엿다.

그리하여 그 뒤에 나라ㅅ사람들이 체용의 화상을 그리어 문에다 부치고 또는 이러한 풍속도 생긴 것이다. 악학궤범樂學軌範의 적힌 체용무, 체용가도 곳이 것인데, 그 체용가 첫머리에 「신라 성대소성대新羅盛代昭盛代 천하대평라후덕天下大平羅喉德 체용處容아바」한 것도 먼저 말한 제용직성이 곳 나후직성羅喉直星이라는 것을 의미한 것이다.

3. 목호로木葫蘆

어린 남녀가 겨울부터 나무로 조롱을 맨들어 파랑·붉엉·노랑물을 들여 채색실로 수실을 하여 차고 단이다가 보름 전날 밤ㅅ중에 길에다 내버리어 액막이를 한다.

(더 잇스나 지면 관게로 이만)

조선朝鮮 고풍속古風俗과 습관習慣

— 정초正初의 행사行事와 관습慣習의 속續

朝鮮古風俗과習慣

—正初의行事와慣習의續—

李秉岐

-328-

『별건곤』 8권 3호, 1933. 3.

조선朝鮮 고풍속古風俗과 습관習慣

— 정초正初의 행사行事와 관습慣習의 속續[4]

4. 약밥

이것도 삼국유사나 동경잡긔東京雜記에 적힌 것과 가티 신라 소지왕炤智王때부터 생긴 풍속.

소지왕 십년 정월 보름날 천천정에 왕이 거동을 하엿는데 마츰 가마귀와 쥐가 오더니 쥐가 말하되 이 가마귀 가는 곳을 차저가라 하거늘 한 무관으로 하여 가보라 하엿다. 무관은 말을 타고 과연 가마귀를 짜라가 남으로 피촌이라는 대 이르러 두 도야지가 싸우는 것을 보다가 가마귀 간 곳을 일코 헤매는 판에 한 늙은이가 그 근처에 잇는 못 가운대에서 편지를 가지고 나왓다. 그 것봉에는 쓰이되 열어보면 두 사람이 죽고 아니 열어보면 한 사람이 죽는다고 하엿다. 그 편지를 가지고 돌아와 왕께 들이니 왕은 갈오대 두 사람이 죽는 것보다는 열어보지 말고 한 사람이 죽는 것만 갓지 못하다 하엿다. 일관日官은 알외대 두 사람이라는 건 백성이요 한 사람이란 것 님금님이라고 하엿다. 그때야 열어본즉 검은 고갑을

4「朝鮮 古風俗과 習慣-正初의 行事와 慣習의 續-」,『별건곤』8권 3호, 1933. 3.

쏘라고 하엿다. 왕이 돌아와 궁중에 들어 과연 검은 고갑을 쏘고 보니 내전분수승內殿焚修僧이 궁주宮主와 잠통하든 중이다.

그 뒤로부터 나라ㅅ사람들이 도야지·쥐·말·가마귀가 아니엇드면 왕이 환을 면치 못하엿슬 것이라 하여 그들을 위하여 해마다 정월의 첫 도야지ㅅ날·쥐날·말날에는 온갓 일을 긔하고 출입을 하지 안코 보름날에는 찹쌀밥을 지어 가마귀제를 지내든 것이다.

지금의 약밥이란 것은 곳 찹쌀밥에 밤·대추·잣·꿀이나 사탕을 더하여 맨든 것이다.

5. 잡채

이날에는 산나물 들나물—나물이란 나물은 다 작만하여 먹는다. 나물을 만히 먹으면 더위를 먹지 안는다고. 그리고 취·더위·토란닙·피마자닙 짜위로 쌈을 싸 먹는데 이걸 복쌈이라고 한다.

6. 부름

새벽에 일즉 일어나 밤·호도·은행·잣·무수 따위를 깨물어 먹으며 「일년 열두 달 무사태평하고 부스름도 나지 맙소서」하고 축원도 한다. 이는 니ㅅ발을 튼튼하게 하자는 것이라고 해석하는 이도 잇다.

7. 귀밝기술

새벽에 청주 한잔을 거냉도 아니 하고 먹으면 귀가 밝는다고 한다.

8. 종로흙

새벽에 남몰래 종로 네거리 흙을 파다가 집 네 귀탱이에 뭇거나 붓두막에 부처두면 재물이 만히 생긴다 한다.

9. 더위팔기

이날에는 남을 불러가지고 대답만 하면 「내 더위」하고 더위를 판다. 중국에서는 립춘立春날 새벽에 춘곤春困을 파는 풍속이 잇다 한다.

10. 오곡밥

온갓 곡식으로 밥을 지어 아는 집에 서로 도르는 풍속이 잇다. 령남에서도 이러케 한다. 전하는 말에 이날에는 밥 아홉 그릇 먹고 질삼 아홉 광우리 삼고 나무 아홉짐을 하면 일년 내 배부르게 된다 한다.

11. 봄 타는 병

봄을 타서 펵 야위는 애가 잇스면 이날 백집 밥을 어더다가 확을 타고 개와 마주 안저서 한술 떠서 개를 주고 한술은 써서 자긔가 먹으면 다시 그런 병이 업다고.

12. 보름ㅅ개

이날은 개를 먹이지 안는다. 개를 먹이면 파리가 쐬고 야윈다 함으로.

속담에도 「개 보름 쇠듯한다」는 말이 잇다.

13. 닛발겨름

의주에서는 젊은이들이 이날 새벽에 모여 안저 엿을 깨물며 뉘 닛발이 튼튼한가 못한가 서로 겨름을 하여 본다.

14. 연날리기

연은 정월 초하루부터 날리기를 시작하여 열사흘날까지 날마다 계속하다가 이날에는 자긔의 집식구의 생년과 액이 업서지라는 글ㅅ자를 연ㅅ등에 써서 저녁 째쯤 하여 날려 버린다. 이것을 또한 액막이라고도 함.

15. 고우마

명주실에다 거우털을 달어 가지고 바람에 날리는 것. 고우마라는 말은 몽고ㅅ말에 봉황을 이름인데 이런 동요도 잇다.

인정썽 파러썽
삼경령에 고우마 써엇다.

16. 애들놀이

칼싹쑥이(연ㅅ줄을 서로 걸어 잡어 단이며 떨어치는 것), 얼렁질(연ㅅ

줄에 돌맹이를 매가지고 내둘러 치는 것), 늦놀이 널쒸기 싸단지 또는 싸치(돈을 벽에 쳐 멀리 가 썰어진 놈이 갓가히 썰어진 놈을 쳐서 싸먹는 것).

17. 달마지

초저녁에 홰ㅅ불을 잡고 노픈 대를 올라 서로 먼저 보려한다. 먼저 보는 이가 길하다 하여. 그리고 달이 올아올 쌔는 동정을 쓰더 사르기도 한다. 또 달을 보고 그해 풍흉을 짐작하기도 한다는대, 달빗이 붉으면 가물고 히면 장마가 든다 하며 달 몸이 두터운 쪽에는 풍년이 들고 엷은 쪽에는 흉년이 든다 한다. 월령가에도

상월날 달을 보아
수한을 안다하니
로농의 증험이라
대강을 짐작나니.

라는 것이 곳 이걸 말함이다.

18. 답교

서울 안의 열두 다리를 밟으면 일년 중 재앙도 업고 다리ㅅ병도 업다고 하여 성행하엿다고 하나, 보통 큰 광중교 작은 광중교 수표교—세 다리만 밟는 것이다. 이날ㅅ밤은 야금夜禁도 아니함으로 답교하는 남녀가

사람ㅅ물ㅅ결을 일워 밤새도록 이리 밀리고 저리 밀리는대 한때 무뢰지배가 떼를 지어 단이며 부녀를 롱락한 일이 잇서 중고부터 여자답교만은 금지되고 말엇다. 그뿐더러 답교에도 번상의 등분이 상사람답교는 열나흘날 저녁이요 양반답교는 보름날 저녁이다.

답교하고 나서는 음식을 먹나니 이를 답교ㅅ상이라 함.

전남 목포지방에서는 이날ㅅ밤에 소년 소녀가 함께 손을 잡고 뺑 둘러서서 발로 장단을 마추고 올흔 편으로 돌으며 그중의 한 사람이 노래를 불러 먹이면 일제히 「강강수월래」를 부르다가 나종에는 서로 뛰기도 한다는대, 이것도 딴은 답교의 일종으로서 마한馬韓의 유속이다. 「강강수월래」의 노래는,

대바테는 대도 총총
　　　　　　　－ 강강수월래
하날에는 별도 총총
　　　　　　　－ 강강수월래
꼿바테도 꼿이 총총
　　　　　　　－ 강강수월래
　　　　　　×
마당ㅅ가에 동백나무
　　　　　　　－ 강강수월래
비가 오나 눈이 오나
　　　　　　－ 강강수월래
항상 봐도 제비칠세
　　　　　　－ 강강수월래

하는 따위다. 또 달거리라는 노래에서,

정월의 상원일에
달과노는 소년들아
거리거리 답교하고
골골이 떼를지어
월하에 노니는데
우리님은 어대가고
답교할줄 모르는고.

하는 것이 잇는이만큼 이날 밤 답교는 어대서든지 성행하엿든 것이다.

19. 잣불

잣 열두 개를 살러 그해 열두 달 신수를 보는대 잘 타는 것이면 길하다 함.

20. 줄다리기

이는 삼남 각 지방에서 거의다 행하는 것. 짚으로나 흙으로 큰 동아줄을 맨들어 가지고 두 편을 짜아 잡어 단이어 이기는 편에서는 뛰고 춤추고 노래 부르고 지는 편에서는 주식을 작만하여 지공한다.

21. 편싸홈

삼문밧(서대문 서소문 남대문밧) 사람과 아현 사람과의 편싸홈인데 룡산 삼개麻浦사람은 아현을 응원하여 주는 것이다.

싸홈터는 지금 양정고보 부근에 잇는 만리ㅅ재나 청패 부근에 잇는 우수ㅅ재다.

삼문밧이 이기면 경긔도가 풍년들고 아현이 이기면 팔도가 풍년든다 하고 서로들 성벽을 내어 혹은 몽동이를 들고 혹은 돌맹이를 들고 나와 싸우는데 고함을 치고 겨르며 이마 깨지는 이 팔 부러지는 이 혹은 죽기까지 하는 이도 잇다.

— 그만둡시다

향토문학鄕土文學에 대하야

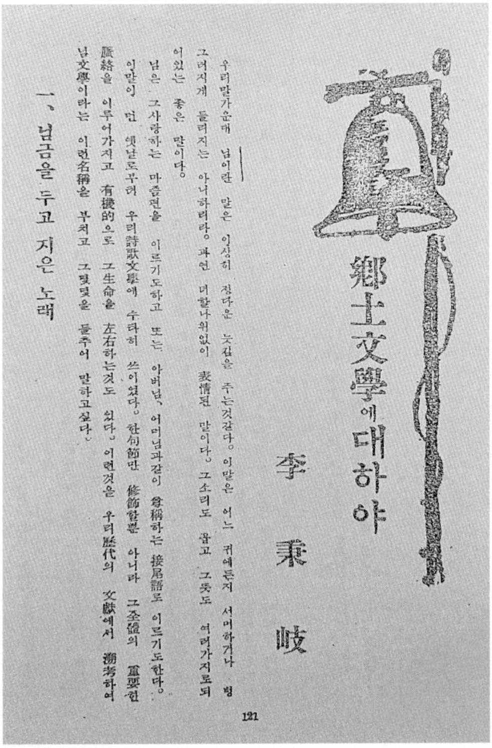

鄕土文學에대하야

李秉岐

우리말가운대 님이란 말은 이상히 정다운 늣김을 주는것갈다。이말은 어느 귀에든지 서머하거나 멍그러지게 들려지는 아니하려랴。과연 머할나위없이 表情된 말이다。그소리도 곱고 그뜻도 여러가지로되어있는 좋은 말이다。

님은 그사랑하는 마즘편을 이르기도하고 또는 아버님、어머님과같이 尊稱하는 接尾語로 이르기도한다。이말이 먼 옛날로부터 우리詩歌文學에 수타히 쓰이었다。한句節만 修飾할뿐 아니라 그全篇의 重要한 脈絡을 이루어가지고 有機的으로 그生命을 左右하는것도 있다。이런것은 우리歷代의 文獻에서 溯考하여 님文學이라는 이런名稱을 부치고 그몇몇을 들추어 말하고싶다。

一、님금을 두고 지은 노래

121

『삼천리문학』 제1집, 1938. 1.

향토문학鄕土文學에 대하야[5]

우리말 가운대 '님'이란 말은 이상히 정다운 늦김을 주는 것 같다. 이 말은 어느 귀에든지 서먹하거나 벙그러지게 들리지는 아니하리라. 과연 더할 나위 없이 표정表情된 말이다. 그 소리도 곱고 그 뜻도 여러 가지로 되어 있는 좋은 말이다.

'님'은 그 사랑하는 마츰 편을 이르기도 하고 또는 아버님·어머님과 같이 존칭尊稱하는 접미어接尾語로 이르기도 한다.

이 말이 먼 옛날로부터 우리 시가문학詩歌文學에 수타히 쓰이었다. 한 구절句節만 수식修飾할 뿐 아니라 그 전체의 중요한 맥락脈絡을 이루어가지고 유기적有機的으로 그 생명生命을 좌우左右하는 것도 있다. 이런 것을 우리 역대歷代의 문헌文獻에서 소고溯考하여 '님문학文學'이라는 이런 명칭名稱을 부치고 그 몇몇을 들추어 말하고 싶다.

一. 님금을 두고 지은 노래

이 님은 그 나라를 통어統御하시는 님이시라. 이 님을 사모思慕한다거나 애중愛重함은 그 나라를 사모思慕한다거나 애중愛重함과 같다. 이 의미意味

5 「鄕土文學에 대하야」, 『삼천리문학』 제1집, 1938. 1.

인 문학文學이 복잡複雜하고 중대重大하다 아니할 수 없다. 시시한 사적私的으로만 돌릴 것이 아니고 공공公公한 우월優越, 한 사상감정思想感情의 것으로 보아야 할 것이다.

1. 안민가安民歌

신라新羅 경덕왕景德王 24년(765) 3월 3일에 왕이 귀정문루歸正門樓 우에 좌정坐定하섰다. 마츰 한 납의승衲衣僧이 앵통櫻筒을 지고 남쪽에서 오는지라 왕이 그 승僧을 불러올려 보니 그 통筒 속에는 다구茶具가 담겨있다. 그는 충담忠談이라는 중으로서 매양 중삼중구重三重九의 날이고 보면 차茶를 다리어 남산南山 삼화령三花嶺 미륵세존彌勒世尊에게 공양을 하는 바, 그 공양을 마치고 돌아오는 길이다. 왕王이 갈오되 짐朕에게도 그 차茶를 나누어 줄 수 있느냐 한즉 승僧이 또한 차茶를 다리어 들인다. 차 맛이 이상하고 향긔가 진동한다. 왕王이 또 물으시되 짐朕이 일즉 들으니 대사大師가 기파랑사뇌가耆婆郎詞腦歌를 지어 그 뜻이 매오 높다더니 과연 그런가 한즉 그러타 대답을 하고 그러면 짐朕을 위하여 안민가安民歌를 지어달라 하매 승僧이 즉시 그 노래를 지었다.

> 君隱父也 臣隱愛賜尸母史也 民爲狂尸恨阿孩古 爲賜尸知民是愛尸知古如 窟理叱大肹生以 支所音物生此肹 喰惡支治良羅 此地肹捨遣只於冬是去於丁 爲尸知國惡支特以 支知右如 後句 君如臣多支民隱如 爲內尸等焉國惡太平恨音叱如

이는 그 안민가安民歌다. 향가鄕歌의 그 하나이다. 이두문吏讀文으로 적은 옛날 말이라 지금 얼른 우리말로서 풀어 읽기가 어려운 것이다. 대개

그 뜻을 말하면,

> 님은 아비요 신臣은 사랑하는 어미다. 민民은 어린아이로 사랑함을 안다. 기운機運을 생生케 하여 이를 길러 다스리라. 어대 가든지 나라를 의지하여 산다. 님과 신臣과 민民이 제여곰 직분職分을 다 하면 나라히 태평太平하리라.

할 것인데 소창小倉 박사博士의 『향가급이두연구鄕歌及吏讀硏究』에는 '군은君隱'을 '님금은'이라 하고 '군여君如'를 '님금이다'라 하였다. 그 뜻으로는 그러케 하여도 그리 틀릴 것은 없으나 '님금'이라는 이보다 '님'이라는 것이 더 온당할 듯하다. '님'이란 '님금'이란 말이니 '님금'이라 하여 두드러지게 하잘 것이 아니다.

이 노래는 과연 님을 위하여 충성忠誠스럽고도 간절하게 한 말이다. 자세仔細히 그 말을 풀어본다면 더 얼마나 좋을가 더 두고 연구硏究해 보아야 할 것이다.

2. 정과정곡鄭瓜亭曲

정과정鄭瓜亭은 고려 때 사람 정서鄭叙의 호다. 그는 교목세신喬木世臣인 정항鄭沆의 아들로서 인종 외척外戚과 연혼聯婚하고 득총得寵하였다. 그러나 의종毅宗이 즉위(1147)하매 종실宗室과 사괴어 놀다가 정성鄭誠·김존중金存中 등이 무함誣陷하여 의종毅宗이 의심하고 또 대간臺諫의 탄효彈劾를 받어 동래東萊로 귀양을 가는데, 왕王이 이르되 오날 일은 조정朝廷의 의론議論에 부득이不得已한 것이니 가면 마땅히 돌오 부를 터이라 하고, 간 뒤에 오래되도록 민명民命이 이르지 아니하여 검은고를 어루만지며 노래를 지었다. 그 뒤 사람들이 이 노래를 '정과정곡鄭瓜亭曲'이라 하였다.

내님을 그리ᄉᆞ와 우니다니
산山접동새 난 이슷ᄒᆞ요이다.
아니시며 거츠르신돌 아으
잔월효성殘月曉星이 알ᄋᆞ시리이다.
넉시라도 님은 ᄒᆞᆫᄃᆡ 녀져라 아으
벼기더신 이 뉘러신이잇가.
과過도 허물도 천만千萬업소이다.
몰힛 말어신뎌 솔읏브뎌 아으
님이 나롤 ᄒᆞ마 니ᄌᆞ시니잇가.
아소 님하 도람드르샤 괴오소서.

이는 『악학궤범樂學軌範』(이조李朝 성종成宗 때 성현成俔 찬撰) '삼진작三眞勺'에 전하는 것이다. 즉 『정과정곡鄭瓜亭曲』이다. 고려 때 사람 이제현李齊賢의 역시譯詩인

憶君無日不霑衣 政似春日蜀子規 爲是爲非人英問 只應殘月曉星知

는 이 노래의 첫 구절句節만 번역飜譯한 것이다. 이런 역시譯詩가 아니라도 이 노래는 읽어보면 짐작할 수가 있다. 그 구구절절句句節節이 몹시 구슬프다. 그야말로 접동새[자규子規] 우는 소리와 같다. 답답한 정을 참아 견딜 수 없어 북바쳐 나오는 그 소리란 고인古人이 '극처완極悽惋' 하다고 평評함도 그럴듯하다.

3. 백화가百花歌

이조李朝 태종太宗이 아즉 잠저潛邸에 있을 때 하로는 잔치를 베풀고 정포은鄭圃隱 선생先生을 청하여 술을 권하고

> 이런들 엇더ᄒᆞ며 저런들 엇더ᄒᆞ며
> 만수산萬壽山 드렁츩이 얽어진들 긔엇더리.
> 우리도 이갓치 얽어져 백년百年까지 누리리라.

하는 노래를 지어 부르매 선생先生이 술을 보내며

> 이몸이 죽어죽어 일백번一百番 고쳐죽어
> 백골白骨이 진토塵土되고 넉시라도 잇고업고
> 님 향向한 일편단심一片丹心이야 가실줄이 잇스랴.

는 이 노래를 지어 화답하였다. 태종太宗이 그때부터 그 불변不變할 줄을 알고 죽이려 하였다 한다. 이 사실은 소세양蘇世讓이나 심광세沈光世의 『해동악부海東樂府』에 다 적혀 있고 이 노래는 '백화가百花歌', 또는 '단심가丹心歌'라 하여 혁혁한 이름을 들날리는 바, 효종孝宗 대왕大王도 항상 이 노래를 애송愛誦하고 선생의 충절忠節을 감탄感歎하셨다는 것이다.

선생先生의 한 몸으로서 기울지는 고려高麗를 떠바치고 있든 그 무서운 충절忠節이 그 언사言辭에 넘처 생동활약生動活躍하는 듯한 노래다. 옷깃을 염이고 무릎을 꿀고 앉어 읽을 노래다.

4. 풍상가風霜歌

이조李朝 명종明宗 때, 하로는 어원御苑의 황국黃菊을 꺾어 옥당관玉堂官을 주며 가사歌詞를 지어바치라 하였더니, 옥당관玉堂官이 창졸倉卒히 짓지를 못하였다. 그때 마츰 송순宋純이 재추직총부宰樞直摠府로 있었는데 차작借作을 하여 바치었다. 상上이 보고 놀라시며 누가 이걸 지었느냐 물으시매, 옥당관玉堂官이 감히 숨기지 못하고 사실대로 알외니 크게 상을 주었다.

> 풍상風霜 섯거 틴날의 잇깃핀 황국화黃菊花를
> 은반銀盤의 것거담아 옥당玉堂으로 보내실샤
> 도리桃李야 곶이론 양 마라 님의 뜻을 알괘라.

이게 그 노래다. 끝 구절句節의 "도리桃李야 곶이론 양 마라 님의 뜻을 알괘라."가 가장 중요한 곳이다. 이는 소인小人과 간배奸輩를 도리桃李에 비하여 말하며 은근慇懃히 님금에게 풍간諷諫을 한 것이다.

5. 철령가鐵嶺歌

이조李朝 광해光海 때에 영창대군永昌大君의 옥사獄事가 일어나자 정조鄭造·윤인尹訒 등이 폐모론廢母論을 부르지즈매, 이항복李恒福이 상소上疏를 하여 반대反對하다가 북청北青으로 위리안치圍籬安置를 가게 되었다. 그 가는 길에 철령鐵嶺을 지나며

> 철령鐵嶺 높은 고개 쉬어가는 저구름아.

고신원루孤臣怨淚를 비삼아 띄어다가
님게신 구중궁궐九重宮闕에 쑤려준들 엇더리.

하는 이 노래를 지었다. 그때 이 노래가 서울에 전파傳播되어 궁인宮人들이 다 불렀다. 하로는 광해光海가 후원後園에서 놀다가 술이 취하여 이 노래를 듣고 누가 이 노래를 지엇느냐 하여 사실대로 대답하니 광해光海도 감동感動하여 눈물을 흘리었다 한다.

二. 사랑하는 님을 두고 지은 노래

우리가 보통 아는 '님'이란 말은 이 사랑하는 님일 것이다. 이런 만큼 이 뜻으로 쓰인 것이 가장 많은 터이다. 이것이 우리 시가詩歌의 대부분大部分을 차지하고 있다. 그중에는 타기唾棄할 것도 있으려니와 귀여운 보배스러운 작품作品도 적지 않다.

1. 만전춘별사滿殿春別詞

어름 우회 댓닙자리 보와 님과 나와 얼어 죽을만정
어름 우희 댓닙자리 보와 남과 나와 얼어 죽을만정
정情 둔 오늘범 더듸 새오시라 더듸 새오시라.

이는 김수온金守溫[이조 세조 때 사람]이 술악부사述樂府辭라 하여

十月層氷上 寒凝竹葉栖 與君寧凍死 遮英五更鷄

라고 번역을 하였다. 이 작자는 알 수 없으나 고려 이전의 것인 듯하다. 이것이 이왕직장서李王職藏書인 『악장가사樂章歌詞』에 보이는데 그 어법語法을 보드라도 짐작하겠다. '오늘범'은 '오늘밤'이라는 말이고 그 추근추근 연정戀情을 심각深刻하게도 말하였다. "열두 번 죽어도 못 놓겠다. 손목이 끊어져도 못 놓겠다." 하는 따위의 노래와는 더불어 말할 것이 아니다.

2. 산유가山柳歌

거금距今 380여 년 전 삼당시인三唐詩人의 하나인 최경창崔慶昌[호號 고죽孤竹]이 북평사北評事로서 경성鏡城에 가 있다가 경성京城으로 돌아올 때 가치 있든 홍랑洪娘이 쌍성雙城[영흥永興]까지 와서 고죽孤竹을 작별하고 돌아가다 함관령咸關嶺[함흥咸興 홍원洪原의 경계境界]에 이르러 날은 저물고 비는 오는데 이 노래를 지어 보냈다.

묏버들 ᄀᆞᆯ해것거 보내노라 님의 손ᄃᆡ.
자시ᄂᆞᆫ 창밧긔 심거두고 보소서.
밤비예 새닙곳나거ᄃᆞᆫ 나린가도 너기소서.

— 홍낭

번방곡飜方曲
折柳寄與千里人 爲我試向庭前種 須知一夜新生葉 憔悴愁眉是妾身

— 고죽孤竹

그리고 소식消息이 끊쳤더니 그다음 해에 고죽孤竹이 병이 나서 봄으로부터 겨울까지 병석病席을 떠나지 못하였다. 홍랑洪娘이 이 소문을 듣고 바로 발정發程하여 7주야七晝夜만에 경성에 이르렀다. 그때에 함평咸平 양도兩道에는 금행禁行을 하였고 또는 국휼國恤이 지난 지 얼마 아니 됨으로 이것이 말성이 되어 고죽孤竹은 면관免官까지 당하였다.

그러나 이 시가詩歌만은 언제까지라도 그 자미滋味스러운 정경情景을 전해주는 것이다. 홍랑洪娘의 섬세한 그 정서情緖는 그가 말한 '묏버들'과 같이 아기자기하게 움즉이고 있다. 과연 그때 고죽孤竹이 이 노래를 받어보고 어떠하였으리. 그 노래를 번역하는 것만으로는 도저到底히 견디지 못하였으리.

三. 존칭尊稱하는 접미어接尾語의 님

1. 서동가薯童歌

신라新羅 진평왕眞平王 제3공주第三公主 선화善化가 퍽 어엿볐는데 그때 감자 장사하는 서동薯童이가 턱없는 욕심慾心을 내어 감자를 가지고 서울을 와서 골목골목에 노는 아이들을 먹이고 이런 노래를 지어 그 아이들을 꾀어 부르게 하였다.

善化公主主隱
他密只嫁良置古
薯童房乙
夜矣夘乙抱遣去如

이것도 향가鄕歌의 그 하나이다. 다시 풀어보면

선화공주善化公主님은
남모르게 얼러두고
서동薯童방을
밤이면 안고가다.

라 할 것이다. 이 노래가 바로 온 서울 안에 퍼저 대내大內에까지 들리니 백관百官이 모다 말하여 공주公主를 먼 곳으로 귀양살이를 보내었다. 서동薯童은 넌짓이 그 중로中路에 가서 기다리고 있다가 그 공주를 따러가 마츰내 부부夫婦가 되어 살었다.

2. 사모가思母歌

호미도 놀히언마ᄅᆞᄂᆞᆫ
날ᄀᆞ티 들리도 업스니이다.
아바님도 어이어신마ᄅᆞᄂᆞᆫ
위덩더둥셩
어마님ᄀᆞ티 괴시리업세라
아소 님하 어마님ᄀᆞ티 괴시리 업세라

이 노래도 『악장가사樂章歌詞』에 전하는 것으로서 역시 고려 이전의 노래인 듯하다. 혹은 신라 때 노래라 하는 이도 있으나 아즉 그 명문明文을 얻어 볼 수 없다.

이 말은 접미어接尾語인 만큼 그 노래의 전체를 통솔統率할만한 뜻은 없고 단지 그 구절의 주어主語만을 수식修飾함에 지나지 못한다.

우에 말함과 같이 종래從來 시가詩歌에는 님이란 말을 너무나 써온 까닭에 그것이 도리어 케케하고 천해 보이는 늣김도 없지 않다. 그러나 옛 노래는 옛 노래로 그 생명을 보아두고 지금 우리로는 그 쓰는 법을 새로히 궁구窮究하여야 할 것이다.

문헌文獻에 나타난 사공蛇公의 설화說話

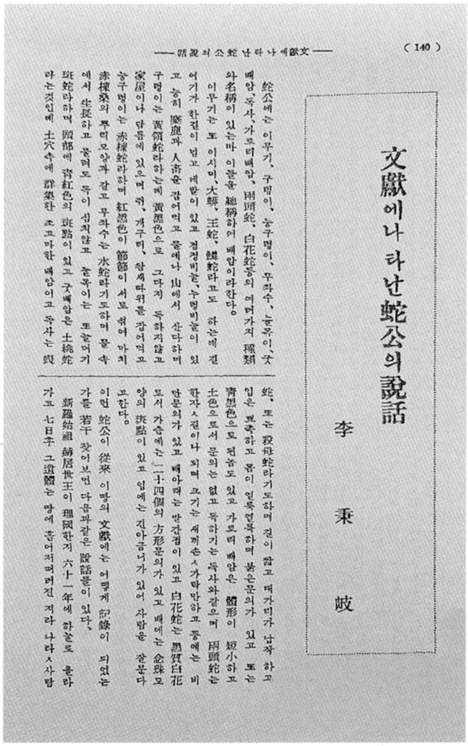

(140)

——文獻에나타난蛇公의說話——

文獻에나 타난蛇公의說話

李 秉 岐

蛇公에는 이무기, 구렁이, 능구렝이, 무자수, 눌옥이, 굿배암, 독사, 가모티배암, 兩頭蛇, 白花蛇등의 여러가지 種類와名稱이 있는바 이들을 總稱하여 배암이라한다。

이무기는 또 이시미, 大蟒, 王蛇, 鱗蛇라고도 하는데 길어기가 한길이 넘고 배받이 있고 검정비눌, 누렁비눌이 있고 능히 麋鹿과 人畜을 잡어먹고 물에나 山에서 산다하며 구렁이는 黃頷蛇라하는데 黃黑色으로 그다지 독하지않고 家屋이나 담틈에 있으며 쥐, 개구리, 참새따위를 잡어먹고 능구렝이는 赤棟蛇라하며 紅黑色이 節節이 서로 섞여 마치 赤楝棗의 뿌리모양과 같고 무자수는 水蛇라기도하며 물속에서 生長하고 굵며도 독이 심치않고 눌옥이는 또눌머기斑蛇라하며 頭部에 靑紅色의 斑點이 있고 굿배암은 土桃蛇라는것인데 土穴속에 群集한 조고마한 배암이고 독사는 蝮蛇, 또는 殺母蛇라기도하며 길이 짧고 대가리가 납작 하고 입은 뾰족하고 몸이 얼룩얼룩하며 붉은문의가 있고 또는 靑黑色으로 된놈도 있고 가모티 배암은 體形이 短小하고 土色으로서 문의는 없고 독하기는 독사와같으며 兩頭蛇는 한자ㅅ길이나 되며 크기는 새끼손ㅅ가락만하고 등에는 비단문의가 있고 배아래는 발간점이 있고 白花蛇는 黑質白花로서 가슴에는 二十四個의 方形문의가 있고 배에는 念珠모양의 斑點이 있고 입에는 긴아금니가 있어 사람을 잘문다고한다。

이런 蛇公이 從來 이땅의 文獻에는 어떻게 記錄이 되었는가를 若干 찾어보면 다음과같은 說話들이 있다、

新羅始祖 赫居世王이 理國한지 六十一年에 하눌로 올라가고 七日후 그遺體는 땅에 흩어져떠러진 지라 나라ㅅ사람

『春秋』 제2권 제1호, 1941. 2.

문헌文獻에 나타난 사공蛇公의 설화說話[6]

사공蛇公에는 이무기·구렁이·능구렁이·무좌수·율목이·굿배배암·독사·가토리배암·양두사兩頭巳·백화사白花蛇 등의 여러 가지 종류와 명칭이 있는바 이들을 총칭하여 배암이라 한다.

이무기는 또 이시미·대망大蟒·왕사王蛇·인사鱗蛇라고도 하는데 길이가 한길이 넘고 네 발이 있고 검정 비눌, 누렁 비눌이 있고 능히 미록麋鹿과 인축人畜을 잡아먹고 물에나 산山에서 산다 하며, 구렁이는 황령사黃領蛇라 하는데 황흑색黃黑色으로 그다지 독하지 않고 가옥家屋이나 담 틈에 있으며 쥐·개구리·참새 따위를 잡아먹고, 능구렁이는 적동사赤棟蛇라 하며 홍흑색紅黑色이 절절節節이 서로 섞여 마치 적동상赤棟桑의 뿌리 모양과 같고, 무좌수는 수사水蛇라고도 하며 물속에서 생장生長하고 물려도 독이 심치 않고 눌목이는 또 늘머기 반사斑蛇라 하며 두부頭部에 청홍색靑黑色의 반점斑點이 있고. 굿배암은 토도사土桃蛇라는 것인데 토혈土穴 속에 군집群集한 조그마한 배암이고 독사는 복사蝮蛇 또는 살모사殺母蛇라고도 하며 길이 짧고 대가리가 납작하고 입은 뾰족하고 몸이 얼룩얼룩하며 붉은 무늬가 있고 또는 청흑색靑黑色으로 된 놈도 있고, 가토리 배암은 체형體形이 단소短小하고 토색土色으로서 무늬는 없고 독하기는 독사와 같으며, 양

6「文獻에 나타난 蛇公의 說話」,『春秋』 제2권 제1호, 1941. 2.

두사兩頭蛇는 한 자의 길이나 되며 크기는 새끼손까락 만하고 등에는 비단 무늬가 있고 배 아래는 발간 점이 있고, 백화사白花蛇는 흑질백화黑質白花로서 가슴에는 이십사 개의 방형方形 무늬가 있고 배에는 염주念珠 모양의 반점斑點이 있고 입에는 긴 어금니가 있어 사람을 잘 문다고 한다. 이런 사공蛇公이 종래從來 이 땅의 문헌文獻에는 어떻게 기록記錄이 되었는가를 약간 찾아보면 다음과 같은 설화說話들이 있다.

신라新羅 시조始祖 혁거세왕이 이국理國한 지 육십일 년에 하늘로 올라가고 칠일七日 후後 그 유체遺體는 땅에 흩어져 떨어진지라 나라ㅅ사람들이 그 유체遺體를 모여 장사葬事를 지내려 하매 큰 배암이 나타나 쫓아와 금하므로 오체五體를 각장各葬하여 오릉五陵을 만들고 또는 사릉虵陵이라 이름을 하였다.

―『삼국유사三國遺事』

명주溟州[강릉江陵] 사람에 배암을 잘 잡는 이가 있었다. 그는 항상 가장이 진 나무와 굽은 나무를 가지고 깊은 숲, 큰 골짜기에 들어가 배암을 맞나면 크거나 작거나 얼른 가장이 진 나무로 그 대강이를 눌르고 또 굽은 나무로 누르고 손으로 그 껍질을 벗겨 시통矢筒에 넣고 소금을 쳐 구워 먹었는데 배암을 먹다 중독中毒이 되어 죽은 이도 적지 않았다.

―『대동운옥大東韻玉』

고려高麗 고종高宗 45년 위도葦島에 누렁 배암이 있었다. 크기가 기둥만 하고 가산假山에 구멍을 두고 살었다. 초동樵童이 그 근처를 지내다가 들으니 누가 부르는 소리가 나는바 사방四方을 돌아보아도 사람은 없고 다만 배암만 있으며 그 배암이 사람의 말을 하되 이 섬사람이 미구에

난리亂離를 일으키리니 돌아가 감창監倉에게 고告하고 퍽 조심하라 하였다. 감창사監倉使 이승진李承璡은 그 말을 듣고 괴이하여 숨기고 마침내 반反하여 몽고군蒙古軍에게 투항投降하였다.

—『대동운옥大東韻玉』

이조李朝의 도조度祖가 일찍 행영行營에 있을 때 까치 두 마리가 영중營中 큰 나무 위에 와 앉았다. 도조度祖가 활로 쏘려 하매 나무와 상거相距가 몇백 보나 되는지라 마하사麾下士가 다 이르되 반드시 맞히지 못하리라 하였다. 그러나 쏘아 맞히어 까치 두 마리가 함께 떨어지니 큰 배암이 나타나 그 까치를 물고 가 다른 나무 위에 두고 먹지는 아니하였다. 사람들이 다 이상히 알고 칭송稱頌을 하였으며 이 사실事實로서 그 뒤에 유명有明한 노래까지 지었으니 용비어천가龍飛御天歌 제7장第七章의 「부얌미 가칠므러 즘겟가재 연ᄌᆞ니 성손장흥聖孫將興에 가상嘉祥이 몬제시니」가 그것이다.

—『용비어천가龍飛御天歌』

세종世宗 13년 영월寧越 땅에 큰 배암 한 마리가 있어 혹은 물속에서 헤엄도 치고 혹은 모래언덕에 나와 서리기도 하다가 하루는 독무더기 우에 그 허믈을 벗어 놓았는데 길이가 수십 척이고 엽전葉錢만 한 비늘도 있었다. 그 골 사람이 그 비늘을 주워 나라에 아뢰매 세종世宗께서 사신使臣을 보내어 조사調査하는데 별안간 폭풍暴風이 일어 그 자취를 찾을 수 없었다.

—『동국여지승람東國輿地勝覽』

한 사람이 높은 산山에 올라가 나무를 하는데 한 배암이 그 구멍으로 들어갈 때에는 반드시 그 구멍 옆에 있는 조그마한 돌을 핥고 들어가는

지라. 그 돌이 무슨 맛이 있는가 하고 그 사람도 핥어보았다. 그리고 집에 돌아와서는 벙어리가 되었다가 그 이듬해 봄에 이르러서야 다시 말을 하게 되었다.

—『소문쇄록謏聞瑣錄』

신라新羅 애장왕哀莊王 10년 하6월夏六月 벽사碧寺에 두꺼비가 배암을 잡아먹었는데 그해 추7월秋七月에 이르러 왕의 숙부 언승彦昇이가 왕을 죽이고 스스로 서서 왕王이 되었다.

—『삼국사기三國史記』

탐라耽羅[제주도濟州島] 사람이 회색 배암을 보면 서로 금禁하여 죽이지 않고 그건 차귀신遮歸神이라 부른다 하고 『충암풍토록沖庵風土錄』에는 퍽 배암을 끄려 받들어 신神으로 모시고 배암을 보면 술로써 저주咀呪를 하고 감히 때려잡지를 못하고 그 가는 것을 서로 보기만 한다.

—『대동운옥大東韻玉』

연산連山 서씨徐氏의 선조先祖가 제주濟州 목사牧使가 되었을 때다. 그 섬사람들이 해마다 세초歲初가 되면 암석巖石 사이에 제사祭祀 지내며 반드시 사람으로서 제물祭物을 삼어 들이면 바위 사이로 큰 배암이 머리를 들고 나와 그 사람을 물어 먹는 바, 만일 그렇지 않으면 그 섬사람들이 재앙을 받아 편안치 못하다고 한다. 서徐 목사牧使 그 섬에 이르러 그 말을 듣고는 힘센 군교 몇 사람들을 뽑아 부월과극斧鉞戈戟 등을 많이 갖추어가지고 대정大靜·정의旌義 의원들과 같이 가자고 하매 그들은 겁을 내어 병으로 핑계하고 나오지 않었다. 서 목사가 마침내 그 바위 밑에 이르러보니 과연 큰 배암이 있는바 대들보 같은 대강이를 들고 나오는지라 손수 창을 들고 대들며 역사力士들을 시켜 칼질을 하여 베여

죽였다. 그런데 별안간 악기惡氣가 공중空中에 떠오르며 그 뒤를 따르는 지라 서徐 목사牧使는 말을 몰아 급히 돌아와 얼마 아녀 병이 나서 죽었다. 그러자 큰 배암이 사방四方에서 모여들어 관사官舍로 들려 하매 관사를 둘러 숯불을 피우고 염관斂棺을 다하여 그 고향故鄕인 결성結城으로 돌아와 관棺을 열고 본즉 배암 두 마리가 그 속에 들어있고 장사葬事를 지낸 뒤에도 그 무덤에는 배암의 구멍이 뚫려 있었다 한다.

—『박소촌화樸素村話』

금녕굴金寧窟은 제주濟州 동東 오십五十 리里 금녕산金寧山 위에 있는데 석문石門이 높고 커 그 속에 오장기五丈旗를 세움직하고 활처럼 궁륭하고 그 깊이는 측량測量할 수 없어 구경하려는 이는 홰ㅅ불을 켜들고 들어가나 그 끝까지는 도저到底히 다 볼 수 없다. 언전諺傳하되 그 굴속에는 한 대망大蟒이가 사는데 크기가 오석항五石缸만 하고 요기妖氣를 부려 흉해凶害를 주는지라. 사인士人이 매양 세초에는 주식酒食을 갖추어 제사를 지내며 처녀 하나를 짐승 대신으로 바치었다. 그렇지 않으면 풍우風雨를 일으켜 그치지 않았다. 판관判官 서연徐憐이라는 이가 나이는 적어도 담력膽力이 있었다. 군리郡吏가 그 일을 서徐에게 아뢰매 서徐는 "어찌 요물妖物을 그대로 두어 우리 죄 없는 백성百姓을 죽이랴." 하고 군교郡校 수십 인을 뽑아 쟁도鎗刀를 가지고 신탄薪炭 염초焰硝 등물等物을 갖추고 전과 같이 제사祭祀를 지내매 대망大蟒이가 과연 머리를 내밀어 장차 처녀處女를 먹으려 할 때 서徐가 손수 쟁鎗을 써 위에서 내리지르고 여러 군교軍校를 시켜 마구 쳐잡어 끌어내어 불을 질러 태웠다. 그 누린내는 가까이할 수 없었다. 즉시 단기單騎로 달려 성으로 드는데 등 뒤에는 일조적기一條赤氣가 쫓아왔다. 관아에 돌아온 후 혼도昏倒하여 아무런 줄 모르다가 마침내 관사館舍에서 돌아갔다. 그 뒤로 사요蛇妖는 없어졌다.

—『탐라사실耽羅事實』

대정大靜 산방山房 서북西北 대로大路 가에는 음사淫祠가 있으니 이름을 광정당廣靜堂이라 하고 제를 지내는 이가 하마下馬를 아니하면 그 말이 절뚝거린다 한다. 목사牧使 이형상李衡祥이가 순과巡過할 때 군리軍吏가 하마下馬 하기를 아뢰되 듣지 않았다. 말은 과연 절뚝거렸다. 이李가 친親히 그 당堂에 이르러 무당을 시켜 말을 잡아 제사祭祀를 지내고 그 신神을 보려 하매 대망大蟒이가 나와 독기毒氣를 내어 사명기司命旗ㅅ대를 물었다. 드디어 그 배암을 베어 죽이고 그 집을 불살랐다. 음사淫祠는 없어졌다.

—『탐라사실耽羅事實』

사람이 양두사兩頭蛇를 보면 곧 죽는다고 하였으나 이李 진사進仕 동천東燀이가 일찍이 말하기를 자기自己가 여러 해 전에 양두사兩頭蛇를 본 일이 있었다 하고 이웃 사람에 황성黃城이란 이가 삼존동三尊洞을 갔다가 집 뒤ㅅ날등을 넘어오며 우리 집 종인 점산占山이더러 하는 말이 아까 양두사兩頭蛇가 바위 밑에 누웠는 것을 보았다 하매 점산占山이가 쫓아 때려죽여 묻었다. 이것이 벌써 십여 년 전 일이었다. 어떤 이는 말하기를 옛날 이른바 양두사라는 것은 꼬리도 머리가 된 것이되 이제 이르는 양두사라는 것은 그 대강이 가장이처럼 둘로 된 것이니 그 종류가 다른 것이 아닌가 한다.

—『박소촌화樸素村話』

선조宣祖 때 명장名將 정봉수鄭鳳壽는 어려서부터 대담大膽하였던바 그 사는 동리洞里에는 큰 배암이 있어 사람을 보면 즉시 대들어 물려 함으로 사람이 다 피하여 달아났다. 정봉수가 동내洞內 아이들을 모여 놓고 "마땅히 이 배암을 잡아 죽여 해害를 제除하자." 하매 아이들이 말하되, "그 놈이 날래기가 나는 것 같으니 장정壯丁들이라도 피해 달아나는데 더구나 우리가 어떻게 하랴" 하였다. 정봉수는 그 아이들더러 잔말 말고 내 말을 들어라 하고 풀을 묶어 십여十餘 막幕을 하여 삼면三面을 다 막고 한 편만 터놓고 아이들 시켜 몽둥이를 가지고 매복埋伏케 하고 정봉수는 홀로 배암 있는데 가서 돌을 던졌다. 배암은 머리를 들고 그 혀를 늘럼거리고 좇아온다. 정봉수는 가로 달아나 그 초막草幕 앞에 이르자 여러 아이들이 한꺼번에 나와 마구 쳐 죽이었다. 이때부터 그 비범非凡함을 사람들이 알게 되고 커서는 무과武科를 보아 등용登用되고 그 공훈功勳이 많았다.

—『해동명장전海東名將傳』

예산禮山ㅅ골에 무한산無限山이 있고 산山 아래에는 냇물이 흐르니 또한 무한천無限川이라 하는데 매양 여름에 큰물이 나면 이무기가 산에서 나와 냇물 속에 잠기며 인축人畜을 해치기도 한다.

—『동국여지승람東國輿地勝覽』

죽산현竹山縣 북北에는 정배산鼎陪山이 있는 바 한 봉峰이 솟았고 봉峰 머리에는 암석巖石을 이었고 암석에는 구멍이 있고 구멍에는 하얀 배암이 있으며 해마다 우수雨水를 타서 천민천天民川으로 내려와 인축人畜을 해친다.

—『동국여지승람東國輿地勝覽』

송우암宋尤庵 시열時烈 선생先生이 아잇적에 하루는 봉당에 누웠더니 별안간 큰 구렁이가 나와 선생先生의 배 위로 오르는지라 집안사람들이 보고 어찌할 바를 모르는 바 선생은 몸을 조곰치도 움즉이지 않고 있다가 그 구렁이 꼬리가 배를 다 지내간 뒤에야 얼른 일어나서 방으로 뛰어 들어왔다. 집안사람들이 "웨 놀래지 않고 가만이 있었느냐"고 물은즉

"만일 놀래어 몸을 움직이면 구렁이도 놀래어 나를 물을 것이라 참고 있어 지내가기를 기다린 것이다." 하였다. 집안사람들이 그때 벌써 선생을 큰 바다인 줄을 짐작하였다 한다.

—『동야집사東野輯史』

"배암이 용의 꼬리를 물고 태산太山의 부리를 지냈다 하노이다. 만인萬人 만 말을 하여도 님을 짐작하여 들으소서." 이 사용가蛇龍歌는 "삼장사三藏寺에 붙혀러 가고신된 그 절 사주社主 내 손목을 주여이다. 이 말삼이 이 절 밧긔 나명들명 상좌上座 네 말이라호리라."는 삼장가三藏歌와 함께 고려高麗 충렬왕忠烈王 때 지은 바이다. 충렬왕忠烈王이 군소群小를 친압親押하고 연락宴樂을 좋아하매 행신倖臣 오기吳祈·김원상金元祥과 내료內僚 석천보石天補·천경天卿 등이 성색聲色으로써 힘쓰고 관현管絃으로써 용열容悅되었으며, 방태락재인房太樂才人도 부족不足하다 하여 행신倖臣을 제도諸道에 보내어 관기官妓에 자색姿色과 기예技藝 있는 이를 뽑고 또 성중城中의 관비官婢와 여무女巫의 가무歌舞 잘하는 이를 뽑아, 궁중宮中에 두고 비단옷을 입히고 마종립馬鬃笠을 쓰이어 특별히 일대一隊를 만들어 남장男裝을 시키고 이 노래를 가르치고 군소群小로 더불어 밤낮으로 노래 부르고 춤추고 더러운 일을 하여, 다시 군신君臣의 예禮가 없고 그 허비되는 돈은 이루 기록記錄할 수 없었다.

—『고려사高麗史』

정월正月 사일巳日에는 이발理髮을 하지 말고 배암이 집에 드는 것을 기忌하나니라.

—『동국세시기東國歲時記』

벽사법辟蛇法 — 거위鵞를 기르면 배암이 없어지고 고양각羖羊角을 사르면 배암이 달아나고 단오端午ㅅ날 오시午時에 주사朱砂로서 다자茶字를 써 붙이면 배암이 가까이 오지를 못하고, 산길을 가는데 웅황雄黃을 몸에 지니고 가든지 혹은 웅황을 물에 갈아 다리에 바르든지 하면 배암이 멀리 피하여 감히 대들지 못하고, 산림山林 속에 들어갈 때 의방2자儀方二字를 묵묵히 생각하면 배암이 보이지 않느니라.

– 『고사신서攷事新書』

구렁이 보고도 구렁이라 하지 말고 대망이라 하면 좋아하느니라

– 속담

이는 같은 말이라도 듣기 좋은 말과 싫은 말이 있으면 듣기 싫은 말보다 좋은 말을 쓰라는 것이다. 즉 구덕口德을 말한 것이다.

무좌수를 독사 만든다

– 속담

이는 무좌수처럼 순한 놈을 자꾸 몹시 하여 독사처럼 독하게 만든다는 것이다. 다시 말하면 지순한 사람을 몹시 볶아 지독至毒하게 만든다는 것이다.

구전민요口傳民謠의 묘미妙味[7]

한동안 우리는 우리 것을 두고도 아니 쓰고 알고도 모른 척하던 억울한 답답한 생활生活을 하며 약간若干 고서古書 고물古物이나 수집蒐集할새, 의외意外에 귀중貴重한 것을 만히 발견發見하게 되는 것들이 어느 곳 어느 입에 전하고 잇는지 모르겟다. 이런 민요民謠만이라도 극가劇歌 또는 무용舞踊 등도 어느 구석에 만히 묵어 잇슬 것이다.

요전 한글 반포頒布 5백주년기념五百周年記念인 고서전람회古書展覽會에 진열陳列된 '횡부가본橫負歌本'은 가장 진귀珍貴한 것으로 평판評判이 된 모양인데, 이 책冊은 일명一名 '가로지기타령' 또는 '변강쇠타령'이라 하며 풍속風俗 재료材料로는 다시 업는 진본珍本이엇다. 옛날에는 광댓소리 가운데 가장 흥미興味를 끌던 갓인 바 이 근래近來에는 그것이 그 때 소용所用이 된다 하여 무쳣던 것도 패여내고 버렷던 것도 주어온 까닭이엇다. 이와 가치 이런 대회大會가 자주 열리면 열릴스록 그만큼 선전宣傳이 되고 장려奬勵가 되어 하잔히 남어잇는 그것도 더욱 기세氣勢를 부리려니와 아직도 어느 기록記錄에나 구전口傳에 전하는 것을 만히 차즐 수 잇슬 것이다.

찔레야 꼿은 장가가고

7 「口傳民謠의 妙味」, 『서울신문』, 1946. 11. 10.

석류石榴야 꽂흔 상객上客간다.
만인간萬人間아 웃지마라.
시종자 하나 바라 간다.

— 울산蔚山 이앙가移秧歌

강남江南가건 해님 보라.
이어두가 반이라 한다.
이언말란 말라근 가랴.
이어하면 내눈물 난다.

— 제주濟州 맷돌노래

이런 조흔 민요民謠를 나는 어느 친구親舊에게 들엇다. 아직도 이런 조흔 민요民謠를 그 어디선가 찾을 수 있다. (이하 원문 훼손)

이민족간異民族間이라면 속요俗謠까지도 민요民謠라고 할 수 잇슬 것이다. 상술上述한 의미意味에서 민속예술民族藝術은 이것을 재음미再吟味함으로써 그 전통傳統을 바로 차질 수가 잇슬 것이며, 전통傳統 파악把握으로 말미아마 민족예술民族藝術의 최고완성最高完成을 위한 원동력原動力이 될 것이다. 이 '변상쇠타령'은 이름조차도 아는 이가 별로 업다. 이는 내가 십여 년 전에 전북全北 고창高敞 신오위장申五衛將이 기록記錄해 전한 것을 빌려다 벗겨 유행流行된 것이다. 이를 부를 줄 아는 이가 어디 잇다 하면 달려가 듯고 십다.

그리고 '아르랑타령'이라든지 '륙자박이'라든지도 요마적 유행가사流行歌詞로 부르는 것보다도 좀더 고조古調가 잇다면 그걸 듯고 십다. 이런 의미意味로 나는 이번 대회大會를 크게 기대期待하는 바이다.

고전문학古典文學에 나타난 향토성鄕土性[8]

"사람 살 곳은 가는 곳마다 있다." 하는 속담俗談과 같이 우리나라엔 어디를 가든지 살음즉한 곳이 있다. 그리고 그 풍토風土에 따러 예속禮俗 습관習慣 소산所産 풍정風情이 각각 다르다. 이건 자연지리自然地理로도 그러려니와 인문지리人文地理 즉 역사문화歷史文化의 전승적傳承的 관계로 말미암은 것이 많다. 불과 2, 3마장의 거리距里에서도 문 안과 문 밖이 다르다. 같은 문 안에서도 위아래와 남북촌이 다르다. 이 다른 점으로서 그 생각과 느끼는 바가 또한 다르다. 이를 노래로나 이야기의 형식으로 나타낸 것이 우리 향토성鄕土性을 말한 문학이었다. 그 예를 시가詩歌나 산문散文에서 몇몇을 들어 말하자면 다음과 같다.

육진六鎭 좋은 다리에 머리마다 주사朱砂 찍고
가마기 날개같은 공단으로 가리마를 새로했다.

탕평채蕩平菜로 안주하고 방문주方文酒로 취하도다.
궁조대의 안악네야 입에 밥도 못들이리

이건 서울 남북촌의 탐권낙세貪權樂勢하던 대가大家의 노래, 차마車馬가

8「古典文學에 나타난 鄕土性」, 『민중일보』, 1947. 4. 20.

문 앞에 끊이잖고 각지소산各地所産의 선물이 모여들고 남여노비男女奴婢를 두고 고대광실에 앉아 손끝에 물이나 퇴기며 하던 노래였다.

차라리 조대의 종이 될망정 이서吏胥의 안해는 아니 되리라.
순라巡邏 돌고 돌아오자 바라 치면 바로 가네.

차라리 이서吏胥의 안해 될망정 군사軍士의 안해는 아니 되리라.
일년삼백육십일一年三百六十日에 백일百日은 홀로 자네.

이건 아래대 사던 이들이 순라군巡邏軍 또는 군사軍士로 봉직奉職하여 남달리 바쁜 생활을 하며 가정家庭의 재미도 볼 수 없음을 말한 노래였다.

금년 추술랑 내 담당할 것이니 동섯달 되어도 이 수수밭 베지만 마소
이 수수 베는 날이면 우리 님과는 영 이별이요.

이는 황해도 풍천豊川의 민요, 동섯달은 동지 섯달 즉 십일월. 십이월이는 시전詩傳 왕풍王風의 '丘中有麻 彼留子嗟 將其來施施'와 같은 노래로되 그보다 더 예술적藝術的이다. 솔직히 말하면서도 그 수사修辭는 완곡緩曲하였다.

길주명천吉州名川 가는 벼 장사야 닭 운다고 앞길 바삐 마라 네 발
가진 칼쥐인 닭이 꼬꾜 하고 소매 잡을나.

이는 함북민요咸北民謠. '가는 벼'는 세포細布, 세북포細北布인데 북새속요北塞俗謠에도 북관남무北關南巫는 세포를 공납公納한다고 했다. '네 발 가진

칼쥐인 닭이'라는 건 호랑이를 이름이다. 우리나라엔 산이 많아 호랑이도 많은바 함경도엔 더욱 많았다. 옛날 장사들이 그 지방소산地方所產을 사가지고 딴 지방地方으로 팔러 다닐 때 닭이 우는 아직도 어두운 길을 떠났다. 그러나 이 지방地方에는 호랑이가 많으므로 호환虎患을 염려함이오 '칼쥐인 닭이'라 함은 호랑이도 제 말하면 온다고 해서 이렇게 이름을 지어 부른 것이었다. 이런 노래는 그 소산所產·풍토·습관·인정 등을 농후濃厚하게 나타낸 것이었다.

> 또 저분은 어듸 게시오. 한 놈이 대답하되 나는 하늘골 사오. 군평이 하는 말이 사직이란 마을이 하늘을 위하는 마을이니 사직골 살으시오. 또 저분은 어듸 게시오. 한 놈이 하는 말이 나는 문안 문밧 사오. 군평이 하는 말이 문안 문밧 산다 하니 대문 안 중문 밧기니 행랑어멈 자식이로다.

이는 『흥부전』의 일절一節인 바 이 『흥부전』은 서울서 출판된 것이다. 흥부는 '전라 경상 양도 간에 산다'는 말을 그 허두虛頭에 쓰고 그 중간에 이르러서는 '사직골'이니 '행랑어멈'이니 하는 서울 지명地名과 사투리와 어조語調 같은 흥부전으로도 그 출판되는 지방을 따러 그 지방색을 더한 것이 이 책뿐 아니라 다른 소설책들도 다 그렇다. 『춘향가春香歌』를 광대가 부를 때는 전라도 사투리를 써야 되지마는 산문으로서 적은 『춘향가春香歌』으로서 서울서 출판出版된 건 서울 냄새가 나게 되었다. 그리고 또 『삼강행실三綱行實』, 『경민편警民編』, 기타 경서經書 시집詩集의 언해諺解들도 그 번역한 이 또는 출판出版된 지방을 따러 각기 향토성鄕土性을 나타냈다.

이를 연구함에는 그 역자譯者나 출판된 지방을 잘 조사調査해야 할 것이다. 『두시언해杜詩諺解』 목판본木版本에는 간간보각間間補角이 있어 경상도 각 군의 향토성鄕土性을 보인 것이 있음은 과연 재미스러운 일이다. 이외에도 그 예가 퍽 많긴 하나 아직 이만 각필擱筆한다.

신화문학神話文學으로서 본 단군檀君[9]

우리의 가장 오랜 신화神話는 단군檀君과 동명왕東明王의 것이다. 『삼국유사三國遺事』, 『제왕운기帝王韻紀』, 『이상국집理想國集』, 『세종실록지리지世宗實錄地理志』 등을 보면 단군신화檀君神話는 동명왕신화東明王神話보다 더 오랜 것이 그 사리로도 그러려니와 그 사연으로도 그렇지 않달 수 없다. 혹은 동명왕東明王 이야기가 벌서 후한의 왕충王充의 『논형論衡』 그 제2권第二券 길험편吉驗編에 실렸다 하여 이를 더 오랜 것이라 할 수도 있으나 사실 단군檀君 이야기가 한때 침체沈滯하게 된 건 동명왕東明王 때문이다. 고구려高句麗는 한 신흥국新興國으로서 단군檀君 후세後世의 정통正統이던 부여국夫餘國을 배반하여 부여국夫餘國에서 전傳하던 단군檀君 이야기까지도 넌지시 말살抹殺하고 그 아버지 해모수海慕漱를 엉뚱하게 천제자天帝子라고 하였던 것이 아닌가. 그러나 천제자天帝子라야 그때 민중民衆이 존숭尊崇하여 제왕帝王의 지위地位를 차지하게 되던 것은 역시 그전부터 민중民衆이 믿어오던 단군檀君 이야기 그것을 이용利用하였음이 아닌가.

삼국三國 때 당唐나라와의 교접交接이 심甚하여 한 국방國防으로나 문화文化를 높임으로나 불가불 그런 정책政策을 쓸 수밖에 없었던 것이 점점 사대사상事大思想이 깊어져 고려건국高麗建國에는 그 왕씨王氏가 당唐의 숙

---

9 「神話文學으로서 본 檀君」, 『민중일보』, 1947. 11. 15.

종肅宗의 왕손王孫이라 하여 그 창업創業을 이루게 하는 예例와 같은 것은 기타其他 모든 건국설화建國說話에도 많이 보는 것이다. 동명왕東明王 때에도 그 후손後孫처럼 천제자天帝子라는 것보다도 어느 혈통血統이란 것이 필요必要하였다면 부여夫餘의 금와金蛙를 개구녁받이로 내쫓고 자기가 단군혈족檀君血族의 정통正統이라 하였을 것이다.

과연 그때는 이런 것보다도 천제자天帝子라는 것이 더 유리有利하였던 까닭이었다. 이리하여 부여계통夫餘系統으로서 단군개조檀君開祖며 조선건국설建國說을 우리 국비國碑 또는 고기古記로 근근히 전해온 것이다.

그런데 단군비기檀君秘記는 가장 오랜 만큼 고박古朴·간소簡素하다. 그러면서도 그 풍부豊富한 상우想優이며 명백明白한 조리條理며 웅여熊女가 신信을 잘 지켰다는 아름다운 정조情調가 우리 고대古代 민족성民族性을 잘 표현表現하였다. 그리고 동명왕신화東明王神話는 이보다 더 번화하고 찬란하고 굉장한 한 영웅서사시英雄敍事詩이었다. 이 또한 옛날 웅비활약雄飛活躍하던 우리 민족성民族性을 잘 나타낸 걸작傑作이었다.

이 두 가지는 신화문학神話文學으로서의 최고最高 소중所重한 것이며 또한 대표적代表的인 것이다.

중국中國에서 유교적사상儒敎的思想으로 삼제三帝 삼황三皇에 대對한 설화說話를 썩 문화文化가 열린 때의 일처럼 만드러 놓왓스나, 우리 이 두 신화神話는 그 신화성神話性을 잃지 않으면서 세간世間 일과 타협妥協시킨 것은 역사시대이전歷史時代以前의 사실 그대로임을 인증認證하겠으며 조선 민족성民族性의 공정公正·진솔眞率함을 잘 나타낸 것이라 하겠다. 이런 것을 역사시대歷史時代의 事實사실로 그 가부可否를 운운云云하느니보다 신화문학神話文學으로서 당연當然히 해석解釋 감상感想함이 그 진실眞實과 흥미興味를 찾게 되는 것이다.

고전문학古典文學의 사상적思想的 고찰考察

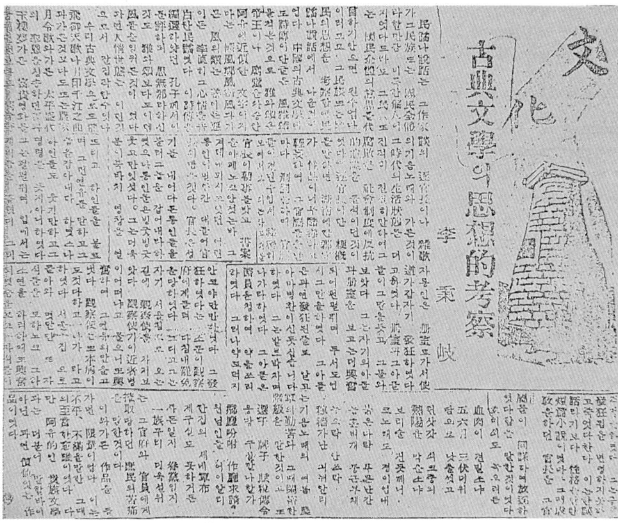

文化

古典文學의思想的考察

李秉岐

『자유신문』, 1948. 10. 30.

고전문학古典文學의 사상적思想的 고찰考察[10]

민요民謠나 설화說話는 그 작가가 그 민족民族 또는 국민國民 전체全體라 할만큼 비록 한 개인個人이 지엇다드라도 그 민족民族 또는 국민國民 전체全體의 의미意味를 대언하지 안으면 될 수 업다. 이러므로 민족 또는 국민의 사상思想을 고려함에 민요나 설화에서 나을 것이 업다. 중국中國의 고전문학에도 시전詩傳이란 글은 풍아송風雅頌을 적은 것으로 아雅와 송頌은 제왕帝王이나 묘당廟堂을 찬송한 아유阿諛에 근사近似한 문자文字이지마는, 국풍國風 정풍鄭風 패풍邶風과 가튼 풍風의 류類는 선善이든 악惡이든 솔직히 그 심정을 고백告白한 민요民謠엿다. 이 시전詩傳을 편찬하얏던 공자孔子께서 이를 평評하되 '사무사思無邪'라 하신 것도 아雅와 송頌보다도 이런 풍風들을 일커든 것이엇다. 과연 인정세태人情世態는 이런 것으로서 잘 짐작할 수 잇다.

우리 고전문학으로도 『용비어천가龍飛御天歌』나 『월인천강지곡月印千江之曲』과 가튼 것보다도 또는 「농가월령가農家月令歌」와 가튼 태평성대太平聖代의 성은聖恩을 칭송하던 것과 『옥루몽玉樓夢』과 가튼 부귀富貴영화를 꿈꿔던 것보다도 『어우야담於于野談』의 '축관장逐官長'이나 잡가雜歌의 기

10 「古典文學의 思想的 考察」, 『자유신문』, 1948. 10. 30.

음노래와 가튼 것이 그 시대의 생활상태生活狀態를 더 진적히 절실히 말하여 그 부패腐敗한 사회제도社會制度에 반항적反抗的 의식意識을 들석이던 것이엇다.

'축관장逐官長'이란 작품의 경개梗槪를 말하면 영남嶺南의 한 군수郡守가 성품性品이 너무 혹독酷毒하고 경망輕妄하여 그 관속官屬들을 날마다 형벌刑罰을 하여 관속官屬들이 견딀 수 업서 비밀秘密히 모여 서로 의논하여 꾀를 내어 관장을 쫓기로 하엿다. 그래서 하루는 그 관장官長이 조사朝事를 밧고 서안書案을 아페 노코 안젓는 바 그 겨테 이러서 잇던 어린 통인이 별안간 대들어 관장官長의 빰을 쳣다. 관장官長은 성기를 내어 다른 통인들을 불러 그놈을 잡어내라 하엿으나 통인들은 빙긋빙긋 웃고만 잇섯다. 그는 더욱 분이 북바처 영창을 열뜨리고 하인들을 불르며 그런 연유를 말하고 그놈을 잡아내라 하엿스나 하인들도 웃기만 하고 그 명령을 듯지 아니하엿다. 그는 펄펄 뒤며 입에서는 게버금을 흘렷다. 그러자 통인은 책실冊室로 가서 사도使道가 갑자기 발광發狂하엿다고 하엿다. 책실冊室과 그 아들들이 그 말을 듯고 그를 와 보았다. 그는 자기의 아들과 책실冊室을 보고 더 흥분興奮되어 펄펄 뛰서 두서 업시 그 말을 하엿다. 그 아들은 과연 발광發狂된 줄로 알고 아마 병환이신 듯십습니다 하엿다. 그는 발로 박차며 나가라 하엿다. 그 아들은 의원醫院을 청하여 약을 쓰려 하엿다. 그러나 약도 먹지 안코 야단만 하엿다. 그 발광發狂하는 소문이 관찰부觀察府에게 들려 마침내 면직免職을 당하엿다. 그리고 그는 자기 서울집으로 오는 길에 관찰사觀察使를 차저보앗다. 관찰사觀察使가 이 근자近者 병이 어떠냐고 물으니 또 흥분興奮하여 그 연유의 말을 끄냇다. 관찰사觀察使는 또 본병本病이 도젓다 하고 나가라고 하엿다. 서울 집으로 돌아와 몃 달만에 또 자식들을 모하놓고 그 하소연을 하려 하매 또 흥분興奮 되엿슴을 보고 자식들이 걱정을 하엿다. 그는 종시 발광發狂됨을 변명하지 못하고 죽엇다 한다. 이는 한 담화談話라기보다 성격性格을 말하는 단편소설短篇小說이엿다. 그대 학정虐政을 하던 관장官長을 그 관속官屬들이 동모同謀하여 방축放逐하엿다 함을 말한 것이다.

호미쇠도 녹으려든 혈육血肉이 견딜소냐.
오륙월五六月 삼복三伏더위 땀으로 낫흘씻고
헌삿갓 쇠코중의 열양熱陽을 막을소냐.
보리술 것듯깨니 콧노래도 경이업내.
붉은다락 푸른난간 높흔베개 둥근부채
누으락 안즈락 가색稼穡가난 긔뉘알리.

기음노래의 여음 농군農軍의 근고勤苦와 그때 한가閑暇한 계급階級을 말한 것이고, 또

환자還子 패자牌子 부세賦稅 전령傳令 응당 구실 말나 할.
향청鄕廳 분부吩咐 작청作廳 구청求請 원님인들 어이 알리.
한집의 세네 군포軍布 제 구실도 못하거든
사돈일지 권당眷黨일지 일족몰이 더욱 설워.

는 그 관부官府와 관원官員에게 착취搾取당하던 서민庶民의 고통苦痛을 말한 것이다.

이와 가튼 작품作品을 들자면 한량限量이 업다. 이는 불평不平·불만不滿을 말한 그때의 지당至當한 의식意識이엿다. 다만 아유적阿諛的인 귀족문학貴族文學과는 더불어 말할 바이 아닌 과연 가치價値있는 작품作品이엿다.

민요잡고民謠雜攷 상上·하下[11]

우리 고전문학古典文學에 설화문학說話文學이 퍽 풍부豊富한 것처럼 민요民謠도 그에 못지않게 많으며, 아직도 구전口傳 그대로 남아 있는 것이 기록記錄된 것보다 더 많지 않을까 한다. 우리 민요民謠의 기록記錄은 옛 문헌文獻에 약간 끼여있으며 이 근래近來 몇 책冊이 있으나 그중에는 와오訛誤된 것이 적지 않다.

민요民謠는 그 작자作者가 민중民衆이며 전하는 이 민중民衆이기, 그 작사作詞를 정확正確히 전하는 것이 대개 드믈다. 민중民衆의 입으로 옮아 다니기 때문에 그 입을 따라 잘된 작사作詞가 잘못되기도 하고 또는 잘못된 작사作詞가 잘되기도 한다. 잘못된 작사作詞가 잘되었다면 그건 말할 것도 없지만 잘된 작사作詞가 잘못되었다면 그건 큰일이다. 그러나 우리 민요民謠는 이런 와오訛誤에 와오訛誤를 더하여 애매 몽롱한 것이 적지 않은 바, 그걸 그대로 기록記錄한 것도 또한 적지 않다. 약간若干 그 예例를 들어 말하면, 『신찬고금잡가新撰古今雜歌』의 단가短歌 '소상팔경瀟湘八景' 첫머리

산학山壑이 대명大鳴하고

11 「民謠雜攷 上下」, 『태양신문』, 1949. 11. 22.- 25.(『가람문선』 수록본)

는 송인宋人 범중엄范仲淹의 지은 「악양루기岳陽樓記」의

산악잠영山岳潛影

을 인용引用한 것이다. 이는 무식한 광대들이 와전訛傳하여 부르던 것이다. 이런 단가短歌도 그러려니와 조선문고朝鮮文庫 『조선민요선朝鮮民謠選』의 제주도濟州道 민요民謠에,

가시오름 강당장康黨長집에
식쿨방에 새글너간다.
전신前身구진 이내몸가난
식쿨방에도 새마자간다.

함은 방아찧으며 부르는 노래로,

가시오름 강당장姜堂長집엔
네콜방이 새마잠세라.
전승궂인 이내몸 가난
세콜에도 새글러운다.

라 하여야 하는 바, '가시오름'은 촌명村名이고, '네콜방'은 네간 방이고, '새마잠세라'는 사이가 맞는다는 것이고, '전승'은 '전생前生'이며, '이 내 몸 가난'은 '이내 몸이 가는 데는'이다. 이는 팔자 궂은 이는 어디를 가든지 궂다는 뜻이었다. 또

칠주 명천明川 가믄 포布장시야
닭이 울건 질행行을 나지마라
밤중만이 우는 닭은
닭이 아니 인人의 소리며
날이 새건 질행行을 하라.

함은 워낙 함북민요咸北民謠로서,

길주吉州 명천明川 가는 베장사야.
닭 운다고 앞길 바삐마라.
네 발 가진 칼쥐인 닭이
꼬끄하고 소매 잡으라.

하는 것인 바, 이는 우리 말글 수사법修辭法에 특이特異한 색채色彩를 나타내고 있다. '가는베'는 세북포細北布요, '네발 가진 칼쥐인 닭'은 호랑이를 이름이다. 닭이란 말로 이내 운률韻律을 맞추어 그 내용內容을 아름답게 꾸며 놓았다. 우리나라는 산악山岳의 나라로서 옛날에는 호랑이가 많았다. 우리 조상들은 호랑이와 벗하여 살았으며 호랑이 노래가 많을 것이다. 그러나 호랑이에 대한 민요民謠는 아직 이것뿐이요, 시조형時調形으로는 윤고산尹孤山 시가詩歌 '일모요日暮謠'의,

석양夕陽이 넘은 후後에 산기山氣는 좋다마는
황혼黃昏이 갓가오니 물색物色이 어둡는다.
아해야 범 므서온듸 나다니지 말아라.

하는 것이다. 과연 희귀稀貴한 존재存在였다. 또 구전口傳하는 제주민요濟州道民의,

> 오돌또기
> 오돌또기 저기 춘양 멀고
> 달도 밝고 내가 머리로 갈가나.
> 둥구데 당실 둥구데 당실 이여도 당실
> 연자바리고 제가 머리로 갈가나.

는 가루지기타령 가운데 사당노래의,

> 오돌또기 춘양춘양
> 워월의 달은 밝고 명랑한듸
> 여긔저긔 연져버리고
> 말이 못된 경이로다.
> 만첩청산萬疊靑山을 속속 들가서
> 늘어진 버들나무
> 드립떠 덤뻑 휘어잡고
> 손으로 주를주를 훑터다가
> 물에다 두둥 띄어 두고
> 둥덩덩실 둥덩덩실
> 여긔 저긔다 연져버리고
> 말이 못된 경이로다.

하는 것이다. 오돌또기는 한 여음餘音이다. 지금도 서울 아이들이 남을 놀리어 '오돌또기돌돌'하기도 하는데 이를 또한 사람의 별명別名으로 쓰

기도 하고 있다. 이 사당노래의 오돌또기는 문맥어의文脈語意를 쉽게 짐작할 수 있게 되었다. 이는 팔八, 구십년九十年의 기록記錄이다. 이러한 것이 얼마나 와전訛傳되엇는가. 이를 고찰考察하자면 여간 힘들 것이 아니었다. 그저 구전口傳 그대로 믿고 운운云云만 한다면 퍽 우스운 수작이 많을 것이다. 『조선구전민요집朝鮮口傳民謠集』 강원도江原道 철원鐵原 삼가리 2편二篇에,

영해영덕寧海盈德 긴 잠가리
진보청송眞寶靑松 관솔가지
우리 아배 관솔 패고
우리 올배 관솔 놓고
우리 올배 동래부사東萊府使
행수별감 얼삼촌三村에
네 이기나 내 이기지.

는 내가 수집蒐集한 바에 의依하면 '우리올배 동래부사東萊府使'의 다음에 '골방기생妓生 얼[서庶] 동생아'라는 한 구절句節이 더 있으며, 이 뒤에 나오는 민요의 '안동安東 동내 열늬 동내 동내마다 송사가자'는 며느리가 삼을 잘못 삶는다고 시어미가 나무라는 말이고, '안만없이 송사가면' 이하以下는 며느리가 자기의 세력勢力을 믿고 자랑하는 말이다. 또

미수가리를 걸머지고
산양山陽장을 건너가니
산양山陽놈의 인심보아라.
오돈 오푼 받으란다.

오육월五六月 짜른 밤에
단잠을랑 다 못 자고
이 삼 저 삼 심을 적에
우리 형님 나레치고
이내 나는 비비치고
밤새도록 감고 나는
엿손가리 반을 추겨
닷손가리 반 남었내.
안동安東동내 열늬 동네
동내마다 송사訟事가자
안만없이 송사訟事가면
네 이기나 내 이기지.
우리 아배 사방호장使房戶長
두 무릅이 다 썩었네.
어린 아희 젖 달내고
큰 아희는 밥 달란다.
뒷집 길동이 거동 보소.
나를 보고 헛웃음 웃네.

의 '미수라리'는 잘못 삼은 삼을 이름인데 이상以上 두 노래는 본시 철원鐵原 것이 아니고 경상도慶尙道 안동安東 등지等地에 전해 오늘 민요民謠였다. 신라新羅 유리왕儒理王 때부터 칠월七月 보름에 시작하여 팔월八月 보름 무렵까지 (육부六部) 여자女子들을 궁정宮庭에 모아 길쌈을 시켰다던 그 유풍遺風이 지금도 이 등지等地에 남아 길쌈들을 드세게 하며 안동포安東布와 같은 명산名産을 내며, 이런 민요民謠도 전하는 것이다. 민요에는 작업作業에 당한 것이 많은 바, 이 속마가續麻歌도 그 일종一種이다.

달은 벌써 다 졌는디
닭은 어이 또 우는가.
잔말 만은 시어머니
이내 잠을 또 깨우네.
녕해영덕寧海盈德 긴삼가리
너캉나캉 웬 정 많어
아침저녁 따라더나.
새벽길삼 지기는년
사발옷만 입더란다.

도 안동安東 등지等地의 새벽 삼을 삼는 노래다. '시어머니'는 시어머니, '지기는 년'은 '즐기는 년', '사발옷'은 밥사발을 무릅썼다는 말이다. 다시 말하면 새벽까지라도 잠도 아니 자고 길쌈을 즐기는 년은 팔자가 나빠 부랑한 서방을 만나가지고 살며, 매양 서방에게 밥사발로 얻어맞는다는 말이다. 이는 『구전민요집口傳民謠集』에도 적히지 않았다.

충영봉에 날 뜨고
사자강에 달 진다.
저 날 떠서 들에 나와
저 날 져서 집에 도라간다.
얼얼널널 상사뒤.
어여뒤여 상사뒤.

는, 충남忠南 부여扶餘 군수리軍守里서 농민農民들이 백제百濟 때 노래라고 전하고 있다. 『한산세고韓山世稿』 권지2卷之二 산유화보사소인山有花補詞小引에도 이를 백제百濟 의자왕義慈王 때 노래라고 하였으나, 민요民謠는 그러한 고정적固定的이 아니고 유동적流動的인 것일뿐더러, 이 「산유화가山有花歌」라는 의의意義와 명칭名稱을 상고해 보면 근조近朝의 작作임을 알겠다. 그 후렴後斂의 '얼얼널널 상사뒤', '어여뒤여 상사뒤'와 같은 건 퍽 고박古朴스러운 여음餘音이되 그외其外 사설辭說은 그리 오랜 것이랄 수 없다. 마치 '강강 수월래'나 '캐지랑 칭칭'과 같이 사설辭說은 역대歷代를 따라 달라졌다. 농요農謠도 일찍 어느 기록記錄에 적힌 것 아닌 구전口傳으로는 그 원형原形을 그대로 전하지 않았다. 이 산유화山有花보다 더 오랜 근조近朝 성종成宗 때 강희맹姜希孟의 지은 『금양잡록衿陽雜錄』에 적힌 '농구십사장農謳十四章'은 순한문純漢文으로 되었으나 그때 농요農謠를 부르던 절차節次를 말한 바, 점심 전 반나절은 만조慢調로 부르고 점심 후 반나절은 촉조促調로 부르며, 만조慢調의 화사和辭는 '히응아지리屎應何地利'라 하여 신라곡新羅曲 끝의 '다롱다리호지리다리多農多利乎地利多利'와 같다 하였으며, 그 촉조促調의 화사和辭는 '확자고로롱確者古老農'이라 하고, 노래를 다 부르고는 반드시 기운을 토吐하고 입술을 떨면서 '두루롱頭婁農'을 불렀다 하였다. 이건 농부農夫들이 서르 머기고 받던 노래의 한 여음餘音이었다. '히응아지리'라든지 '확자고로롱'이라든지 '두루롱'이라든지가 다 여음餘音이었다. 말이 아니고 다만 음반音盤으로서 된 노래의 한 구절句節을 우리말로는 옛부터 여음餘音이라 하여 왔다. '확자고로롱'은 무슨 소란騷亂한 한 소리를 일컬어 '왁자그르릉'이라 함과 같은 소리다.

이러한 민요民謠의 여음餘音들은 역대歷代도 역대歷代려니와 같은 시대時代에도 각기各其 지방地方에 따라 다르다. '강강수월래'와 '캐지랑칭칭'

이 삼한三韓 때부터 있던 것이라 하더라도 마한馬韓 고지古地던 경상도慶尙道서는 '캐지랑칭칭'이라 하던 것이었다. 우리 고대민요古代民謠에는 이런 여음餘音을 둔 것이 많았다. 이런 것을 강희맹姜希孟과 같은 박학博學으로도 이를 무슨 말로만 여기고 '시응아지리屎應阿地利'는 마을 사람들이 서로 불러 형이니 아우니 하고 친히 구는 말이라 하고, '시응아지리屎應阿地利'의 '리利'나 '다농다리호지리다리多農多利乎地利多利'의 '리利'는 농사農事를 칭찬한 말이라 하고 '확자고노농確者古老農'은 사리事理를 상확商確하여 살펴 지혜 있는 이는 오직 노농老農이라 하고, '두루농頭婁農'은 그 성세聲勢를 도운 말이라 하여 이두吏讀로 적은 한자漢字들을 억지로 이렇게 새겨 놓았다. 그러나 이런 기록記錄이 퍽 흥미興味는 있다. 그리고 '공농구工農謳'의 제2第二 '권로捲露'의,

> 淸晨荷鋤南畝歸 露漙漙猶未晞
> 但使我苗長厭浥 河傷沾我衣[12]

는 영조英祖 때 이재李在의,

> 샛별 지자 종다리 떳다 호미 메고 사립 나니
> 긴 수풀 찬 이슬에 뵈잠방이 다 젖는다.
> 아희야 시절時節이 좋을손 옷이 젖다 관계하랴.

하는 시조時調와 같다. 이 시조時調는 이재李在의 창작創作이라기보다는 강희맹姜希孟 때 부르던 농요農謠라 하고 싶다. 이와 같이 일일이 고증攷證하

12 맑은 새벽 호미 메고 남묘로 돌아오니, 이슬이 동글동글 마르지 않았더라. 다만당 우리 벼에 이슬이 젖는다면, 내 옷이 젖었던들 무엇이 슬프리. (편집자 주)

고 보면 확적確的히 믿을만한 기록記錄은 그다지 많지 못할 것이다.

우리 고전古典은 이런 고증적攷證的 연구硏究를 거친 후에야 완성完成될 것이다.

삼관여록三官餘錄

— 극가劇歌와 소설小說

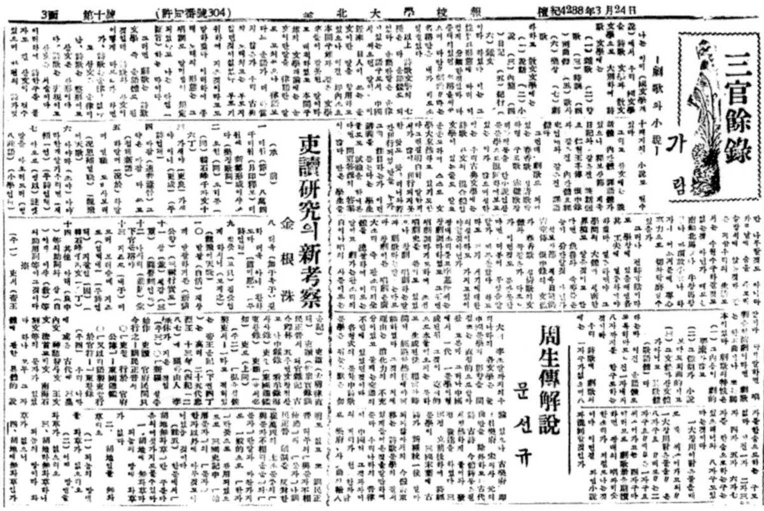

『全北大學校報』, 1955. 3. 24.

삼관여록三官餘錄

―극가劇歌와 소설小說[13]

나는 이미 『국문학개설國文學槪說』에서 우리 국문학國文學을 시가문학詩歌文學과 산문문학散文文學으로 대별大別하여 시가문학詩歌文學에는,

(1) 잡가雜歌	(2) 향가鄕歌	(3) 시조時調
(4) 별곡체別曲體	(5) 가사歌詞	(6) 악장樂章
(7) 극가劇歌		

라 하고 산문문학散文文學에는,

(1) 설화說話	(2) 소설小說	(3) 내간內簡
(4) 일기日記	(5) 기행紀行	(6) 잡문雜文

이라 하였다. 이는 그 성질性質과 형태形態에 따라 이렇게 분류分類한 것인바 다 종래의 있던 명칭名稱을 썼으며, 다만 '극가劇歌'라는 명칭名稱만은 내가 비로소 일컬었다.

이상以上 시가문학詩歌文學의 7종七種은 다 운어韻語란 말은 운율韻律이

---

13 「劇歌와 小說」, 『全北大學校報』, 1955. 3. 24.

있는 어구語句로서 중국中國서 써오던 말이다. 이 근래近來 일인日人이 쓰는 운문韻文이란 말을 항용恒用하고 있으나 이건 평납소요坪內逍遙[14]·본간구웅本間久雄[15]의 문학개론文學槪論에는 운문韻文이란 말을 율어律語란 말로 고쳤으나 율어律語보다도 운어韻語가 더 타당치 않은가. 우리 고전古典의 노래치고는 부르지 않던 것이 없었다. 부르기 위하여 지은 것이라고도 말하겠다. 이리하여 종래 노래의 형태形態는 그 창조唱調로 말미암아 규정規定되었다고 나는 단언斷言하는 바이다. 그러면 극가劇歌는 시가문학詩歌文學 즉 운어체韻語體로 된 것인데 시가詩歌와 산문散文이 어떻게 다른가 하면,

가. 시가詩歌는 운율韻律이 있고 산문散文은 운율韻律이 없다.
나. 시가詩歌는 정형整型이고 산문은 산형散型이다.
다. 시가詩歌는 표현表現이고 산문散文은 서술敍述이다.

이리하여 시詩 한 구를 풀어도 긴 산문散文이 될 수 있으며, 한 편의 시詩가 몇십 페이지의 소설小說도 될 수 있다.

그리고 산문散文에는 담화체談話體·내간체內簡體·역어체譯語體가 있으나 『석보상절釋譜詳節』·『계축일기癸丑日記』와 같은 건 담화체談話體요, 『인현왕후전仁顯王后傳』, 『한중록恨中錄』과 같은 건 내간체內簡體요, 『경사언해經史諺解』와 같은 건 역어체譯語體다.

---

14 쓰보우치 쇼요(坪內逍遙, 1859-1935년)는 일본의 소설가·평론가·번역가·극작가. 소설가로서 주로 메이지 시대에 활약했으며 대표작으로 『소설신수』, 『당세서생기질』 및 셰익스피어 전집 번역이 있다. 근대 일본문학 성립과 연극개량운동에 큰 영향을 주었다. (편집자 주)

15 혼마 히사오(本間久雄, 1886-1981년)는 1909년 와세다 대학 영문학과를 졸업. 윌리엄 모리스, 오스카 와일드, 엘렌 케이 등을 일본에 소개한 영문학자로 활약하였다. 특히 『민중예술의 의의 및 가치』를 발표한 이후 오랜 기간에 걸쳐 번역과 평론 활동을 활발히 전개해 사회 다방면에 영향력을 발휘했다.

그런데 극가劇歌로 되어 잇는 『춘향가春香歌』·『심청가沈淸歌』·『박타령』·『구토가龜兎歌』·『적벽가赤壁歌』·『장끼타령』 등을 한 소설小說인 산문문학散文文學으로 혼동混同하여 보고 있는 이가 많으며, 심한 이는 우리 고전문학古典文學에는 시가詩歌·산문散文의 혼합체混合體인 문학文學이 있는 줄로 알고 운운도 하며, 스스로 문학대가연文學大家然하고 있기도 하다. 그런걸 명백明白히 말한 저서가 많이 간행刊行되지 못한 탓도 탓이려니와 약간若干 간행刊行되었더라도 누가 그리 주목注目하는가. 이런 강의講義를 듣는다면 학생學生들로도 시험試驗을 하여 본다면 문동답서問東答西의 답안答案이 많다. 딴은 학생學生들만 나무랄 것도 아니다. 칼날에 춤을 추고 바늘방석에 앉은 것과 같은 지금 우리의 생활生活로서는 수원수구誰怨誰咎 하잘 것도 없는 것 아닌가. 때로는 남선북마南船北馬 할랴, 우왕마왕牛往馬往할랴, 마정방종摩頂放踵 할려 하자니 어느 겨를에 전심전력專心專力으로 절차탁마切磋琢磨할 수 있을까.

그러나 평시平時 촌음寸陰이라도 학창學窓에 있을 때엔 각기各其 공부工夫에 열중熱中하여야 하겠다. 열중하면야 그 학문學問의 대체大體며 세밀한 계경界境도 알 것이고, 안다면 어로魚魯와 숙맥菽麥쯤은 능히 분간할 것 아닌가.

『석보상절釋譜詳節』·『계축일기癸丑日記』·『홍길동전洪吉童傳』·『한중록恨中錄』의 문체文體가 『춘향가春香歌』·『심청가沈淸歌』의 문체文體와 꼭 같은가 다른가 이런 것도 분간 못한다면 더불어 무엇을 말할까. 비록 몰랐다 하더라도 거기 거기에 대한 의심이라도 가지고 있어야 할 것 아닌가.

광대소리를 고故 이기세李基世 씨는 창극조唱劇調라 하였고, 그 뒤엔 창극조唱劇調라기도 하여 조선 창극사唱劇史를 쓴 이도 있었으나 창唱, 창극唱劇 하는 말과 극가劇歌라는 말과는 다르다. 창唱, 창극唱劇은 광대廣大소리

즉 판소리의 전체全體를 총괄總括하여 이르는 말이고, 극가劇歌는 판소리의 백白이나 창唱의 사詞를 이르는 말이다. 다시 말하면 창극唱劇을 현 연극演劇이라면 극가劇歌는 현 희곡戲曲이나 또는 각본脚本이었다. 극가劇歌의 특성特性은

(1) 그 내용內容이 극적劇的 요소要素가 많고
(2) 그 체제體制가 소설小說보다도 희곡적戲曲的이고
(3) 그 문체文體가 산문체散文體가 아니고 시가체詩歌體(가어체歌語體)다.

하는 바, 이건 운어체韻語體로도 특히 다른 건 7자 내지 8자까지를 한 구로 하는 것이다.

우리 시가詩歌에 극가劇歌 외에는 1자 구가 없으며 8자를 한숨으로 하는 구도 없다. 이건 1자 2자 3자 4자 5자 6자 7자를 한숨으로 하는 구는 있으려니와 8자 구도 있다.

'일대장천一大長川 맑은 물을 배로 씩 씻어가고'의 '일대장천一大長川 맑은 물을'은 8자 구요, '배로'는 2자 구요, '씩'은 1자 구요. '씻어가고'는 4자 구다. 이러므로 극가책劇歌冊을 낭독朗讀하면 광대의 창唱과 비슷한 소리가 저절로 나는 것이다. 이런 걸 과연 소설小說과 혼동混同할 것인가.

향토鄕土와 문학文學

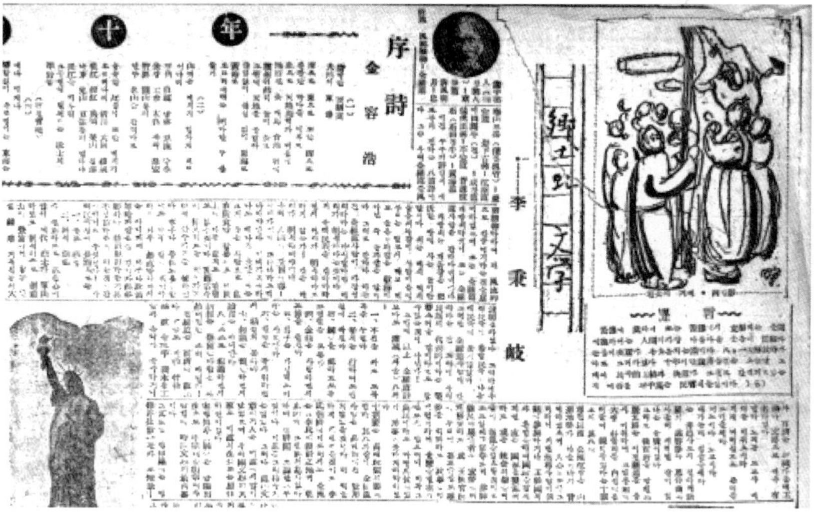
序詩

金容浩

鄕土와 文學

李秉岐

『전북일보』, 1955. 8. 15.

향토鄕土와 문학文學[16]

화중미인畵中美人 – 경기도京畿道

청풍명월淸風明月 – 충청도忠淸道

풍전세류風前細柳 – 전라도全羅道

태산교악泰山喬嶽(심동고죽深冬孤竹) – 경상도慶尙道

암하고불巖下古佛 – 강원도江原道

이전투우泥田鬪牛 – 평안도平安道

창파투석滄波投石(석전경우石田耕牛) – 황해도黃海道

이건 누구의 평評인지 예로부터 전하는 팔도평八道評이다. 그중中 우리 전라도全羅道를 풍전세류風前細柳라 하여 퍽 풍류적風流的으로 간들어지다는 것을 의미意味하였으며 또는 전라도 개땅쇠라커니 또는 전라도 사람은 간하다커니 한다. 개땅쇠는 개흙 같은 비옥肥沃한 땅에 사는 놈이란 말이다. 쇠는 떼쇠·먹쇠·울음쇠와 같이 사람 이름에 부르는 말로서 떼보·먹보·울음보와 같은 경칭敬稱이 아닌즉 놈과 같은 말이다. 그리고 간奸하다 하는 건 전라도 사람이 가장 영리하다는 다시 말하면 머리가 명석明晳하다는 뜻이다. 저 유대 민족民族을 간奸하다 하면서 머리가 명석하다고 하지 않는가! 간奸은 머리가 명석하여야 한다.

16 「鄕土와 文學」, 『전북일보』, 1955. 8. 15.

우리 인간이 간奸·흉凶·계計·독毒 — 이 네 가지에 그 하나라도 대나아야 한다. 이 네 가지에 하나라도 대나지 못한 이는 그저 좋은 사람으로 도의도식徒衣徒食만 할 뿐이오. 이 세상에 아무 업적業績도 명예名譽도 없을 것이다. 동서고금東西古今의 위인偉人치고는 이 네 가지 중에 한두 가지를 겸兼하였다. 효자孝子나 충신忠臣 노릇을 함에도 약간若干 간이 끼어야 하지 너무 우직愚直만 하여서는 아니 되며 더구나 정치政治 군략軍略과 같은 건 간이 과연 필요必要하다. 장계취계將計取計라든지 병불염사兵不厭詐라든지 하는 것이 간이 아니고 무엇인가! 우리 민족성과 장점長點으로는

1. 공정公正 의협義俠
2. 명석明晳 창조創造

가 공정公正하므로 의협심義俠心이 많아 역대 열사烈士가 배출輩出하였고 명석明晳하므로 창조력創造力이 풍부豊富하여 활자活字·한글·종鍾·탑塔·거북선 등의 대발명을 하였다. 그리하여 우리 민족이 희랍족이나 유대 민족에 못지않았다.

그러면 전라도 사람이 간하다는 건 도리어 우리 민족의 대표적이라는 영예榮譽스러운 말이라고도 할 수 있는 것이 아닌가!

그런데 이상 전라도평全羅道評보다도 한성漢城(서울) 8평八評

1. 불선不善을 싸고도 복록을 누린다.
2. 효제孝悌는 행行하여도 빈천에 빠진다.
3. 망상妄想을 범犯하고도 부끄런 줄을 모른다.
4. 금전金錢은 사랑하면서 도박博을 즐긴다.
5. 남자는 가난해도 여자는 사치한다.

6. 질병은 무서워하면서 청결淸潔치 못하다.
7. 무식無識은 한탄하면서 독서讀書는 아니한다.
8. 스스로 범과犯過하면서 반보返報는 원망怨望한다.

함은 과연 더 험한 소리 아닌가!

전라도는 백제百濟의 고토故土다. 지금도 지물紙物·죽물竹物 류類 진유眞鍮·고수鼓手·광목廣木 등 공술工術과 음악이 우수하거니와, 백제는 삼국 가운데 공예工藝나 문학文學으로 매우 유명하였다.

달하 노피곰 도드사
머리곰 비치오시라
저재 녀러신고요.
즌데를 드디올세라.
어느이다 노코시라.
내가논데 점글을세라.

는 정읍사井邑詞로서 전하여 신라의 처용가處容歌와 사모곡思母曲과 아울러 새벽 별 같이 빛나는 유보이었다.

그리고 후백제를 망친 고려 태조는 이 전라도를 몹시 미워하여 그 임종 전에 대광 박술희를 내전에 불러들여 친히 주었다는 십훈요十訓要의 기팔其八에

차현車峴 이남 공주강公州江 밖은 산형지세山形地勢가 아울러나가 배역背逆하였으며 인심人心도 또한 그러하니, 저편 주도州都 사람이 조정朝廷에 참여參與하거나 왕후인척王侯姻戚과 혼인婚姻을 하여 국정國政을 잡게

> 되면 혹或은 국가를 변란變亂케 하고 혹或은 통합統合의 원怨을 머금어 반란叛亂을 일으킬 것이고, 또 그 일찍 관사官寺 노비 진역잡척津驛雜尺에 속한 자로 혹세惑世에 더더 속한 자도 혹세에 더져 이면移免하고 혹或 왕후궁원王候宮院에 붙어 간교奸巧한 말로 권세權勢를 희롱戱弄하고 정사政事를 어지럽게 하여 돌변突變을 낼 자가 반드시 있으리니, 비록 그 양민良民이라도 마땅히 위位에 있어 용사用事지 못하게 하라.

하였다.

십훈요十訓要는 고려 정책政策의 요체要諦인 바, 기팔其八과 같이 전라도 사람은 고려조에선 등용登用치 않았을 것이라 퍽 억울하게 지냈을 것이고 이씨조선에 이르러서도 전주全州는 그 이씨李氏의 발상지지發祥之地며 건지산乾止山에 그 선조의 묘墓가 있다 하여 주역각駐驛閣 조경단肇慶壇도 무었으나 이 도를 그리 대우待遇치는 않았다. 그러나 도道와 문장文章의 거인巨人은 이 도道에서 많이 났었으며 우리 국문학國文學의 대가大家도 이 도道의 생장生長 또는 거주居住하던 이었다.

송면앙정宋俛仰亭 순純은 담양 출생으로 중종中宗 내지 명종明宗 때 사람인데 시조문학時調文學의 최고봉最高峰이다.

그 문집인 『면앙집俛仰集』에는 면앙정장가俛仰亭長歌 일편一片과 또 단가短歌 19편이 한시역漢詩譯이 되어 있으나 국문으로 지금 전하는 건 그 몇 편에 불과하다.

> 풍상風霜이 석거친 날에 갓피온 황국화黃菊花를
> 은반銀盤에 가득 담아 옥당玉堂에 보내오니
> 도리桃李야 곶인양 마라 님의 뜻을 알괘라.
>
> — 자상특사황국옥당가自上特賜黃菊玉堂歌

늙었다 물러가자 마음과 의논하니
이 님 버리고 어디로 가잔말고.
마음아 너란 잇거라 몸만 몬저 가리라.

— 치사가致仕歌

십년十年을 경영하여 초로 한간 지어내니
반간半間은 청풍淸風이오 반간半間은 명월明月이라.
강산江山은 드릴 디 없으니 둘러두고 보리라.

— 면앙정잡가俛仰亭雜歌 제2第二

잘새는 날아들고 저 달이 돋아온다.
외나모 다리로 홀로 가는 저 선사禪師야.
네 절이 엇매나 하관디 원종성遠鐘聲이 들리느니.

— 면앙정잡가俛仰亭雜歌 제오第五

곶이 지다 하고 새들아 슬허 마라.
바람에 흩날리니 곶의 탓 아니로다.
가노라 희짓는 봄을 새와 무삼 하리오

— 을사사화가乙巳士禍歌

송면앙정宋俛仰亭은 개성유수開城劉守로 가서 황진이黃眞伊와도 사괴었으며 천재天才인 황진이黃眞伊도 송면앙정에게 감화感化를 많이 받았다.

정송강鄭松江은 16세에 서울서 창평昌平에 와서 비로소 글을 배웠으며 장성長城의 김하서金河西 인후麟厚와 송면앙정에게 우리 노래를 배워 단가短歌 장가長歌로서 가장 대가大家다운 국문학을 창작하였다.

이건 송강가사松江歌辭에 수집蒐集되었다. 송강松江은 비록 서울서 낳다 하드라도 우리 국문학國文學 대가大家로 성장成長하기는 이 전라도全羅道에 와서다. 그는 천재적天才的 패기적覇氣的이며 단가短歌의 가작佳作도 많거니와 「사미인곡思美人曲」「속미인곡續美人曲」「관동별곡關東別曲」은 우리 가사문학歌辭文學의 가장 가작佳作이었다. 송강松江은 정여립 옥사獄事에 말을 많이 들으나 그는 정치政治보다도 문학인文學人이었다. 그의 작품이 질과 양으로 우리 국문학사國文學史에 가장 거대한 존재였다.

부안의 이매창李梅窓은 선조 때 사람으로 한시도 잘하여 『매창집』을 전하며 가야금도 능能하고 가작歌作도 또한 능하였다.

이화우梨花雨 흩날릴 때 울며 잡고 이별한 님
추풍秋風 낙엽落葉에 저도 나를 생각는지.
천리千里에 외로운 꿈만 오락가락 하더라.

이 한편으로도 그 시재詩才와 그 점을 엿볼 수 있다.

고창高敞의 신오위장申五衛將 재효在孝는 본시本是 서울 사람으로 20세에 고창高敞에 와 살며 행실行實도 돈독하고 천여석千餘石 치부致富도 하여 자기 집에다 광대廣大 기생妓生을 모여 판소리를 가르쳤다. 그때 명창광대名唱廣大는 거의 다 그 문도門徒였다. 서울 재상宰相들이 그 문을 아니 거쳐온 광대는 쓰지 아니하였던 만큼 희한稀罕하던 컨덕터였다. 그는 명창광대名唱廣大가 극성極盛하던 순조조純祖朝 12년에 나서 고종高宗 21년에 졸卒하였다. 그 일생一生에 광대廣大 기생妓生을 기르며 판소리도 많이 고쳤고 판소리의 가사도 그 정실情實에 맞게 많이 고쳤다.

그 필치筆致는 주옥珠玉같이 고왔다. 컨덕터로도 천재天才이지만 그는 문필文筆로도 뛰어났었다. 그의 개작改作한 사詞들은 비상한 매력魅力을 가지고 독서讀書로 하여 들었던 그 책冊을 차마 놓을 수 없게 한다. 그가 개작改作한 건 동창童唱 춘향가春香歌·남창男唱 춘향가春香歌·토별가兎鼈歌·박타령·가루지기타령·심청가沈淸歌·적벽가赤壁歌요 그 밖에 허두가虛頭歌·오섬가烏蟾歌·광대가廣大歌·도리화가桃李花歌·방아타령 등등 6책六冊이 되어었다.

> 네 경색 가긍하니 기여이 살리리라. 칠산七山 조구 껍질 벗겨 두 다리 돌돌 말고 오색五色 당사 찬찬 감아 제집에 너었더니 십여 일 지낸 후의 양각이 왕고하여 비거비래 노는 더둥 보기가 장이 조타 – 구만리九萬里 장공長空에 노피노피 날아보고 일대장강一帶長江 맑은 물을 배로 씩 씻어 보고 평탄한 널운 뜰의 아장아장 걸어보고 바람의 떠러진 꼿 또기또기 차도 보고 세우細雨의 젖인 날게 실근실근 다듬으며 아로새긴 들보 우의 고운 말로 하례하고 해당화 그늘 속의 오락가락 놀아보니...

는 『박타령』 가운데 다리 부러진 제비를 구원救援하여 낸 대문이다. 다른 『박타령』에는 제비가 다리가 나아서 날아갔다고만 하였을 뿐이로되 이 신오위장申五衛將의 개작改作에는 제비가 다리가 나서 가지고 그 날개와 다리를 시험試驗하며 흥보에게 고맙다고 하례下禮하였다는 것이다.

그 얼마나 놀라운 상상력想像力인가! 이 일 절만 보아도 그 문필文筆의 재간才幹을 경탄 않을 수 없다. 그는 단연斷然 우리 민족 문학을 수립樹立한 동시에 우리 서민문학庶民文學의 하나를 개척開拓하였다. 그리고 또 민요·동요로도 머리의 명석한 점이 잘 나타나 보인다.

오라바니 오라바니
배고픈가 개떡 줄가
뜨거운가 젓가락 줄가
어서 먹고 뽕따러 가세.

뽕은 따서 무엇할내.
직령도포 지을라오.
반달로 깃을 하고
무지개를 선을 둘러
오라바니 장가갈 제
직령도포 지을라오.

— 호남湖南

해는 벌서 저녁때
조고만지 남은 베를
마자 짜고 나리랴고
고픈 허리 곱실곱실
이 죽은 듯 잘 짜

어린아기 밥 달라고
베틀에 매어달려
칭얼 칭얼 칭얼 칭얼
오냐 오냐 오냐 오냐
째깍 째깍 째각 째깍.

— 베짜는 노래 호남湖南

품바 품바 잘 한다.
품바 품바 잘 한다.
네가 잘 하면 내 아들
내가 잘 하면 네 아비
품바 품바 잘 한다.
품바 품바 잘 한다.

— 장성長城

명석한 머리에서 위대偉大한 문학文學도 창작創作된다. 현대現代에도 이 호남湖南에서 유수有數한 작가作家들이 났다. 그러나 천품도 천품이려니와 노력努力이 있고야 된다. 나는 이런 권장勸獎과 기대期待로서 많은 신진작가新進作家가 나오기를 바라고 바란다.

서평

박종화朴鍾和 저著
『금삼錦衫의 피』[17]

수일數日 전前부터 나의 책상冊床 머리에는 박문서관博文書館 출판出版 『금삼錦衫의 피』 한 권卷이 노혀 잇다. 마츰 남달리 한가롭고 잠적潛寂한 나로서는 다시 없는 조흔 벗이다. 아직 매화梅花·수선水仙은 봄을 기다리고 깊은 침묵沈默에 잇고, 긴긴 밤 맑은 등 아래 서로 대한 이 벗은 차근차근하고 차착없는 아름다운 말씨로 그 만흔 인물人物과 어수선한 사건事件과 정경情景을 차례차례 졸가리지어 자상히 알리어 준다. 나는 이 때문에 다른 시름을 잊고 도리어 밤도 짧어하엿다.

연산燕山은 한 폭군暴君으로 유명有名하다. 재위在位 12년十二年 동안 여러 사람을 죽이고 퍽 음란淫亂하여 이조李朝는 말고 역대歷代 어느 나라에도 짝이 드믄 행동行動을 하엿다. 그러나 연산燕山이 처음부터 그런 이요, 그런 이라 하면 성종成宗 같으신 명군明君과 그때 충직忠直한 조신朝臣들이 그대로 두고 막중莫重한 대통大統을 잇게 할 리가 없을 것이다. 그러면 그가 어찌 폭군暴君이 되엇을까. 그는 그 자전윤비慈殿尹妃의 폐사廢死로 말미암아 철천徹天의 원한怨恨을 품어오다가 성종成宗이 승하昇遐하시고 연산燕山이 등극登極한 후 피묻은 금삼錦衫을 보고야 급작이 심기心機가 변하엿다. 본대 그 조종祖宗의 강의영매剛毅英邁한 내림을 타고난 바 이런

17 「朴鍾和著 錦衫의 피」, 『동아일보』, 1938. 12. 27.

변만없이 조히 함양涵養되고 솔성率性 되엇더라면 이런 훌륭한 자질資質로서 가히 성군聖君이라도 되옴직하다.

이것이 이 소설小說의 장한長恨·사모思母·필화筆禍 편篇 등을 합合하여 명백明白히 그려 잇다. 폭군暴君으로만 돌리던 연산燕山을 사백삼십이四百三十二 성상星霜을 지난 오늘에 이르러서야 비로소 시인詩人 월탄月灘의 붓으로 다시 살린 것이다.

이는 탁월卓越한 창작創作이면서 사학적史學的 새 발견發見으로도 볼 수 잇다. 그리고 그 사연이 사실事實다운 실감實感을 주는 것이고 또는 항간巷間 사람으로 알기 어려운 궁중宮中의 제도制度·의식儀式·용어用語 등을 휘몰아 잘 쓰기도 하엿다. 나의 보아온 우리의 요즈막 지은 역사소설歷史小說 가운대에는 이 『금삼錦衫의 피』를 감히 누를 만한 것이 없으리라 하고 어서 그 하권下卷이 마자 나오기를 바란다.

박태원朴泰遠 기記

『지나소설집支那小說集』[18]

번역飜譯은 창작創作만은 못하다 할지라도 그리 쉬운 일이 아니다. 더구나 시가詩歌나 소설小說 같은 것은 다만 그 말만 알어가지고는 될 수 없다. 말도 알려니와 문필文筆의 재간才幹과 교양敎養이 만흔 작가作家를 겸한 이라야 하겟다.

내 일즉이 신문관新文舘 발행發行 『수호지水湖志』를 보다가 왕교두사주연안부王敎頭私走延安府의 "사진史進이가 나오며 왈曰 왕진王進은 빨리나오라." 하는 마디에 이르러, '왕진王進은' 하는 말이 암만해도 부당不當하기에 그 원문原文을 찾어본즉 "向王進道 你來你來"라 하엿다. 그때 왕진王進이가 팔십만금군교두八十萬禁軍敎頭로 잇다가 복수復讎하려는 고전수高殿帥를 피하여 노모老母를 모시고 성명姓名을 변하고 도주逃走하여 사가장史家莊에 이르러 아직도 장가張哥로 행세行世하고 장주태공莊主太公의 아들 사진史進과 조봉條棒을 들고 재조를 겨르는 바, 그가 어찌 왕진王進인 줄을 알고 '왕진王進은'이라 하엿으리오.

이 밖에도 이런 곳이 만타. 그러고도 그 서문序文과 광고廣告에는 가장 잘된 번역인 양으로 말하엿다. 이건 그 번역의 잘잘못은 고사하고 그 글의 갈피도 가리지 못한 것이다. 이래서는 문학文學은커녕 한 글월도 이룰

---

18 「朴泰遠記 支那小說集 [뿍 레뷰]」, 『동아일보』, 1939. 5. 9.

수 없다.

이즈음 인문사人文社 발행發行인 『지나소설집支那小說集』은 그 후기後記와 같이 이 지나패사소설支那稗史小說은 『금고기관今古奇觀』과 『동주열국지東周列國志』에서 몇몇 명편名篇을 뽑아 우리말로 옮긴 것이다. 충실忠實한 번역飜譯은 아니라 하나 또한 번역飜譯이 아닌 것도 아니다. 그 내용內容에 잇어 원작原作에 충실忠實하다는 점으로도 그러타.

그중中 '매유랑賣油郞'의 '진중秦重'과 '미랑美娘'의 재회再會로서 끝막음과 같은 건 저기 독단獨斷을 하엿으되 창작創作을 한 건 아니다. 그리고 기생방妓生房에 놀러간 손님이 기생妓生과 말할 때 공손히 경어敬語를 쓰는 것은 좀 어떨가 하되 '매유랑賣油郞'으로서 '미랑美娘'과 같은 이를 대할 때에는 그러할 듯도 하다.

이 단편短篇들을 쓸 때 흥興에만 맡긴 것이 아니라 유심有心히 그 자자구구字字句句를 마탁磨琢할 대로 마탁磨琢하여 노흔 가장 간결簡潔한 글이다. 소설가小說家 『구보씨仇甫氏의 일일一日』과는 아주 딴 사람의 글과 같기도 하다. 과연 '구보씨仇甫氏'의 변화變化 만흔 필치筆致를 이 글에서도 보겟다.

이것이 비록 그의 창작創作은 아니더라도 창작創作만 못하지도 안타. 아니, 어설픈 창작創作보다도 나으면 나을 것이다. 한때 야담野談에 실렷다고 야담野談과 같은 것으로 돌릴 것도 아니고, 보다더 의미意味 잇는 우리 인생독본人生讀本으로서 누구나 한번 읽어볼 만한 글이다.

— 경성부京城府 광화문통光化門通 인문사人文社 발행發行,

정가定價 1원 50전一圓五十錢 송료送料 15전十五錢

『청구영언青丘永言』[19]

이른바 가곡歌曲으로 부를 만한 노래를 모아 놓은 책으로는 『동가선東歌選』·『해동가요海東歌謠』·『고금가곡古今歌曲』·『단가초집短歌抄集』·『남훈태평가南薰太平歌』·『협률대성協律大成』·『해동악장海東樂章』·『가곡원류歌曲源流』·『대동풍아大東風雅』 등이 있고, 또 『송강가사松江歌辭』·『고산가사孤山歌辭』·『삼죽사류三竹詞流』·『금옥총부金玉叢部』와 같은 개인의 단행본도 있다.

이 책들은 내용이 다른 것도 있고 같은 것도 있으며, 원본原本 그대로 혹은 전사轉寫 혹은 판각板刻을 하여 전할 뿐이고 제법 정독精篤히 교정校正한 완본完本이라고 할 만한 것은 없다. 전사轉寫 판각板刻에 따라 증산增刪도 하고 천오舛誤도 되어 그 진안眞贋을 분간分揀키 어려운 것이 적지 않다.

『청구영언青丘永言』도 그중의 한 책이다. 포교捕校 김천택金天澤이가 영조 3 년(1727)에 편집한 책으로서 지금 전하는 것이 백여 장章 천여 수首나 되지마는, 그 서문의 '旣自裂新翻 又蒐集我東方名公碩士之所 作及閭井歌謠之自中音律者 數百餘圖正其訛謬 裒成一卷'이라는 것과 그 작자들 가운데 김조순金祖淳(1757-1831)·김민순金敏淳(1767-1859)·김영金煐(1835)

---

19 「青丘永言」, 『文章』 1권 5호, 1939. 6.

같은 이가 있는 것을 보면 그 뒷사람이 더욱 수집하여 이렇게 된 것이 분명하다.

이것이 사본寫本으로는 여러 벌이 전하고 있다. 이 근년近年 최육당崔六堂 소장所藏을 성대城大에서 출판出版한 것과 또는 연전延專서 등사謄寫한 것과 그밖에 내게 있는 것도 두어 벌 되는데, 그 편篇과 구절句節이 서로 넘나들기도 하고 있고 없기도 하고 좀 낫고 못하기도 하여 이것을 교정校正함에는 모두 참고參考가 될 것이로되, 그 어느 것을 꼭 정본正本이라고는 지정指定할 수 없다.

그리고 그 천오舛誤된 일이一二 예例를 들면, 우조羽調 이수대엽二數大葉 정철鄭澈의,

내 마음 허러ᄂᆡ여 져 달을 ᄆᆞᆫ들고져,
구만리장천九萬理長天에 번드시 걸려 이어
고은 님 계신 곳에 빗최여나 볼가 하노라.

의 '계신 곳에 빗최여나 볼가 하노라'는 그 원본原本인 『송강가사松江歌詞』에는 '게신 고ᄃᆡ가 비최여나 보리라'라 하였고, 계면조界面調 이수대엽二數大葉의

가마귀 漆ᄒᆞ여 거므더 海오리 늙어희랴.
天生黑白은 녜부터 잇건마ᄂᆞᆫ
엇더타 날 본 님은 검다 희다 ᄒᆞ나니.

의 '날 본 님은'은 『가곡원류歌曲源流』에는 '날 보신 님은'이라 하였다. 과

연 이 구句는 적어도 5자字 이상 8자字까지라야 되는 것이다. 이같이 4자字로 된 건 오착誤錯이 아니면 예외例外이다. 또 우조羽調 이수대엽二數大葉 송순宋純의,

> 풍상風霜이 섯거친 날에 갓 픠온 황국화黃菊花를
> 금분金盆에 가득 담아 옥당玉堂에 봄이 오니
> 도리桃李야 곳인체 마라 님의 뜻을 알홰라.

의 '봄이 오니'는 『해동가요海東歌謠』에는 '보내오니', '곳인체'는 '꼿인양' 이다. 그 '보내오니'는 『면앙집俛仰集』 권지3卷之三에도 '銀盤兮折處 玉堂兮送貽'라 번역하였고, 『지봉유설芝峯類說』에도 유명有名히 일컬은 노래일 뿐더러 '봄이오니'로서는 그 의미를 알 수 없고, 동同 이수대엽二數大葉의 '태평가太平歌'의 작자를 김응정金應鼎이라 하였으나, 이는 양응정梁應鼎이다. 이런 것은 내가 가지고 있은 사본寫本에는 바루 적혀 있다. 이건 다른 본本들보다는 나은 것이라 하겠다.

그럼으로 이 책冊이 비록 그 양으로는 많다드라도 그 편년編年의 소소昭昭함과 편편篇篇의 발문跋文을 부기附記한 점으로는 『해동가요海東歌謠』를 당할 수 없고 서차序次의 정연整然함과 자수字數의 정확한 점으로는 『가곡원류歌曲源流』를 당할 수 없고, 다만 에로틱한 사설이 많은 점으로는 가장 뛰어날 것이다.

이번 학예사學藝社에서 출판出版한 『청구영언靑丘永言』은 연전延專, 성대본城大本에 의依하여 김태준씨金台俊氏가 교정校正한 것이다. 그 내용과 체재를 꼭 그대로 하고 일점일획一點一畫이라도 원형原形을 보존保存코자 하였으되, 단가短歌만은 대개 삼장식三章式으로 띄었다. 이 무슨 뜻인지 연전

본延專本을 의방依倣 함인지 모르겠으나, 이 예例는 처음 『시조유취時調類聚』에서 내었다. 원래 이 책은 가곡歌曲의 원본原本으로서 초중대엽初中大葉·편수대엽編數大葉 등 16조목十六條目이 있고 상사곡相思曲·매화가梅花歌 등의 가사歌詞를 부록附錄하여 단순한 시조집만이 아니매 가곡歌曲의 5장식五章式으로 구분한 것을 그냥 두는 것이 어떨가 한다.

그러나 이걸 이런 소책자小冊子로 맨들어 독서대중讀書大衆에게 보급시키기는 이게 처음이고 오래 침체沉滯하였던 우리 문학을 다시 살리자는 그 성의에 깊이 찬동하는 바이다.

시조時調의 본령本領 『가람시조집嘉藍時調集』 독후감讀後感

學生과讀書

時調의本領

嘉藍時調集讀後感

言語의共通

表現

『조선일보』, 1939. 10. 2.

시조時調의 본령本領 『가람시조집嘉藍時調集』 독후감讀後感[20]

이원조李源祚

오래 기두리던 『가람시조집嘉藍時調集』이 나왓다. 시조時調는 우리 문학文學의 전통적傳統的 형식形式이라고 하면서 실상 사도斯道에 뜻 두니는 드물어서 시조時調의 형식形式이 어떠하며 '리듬'은 어떠한 것인가는 두고라도 맛치 무슨 골동취미骨董趣味와 가치 아는 판에 가람嘉藍 이병기李秉岐씨氏와 가치 20년二十年 동안이나 사도斯道에 전공專攻하신 분은 가可히 우리 시조時調의 수호신守護神이라고도 할 수 잇스며 순교자殉教者라고도 할 수 잇슬 것이다.

이러한 의미意味에서 씨氏는 무어 그 저작著作을 책으로 맹그러내지 안허도 시조時調와 가람을 떠날 수 없는 일이어늘 하물며 씨氏의 그 풍부豊富한 균름囷廩을 기우려 이제 전아典雅한 장정裝幀으로 시조집時調集이 나온 것을 대對하고 보니 씨氏의 자자불식孜孜不息한 노력努力에 감복感服하는 동시同時에 과연果然 우리 전통적문학傳統的文學이 여훈餘薰이 얼마나 아름다운 것인가 하는 것을 새삼스러히 느끼지 아니할 수 업다.

---

20 「時調의 本領/ 嘉藍時調集讀後感」, 『조선일보』, 1939. 10. 2.

그런데 남들도 다 하는 말이지마는 시조時調를 일러 우리 문학文學의 전통적 형식傳統的形式이라고 하는 것은 이 문학형식文學形式이 아니고서는 우리의 생활生活을 담을 수 업다는 것 — 다시 말하면 이 문학형식文學形式이래야만 우리의 생활生活이 아모 거리낌업시 또는 남지도 모자라지도 안케 제 구격에 알맛게 드러 안즐 수 잇다는 말인 것이다. 그럼으로 시조時調를 말하는데 잇서서 우리 전통적傳統的인 생활양식生活樣式 — 이것은 곳 감각感覺과 사고思考까지도 포함包含한 것이다. — 을 이해理解하지 안코서는 말이 되지 안는 것이다. 그러니 가령 멀리 고구려高句麗나 신라新羅는 세원世遠해 모른다고 하드래도 지금 우리에게 전송傳誦되는 시조時調와 동갑同甲되는 우리 생활양식生活樣式과는 한 번도 규각圭角이 나본 적이 업다.

이러한 의미意味에서 가람嘉藍은 시조時調를 가저서만 시인詩人이 될 수 잇고 시조時調는 가람嘉藍을 만나서 다시 제 광망光鋩을 드러내엿다고 해도 과언過言이 아닐 것이다.

이것은 우선 이 시조집時調集의 목차目次를 보드래도 당장에 알 수 잇는 것으로서 몃 개의 새로운 『테-마』를 빼여코는 거의 전부全部가 자연自然과 고적古蹟에서 취재取材된 것이니 인사人事의 착종錯綜한 관계關係에서 인정人情의 기미機微한 것을 엿보는 것이 아니라 순수純粹한 자연自然 속에서 정일靜謐한 감정感情을 기탁寄托하는 말하자면 '동양적東洋的 자연주희自然主義'가 이 시조집詩調集의 기간基幹이 되어 잇슬 뿐 아니라 사실事實에 잇서서 동양시東洋詩의 최고원칙最高元則인 "애이불상哀而不傷, 낙이불음樂而不淫"하는 태도態度가 어느 마리에던지 숨어 잇는 것이다. 가령 이 시인詩人이 두고두고 읍조린 「난초蘭草」도 그러하거니와 그보담도 「매화梅花」 한 편을 보면,

외로 더저 두어 미미히 솜을 지고
따듯한 봄날 돌아오기 기다리고
음음한 눈 얼음 속에 잠을 자든 그 매화梅花

손에 이아치고 바람으로 시달리다
곳고 급한 성결 그 애를 못 석이고
매젓던 오리 하나 피도 못한 그 매화梅花

닥어 오는 치위 천지를 다 얼려도
차저드는 벼튼 방으로 하나 차다.
어느 뉘[세世] 다시 보오리 자최 일흔 그 매화梅花

라고 읍조리면서 더구나 부제副題에 "점목占木된 야매화野梅花를 수년數年 기르다 얼려죽이고"라고 쓰여 잇다. 그러나 이 한 편에서 종장終章 끗마디에 마디마다 '그 매화梅花'라고 부친 일종一種의 첩용법적疊龍法的 수법手法으로 그 매화梅花에 대對한 연연戀戀한 정情을 표햇슬 따름이지 한마디도 애상적 문구哀傷的文句를 쓰지 안는 솜씨, 안 쓰고도 그 연연戀戀한 정情을 우리로 하여금 읽게 하는 그 수법手法이 바로 시조도時調道의 정통正統이며 우리의 독특獨特한 표현방식表現方式인 것이다. 내 감상鑑賞과 해설解說이 도리혀 이 시조집詩調集의 진가眞價를 더럽필까바 두려워하므로 길게 인례引例하지 안커니와 만약 우리 문학형식文學形式의 전통傳統을 알고저 하는 이가 잇스면 모름직이 정팔명창淨八明窓에서 이 시조집時調集을 페여 들고 풍영諷詠도 하려니와 잠심완미潛心玩味 하기를 바란다.

— 경성종로京城鍾路 『문장사文章社』 발행소

정가일원오십전發行所定價壹圓五拾錢

▌신간평新刊評

이병기李秉岐 저著
『가람시조집嘉藍時調集』[21]

이하윤異河潤

나는 일즉이 『현대서정시선現代抒情詩選』 서문序文에서 가람 이병기李秉岐 씨氏의 시단적詩壇的 공적功績만을 말하고 책冊의 성질상性質上 그의 작품作品을 편입編入치 못한 것을 사과謝過한 일이 잇엇다. 신문화新文化 운동運動 이래以來에 시조時調에 붓을 든 이로 육당六堂, 위당爲堂, 가람, 춘원春園, 로산鷺山, 조운曹雲, 수주樹州 외外에 별別로 두드러진 존재存在가 없는 것은, 물론勿論 일면一面에 신시新詩에 대對한 너무 격렬激烈한 추모追慕에서 진부陳腐한 전통적傳統的 구각舊殼을 버서나려는 조류潮流에 시도詩道에선 저마다가 휩쓸려 드러갓든 탓이라고 볼 것이지만, 역시亦是 조선朝鮮의 정취情趣와 전아典雅한 리리시즘을 차저 보기에 아직도 수업修業이 부족不足하엿든 탓이라고 할까?

과거過去에 이 시형詩形을 빌려서 나타난 작품作品의 대부분大部分이 일종一種의 여기적餘技的 소산所産으로 회고적懷古的·유흥적遊興的 또는 기행문紀行文의 대용代用으로 씨워진데 잇지나 안헛을가 한다. 신문학新文學 개

21 「李秉岐著 嘉藍時調集[新刊評]」, 『동아일보』, 1939. 10. 10.

척開拓에 적지 안흔 공헌貢獻이 잇는 육당六堂은 『백팔번뇌百八煩惱』를 남겨 노코 이제 문단文壇을 영원永遠히 떠낫으며, 기행문紀行文의 대용代用으로 시조時調를 이용利用하던 노산鷺山도 근작近作을 볼수 없이 된 이지음, 유독唯獨히 시조時調의 길에 정진精進해오던 가람嘉藍이 너무나 늣엇으므로, 오히려 일반一般의 뜻하지 안헛던 시조집時調集을 지극至極히 미아美雅한 장정裝幀으로 세상世上에 내노케 된 것을 사도斯道에 잇는 이 어찌 쌍수雙手를 들어 반기지 안흘 일이랴

과작寡作인 위당爲堂의 작풍作風에도 경모敬慕하지 안는 배 아니며 다분多分히 여기적餘技的 경향傾向에 잇는 춘원春園의 작품作品도 그의 문학적文學的 본령本領이 아닌 이상以上 차라리 우리의 크다란 관심사關心事가 되기는 어려운 점點이 잇어 왓다.

시조時調에 대對하야 별別로 깊은 이해理解가 없는 우리들의 각도角度에서 보면 가장 시인적詩人的이라고 할 만한 가람과 조운曹雲의 작품作品을 들어 과연果然 현대인現代人의 정신精神을 담으랴 노역努力한다고 할 수 잇으리라. 가람嘉藍 그는 오직 전통傳統을 고식적姑息的으로 답습踏襲함에 끄친 것이 아니다. 만흔 나라 시사詩史과 시형時形의 진전進展이 그런 거와 가치 역시亦是 그는 우리 유일唯一의 귀중貴重한 이 시조時調의 시형時形을 논구論究하고 정리整理하고 개혁改革하려 하는 데서 그 올바른 발전發展을 꾀하엿든 것이다. 그가 20여二十餘 년年을 두고 시조時調를 지어 오는 동안 얼마나 여러 번 이 시조時調에 대對한 대담大膽한 이론理論을 공표公表하야 우리에게 깨처줌이 만헛든가 아직도 우리 기억記憶에 새로운 바가 잇다.

"마침내 시조時調들이 시인詩人을 맛나서 시인詩人한테로 돌아오게 되엇다. 비로소 감성感性의 섬세纖細와 신경神經의 예리銳利와 관조觀照의 총혜聰慧를 가춘 천성天成의 시인詩人을 맛나서 시조時調가 제소리를 낳게 된

것이니, 가람시조嘉藍時調가 성공成功한 것은 시인詩人 가람嘉藍으로서 성공成功한 것이라. 빨리 말하면 시인詩人으로 태어나지 안엇던들 아이에 시조時調 한 수首쯤이야…… 하는 부당不當한 자신自信을 가질 수 업섯던 것이다.

더욱이 확호確乎한 어학적語學的 토태土台와 고가요古歌謠의 조예造詣가 가람嘉藍으로 하여금 시조제작時調製作에 힘과 빛을 아울어 잇게 한 것이니, 그의 시조時調는 경건敬虔하고 진실眞實함이 이를 읽는 이가 평생平生 교과敎科로 삼을만한 것이요, 전래傳來 시조時調에서 찾기 어려운 자연自然과 리알리티에 철저徹底한 점으로서는 차라리 근대적近代的 시정신詩精神으로써 시조재건時調再建의 열렬熱烈한 의도意圖에 경복敬服케 하는 바가 잇다. 이리하야 가람嘉藍이 전통傳統에서 출발出發하야 그와 몌별袂別하고 다시 시류時流에 초월超越한 시조중흥時調中興의 영예榮譽로운 위치位置에 선 것이다."라고 한 시인詩人 정지용鄭芝溶의 발跋의 결론結論에 다시 이의異義가 업는 한 사람이지만, 여기서 어느 작품作品 하나만을 예例로 인용引用할 수도 업시 그 됨새가 고르고 험잡을 수 업스니 이루 논급論及하지 안커니와 一에 계곡溪谷 외外 5편五篇, 二에 난초蘭草 외外 13편十三篇, 三에 젖 외外 10편十篇, 四에 주시경선생周時經先生의 묻엄 외外 11편十一篇, 五에 괴석怪石 외外 24편二十四篇의 이 분류分類는 그 머리에 실은 제목題目이 내용內容을 잘 설명說明하고 잇서 이 책冊의 정연整沿한 배열配列을 증명證明하기에 족足하다 하겟다.

실實로 문학文學의 길에 잇는 자者마다 이 한 권卷을 비치備置하지 안을 수 업슬지니 더구나 그것이 3백부三百部 한정판限定版임에서랴.

— 경성부京城府 종로鍾路 한청韓靑빌 내內 문장사文章社 발행發行
정가定價 일원오십전壹圓五十錢 진체경성振替京城 25○7○二五○七○

신구현申龜鉉 역주譯註

『역대조선여류시가선歷代朝鮮女流詩歌選』[22]

◇우리가 종래 써오든 글은 한글·이두문吏讀文·한문漢文을 썻스려니와 한글이 생긴 후라도 한문漢文을 오히려 숭상崇尙하엿고 항용恒用하엿다. 그래서 글이라면 한문漢文이오 유식有識하다면 한문漢文을 아는 것이엇다.

◇그러나 여자女子에게만은 다만 침선針線·방적紡績·음식飮食 등等 사事를 알리고 맡기고 글과 같은 것은 그다지 가르치지 안햇다. 신라新羅의 가배嘉俳와 같은 것이 그런 현저顯著한 사실事實이엇다. 시대時代가 멀고 문헌文獻이 적어 전하지 못하는 것이 잇기도 하겟지마는. 여조麗朝 이전以前에 여류女流 문인文人이 적엇든 것도 그 원인原因이 아닌가 한다. 그러나 이조李朝에 들어 세종대왕世宗大王께서 한글을 맨드신 뒤, 한글은 남자男子보다도 여자女子들이 더 숭상하고 써왓스나 잠영세가簪纓世家나 교방敎坊과 같은 좀 한유閑裕한 집에서는 한글 외에 한문漢文까지라도 만히들 배우고 익혓스며 게서 종종種種 유수有數한 문인文人도 배출輩出하여 가可히 보암즉한 시문詩文 등을 전하기도 하는 것이다.

◇이 근래近來 문운文運이 점점 성왕盛旺해지며 여류문학女流文學을 연구硏究하고 발표發表한 이도 더러 잇으나, 그는 아직 미비未備한 채 선착편先着鞭에 불과不過하더니 이번 학예사學藝社에서 출판出版한 신구현申龜鉉

22 「申龜鉉譯註 歷代朝鮮女流詩歌選」, 『동아일보』, 1939. 11. 25.

역주譯註 『역대조선여류시가선歷代朝鮮女流詩歌選』은 과연 역대歷代를 통하여 널리 모이고 알뜰히 뽑고 정성精誠스러히 역주譯註하엿다. 그리고 그 작자作者마다의 전기傳記를 간명簡明히 적어 낀 것으로는 이걸 한 여류작가전女流作家傳으로도 볼 수 잇고, 그 중 계생桂生의 고증考證과 같은 건 한 소논문小論文으로도 볼 수 잇다.

◇한시漢詩는 한시漢詩대로 볼 맛이 잇고 그 번역은 번역대로 또한 볼 맛이 잇다. 언뜻 보면 중국中國의 그것을 답습踏襲·절취竊取·모작模作한 것 같어도 사세仕細히 보면 아니다. 작자作者 자기自己로서의 특이特異한 정조情調 기분氣分이 없지도 안타. 이것이 가장 주목注目·탄상嘆賞할 점이다. 이것으로서 저기 그들의 생활生活을 엿볼 수 잇으며 지금 우리의 새 생활生活에도 적지 안흔 도음이 될 줄로 안다.

— 경성京城 종로鐘路 2정목二丁目 야소耶蘇삘 내內 학예사學藝社 발행發行

정가定價 50전五十錢

서정주徐廷柱 저著
『귀촉도歸蜀途』를 읽고[23]

이 시집詩集은 그의 밀어密語와 같은 삼월三月 하늘가에 피어나는 꽃봉오리다. 우리가 이내껏 보던 오얏꽃·배꽃·복숭아꽃·벚꽃·산단화山丹花·정향丁香꽃과는 퍽 다른 탐스러운 찬란한 매콤한 향기와 빛깔을 내는 과연 이상한 꽃이다. 이 꽃을 볼 때 우리는 경탄과 고혹을 아니할 수 없다.

다시 말하면 우리가 이내껏 들어보지 못한 이상한 새소리라고도 하겟다. 우리가 들어오던 종다리·꾀꼬리·제비와 같은 새소리가 아닌 껵껵은 하여도 무게와 목구성있는 그 소리다. 이르기는 귀촉도歸蜀途라 하였으되, 두견杜鵑이랄가 소쩍새랄가 하는 그런 소리도 아닌 새로운 딴소리다.

저 마약痲藥과 같은 봄을 지내여서
저 무지無知한 여름을 지내여서
질갱이 풀 지습ㅅ길을 오르 네리며
허리 굽흐리고 피우섰지요.

는 그의 한 삽화揷話다. 이 얼마나 차근하고 으늑하고 알심 있는 말인가요!

23「신간평 徐廷柱 著『歸蜀途』를 읽고」,『동아일보』, 1948. 5. 1.

우리는 이런 시詩를 볼 때마다 그 작가作家의 인품人品을 눈앞에 대한듯 하다. 그 검으두룩한 얼굴, 고창高敞 사투리 만흔 말씨, 간간間間 그 붉은 입술에 미소微笑를 띠운 모양을 이런 경애敬愛할 시인詩人을 얻었음을 우리의 한 자랑으로 삼으며 기뻐 기뻐한다.

— 선문사宣文社 발행發行 가일價一 50원五十圓

고문학古文學의 해왕성海王星 「의유당일기意幽堂日記」[24]

서정생西庭生

순조純祖 29년(1829년) 그 당시當時 함흥咸興으로 부임赴任한 이희찬李羲贊 판관判官의 부인夫人 연안延安 김씨金氏의 의유당일기意幽堂日記를 중심으로 한 문집文集을 이번 가람 이병기李秉岐의 교주校註로 『의유당일기意幽堂日記』라는 백양사白楊社 책을 내게 된 것은 우리 어문학사語文學史에 한 본보기를 시示한 것이라 말할 수 잇다. 의유당意幽堂은 김씨金氏의 아호雅號를 전기前記와 가치 기행문紀行文과 일기日記 등等을 주主로 햇기 때문에 이 책冊의 제호題號를 그 가치 한 것인데 이 책冊을 읽어 얼른 연상聯想되는 것은 혜경궁홍씨惠慶宮洪氏의 『한중록恨中錄』 혹惑은 연암燕巖 박지원朴趾源의 『열하일기熱河日記』라 할 것이다. 연암燕巖의 그것에는 다른 의미意味의 '리얼리슴'과 또 고도高度의 □□□이 잇서 — 독자讀者를 매료魅了히 하는 점點이 잇다. 하지만 이 「의유당일기意幽堂日記」 역시 그 우아優雅하고 그림가튼 필치筆致로 신묘神妙하게 풍경風景을 묘사描寫하기에, 한어漢語가 업는 점點에서 순후淳厚하고 유연柔軟한 감각感覺을 늣기게 한다.

---

24 「古文學의 海王星 意幽堂日記」, 『자유신문』, 1948. 6. 14.

교주校注에 대단大端한 노력努力의 흔적痕迹이 뚜렷한 사계斯界의 대가大家 가람 선생先生의 서언序言 한 구절句節을 소개紹介하면,

> 이는 고전古典의 해왕성海王星이다. 이책은 고서古書 속에서 퉁기어 나온 진본珍本으로 어문학語文學 연구열研究熱이 점점 놉하가는 이때 이러한 책을 감추어둠은 애탄哀歎할 일

이리하야 원문原文을 주해注解하고 교정校訂하여 내인 것으로 고문학古文學을 더듬어 우리 고전古典의 진체眞體를 체득體得함에 조흔 책冊으로서 일독一讀할 가치價値가 잇스며 더욱이 이조 말기期에 잇는 우리 여류女流 문단文壇에 보내는 자극제刺戟劑로 권勸하고 십다. 내용內容은 낙민루·북산루·동명일기·춘일소흥·영명사득월루상량문 등의 5편編으로 지금 거의 □□□□ □□의 명편名篇을 □당□當한 어휘語彙로 거려노앗다.

—종로 2가鐘路 2街 백양당白楊堂 발행發行 가價 115○원圓 유遺

윤영춘尹永春 시집詩集
『무화과無花果』[25]

요마적엔 윤영춘尹永春 씨 『무화과無花果』를 받어보았다. 이름부터가 기발奇拔하다고 하였으나 그 실상은 이름과는 다르다. 그러나 시詩는 기발奇拔만으로 논정論定할 수 없다. 이 시詩는 3, 4월의 중병아리 울음과 같다. 정월正月 맏배에 깬 병아리가 아직도 그 취위에 벌벌 떨며 삐악삐악하고 간신히 자라나서 봄기운이 바야흐로 퍼지는 3, 4월 무렵이 되면 제법 제가락 소리를 내어 긴 목을 처들고 운다. 그래도 늙은 수탉처럼 소리를 못한다. 적막寂寞한 산촌山村에 늘어진 늙은 수탉의 낮 울음을 들으면 진달레꽃 보다도 평화平和롭고 한가로운 봄맛을 느끼게 한다. 그러나 중병아리 울음으로는 고 내고 싶은 소리를 다 내려고 무진 애쓰는 그러한 구석이 있다. 이것이 늙은 수닭의 소리보다도 도리어 애전하고 흥미興味을 일으키게 한다. 이 근래近來 신시新詩나 시조時調가 그 질質이나 형形으로 한 습벽習癖을 이뤄 얼핏하면 천편일률千篇一律에 자저지기 쉬운대 이 시詩는 본연本然한 시인詩人의 순정純情과 열熱을 3, 4월 중병아리처럼 부르지진 것이다.

나는 윤영춘尹永春 씨를 자주 만나보았으며 그 언어言語와 동작動作이 곧 이 시詩와 가름이 없음을 느끼었다. 과연 진실眞實한 시詩다. 경건敬虔한 시詩다.

---

25 「尹永春 詩集 『無花果』」, 『서울신문』, 1949. 9. 26.

『국문학國文學 참고도감參考圖鑑』 서序[26]

우리 국문학國文學을 연구硏究하는 분은 거의 다 가장 곤난함을 느끼는 바이 어느 어구語句의 해석解釋이리라. 이런 건 우리 선진先進들도 한 말이 없었고 참고參考할 만한 사전辭典도 해비該備한 것이 없었다. 첫재 말을 몰라가지고야 그 무엇을 안다 하리오. 한문漢文으로는 『사문유취事文類聚』·『패문운부珮文韻府』 등이 이미 간행刊行되어 있어 어려운 문자文字를 만나드라도 찾어 알 수가 있지마는, 우리는 겨우 『문헌비고文獻備考』·『재물보才物譜』·『물명고物名攷』쯤으로 고전古典에 나타나는 어려운 우리 말을 찾어 알 수가 없다.

나는 노 하는 일이지만 우리 국문학國文學은 신문학新文學도 신문학新文學이려니와 고전연구古典硏究부터가 완전히 잘되어야 할 것 아닌가. 이도 채 되지 못하고 무엇을 운운云云할 것인가 하면 우리는 스스로 답답하고 궁거움을 마지 못하는 바이다.

우리 조상들이 항용恒用 하던 고전古典에 실려 있는 말들은 찾어 알려도 아니하고 무단히 새말을 만들거나 자꾸 들오는 외국어外國語를 짖거리거나 한다면 우리 국어국문학國語國文學은 과연 어떻게 될 것인가? 한문漢文을 폐지廢止함보다도 우리 말글 자체自體가 더 위태로운 경지境地에 이르

26 「國文學參考圖鑑序」, 『國文學參考圖鑑』, 김삼불 편저, 신학사, 1949.

지 않을가? 종래 우리말이 그 시대 사조思潮와 정세政勢를 따러 그렇게 숭상하던 한문漢文 속에서 근근僅僅히 목숨을 이어온 것이 도로 이런 위기危機를 당한 오늘날, 우리 국어국문학國語國文學도 해방解放이 되었다고만 기뻐할 것이 아닌가 한다.

향가鄕歌·시조時調는 더 말할 것 없거니와 『흥보전興甫傳』·『한양가漢陽歌』라도 읽어보면 해석解釋하기 어려운 말이 퍽 많다. 향가鄕歌에 나타난 '화판花判'이니 '주물周物'이니 하는 말이 지금도 쓰이며 『흥보전興甫傳』·『한양가漢陽歌』에 나타난 살미살창과 같은 말도 지금 창호窓戶장이가 쓰고 있으나 보통 아는 이가 없다. 이런 말을 알자면 어떤 서재書齋나 도서관圖書館을 찾는 이보다 각기 직업職業에 늙은 분들을 찾어보아야 할 것이다. 다만 공상空想 명상冥想만으로는 도저히 알어낼 수 없다.

『정감록鄭鑑錄』과 같은 건 자기의 의사意思대로 해석解釋해도 괜찮을지 모르되 『동언고략東言考略』과 같이 우리말은 모두 한어漢語에서 전화轉化된 양으로 엄청난 억설臆說을 하여놓은 건 귀한 종이만 허비하였을 뿐이었다. 서울서만 사던 이는 '쌀낭기'·'고추낭기' 하여 풀과 나무를 분간 뭇하고 시골서만 사던 이는 위댓 사람 중인中人을 분별하지 못한다. 그러므로 가는 건 농부에게 묻고 짜는 건 질삼하는 여공에게 물어라 하였다. 만일 모르는 바를 묻지도 않고 그냥 어름어름 지냈다면 학문學問이란 당초 이룰 수가 없었을 것이다. 모든 학문學問은 집대성集大成한 것이다. 많이 묻고 많이 모으고 많이 아는 바를 전하는 것이다. 과연 거기엔 큰 고심苦心과 노력努力이 쌓지 않으면 될 수 없다. 아무런 천재天才라도 그만한 고심苦心과 노력努力이 없이는 될 수 없다. 우리도 지금은 한시문漢詩文을 심장적구尋章摘句나 하고 등과登科나 하여 뽐낼 때가 아니라 착실히 실학實學인 학문學問을 힘써 현대現代 사람으로서의 하고픈 생활生活을 도모圖謀

하여야 하겠다.

이런 일이 여간 긴급緊急하고 중요重要한 것이 아니다. 아직 살어 있는 늙은이 몇몇이 죽고 보면 이런 말들을 찾을래야 찾을 수 없다.

김군金君 삼불三不은 일찍 이에 뜻을 두고 박노수朴魯洙·이석우李錫愚 양군兩君과 함께 바쁜 형설螢雪의 틈을 타서 복식服飾·가옥家屋·궁궐宮闕·정각亭閣·선차船車·무구武具·풍속風俗·신체불상身體弗像·기구器具에 당한 근近 천千 종種의 귀중貴重한 재료材料를 모으고 낱낱이 그 그림을 그리고 이름을 붙이고 또 주해註解를 더하여 간행刊行을 하매 우리 출판계出版界의 특이特異한 광채光彩와 끔찍한 공헌貢獻이 아닌가 하고 퍽 기뻐하며 말을 더 하려지 않는다.

—4282년 7월 23일

가람 이병기李秉岐

이병기李秉岐 교주校註
『역대시조선歷代時調選』[27]

성경린成慶麟

어려서부터 내 딴 책을 조하하여 잔돈푼이 생기면 어둑한 극장 구석에 들어가 소일을 일삼기보다는 한 권 헌책을 사는 것을 더 질거워하고 보람스런 일로 여겼다.

요즘도 그렇게 영화가 야단스럽건만 나는 딴 세상의 사람으로 자처하고 무어 뒤지면 뒤져도 좋다고 쓸쓸스레 체념하고 있는 축이다. 한번 젊은 친구의 반연으로 오백 환짜리 시네마스코푸라는 것을 구경하고 나는 역시 같은 값이면 책이라고 나의 지론을 더욱 굳게 하였다.

이 말을 누구에게 하이까 책은 또 엔간히 비싸냐고 하여서 그도 그렇다고 맞장구를 치기는 하였다. 그래도 책은 읽어야 한다.

한국음악에 관한 친절한 입문서랄지 전문적인 연구서를 찾는 소리는 해방 이후 자못 높건만 아직 이 절실한 기망에 대답하여 이렇다는 책이 없는 것을 유감으로 생각한다.

하기야 내가 외경하는 분에 뛰어난 국악연구를 가지고도 이를 선선히

---

27 「李秉岐校註 歷代時調選」, 『조선일보』, 1955. 9. 20.

세상에 내어주는 출판자가 없어 이삼 년을 미뤄오고 있는 일을 안다.

좋은 서적이라고 반드시 잘 팔린다는 보장이 없어서의 주저겠으나 민족의 문화를 위하여 재산을 도외시하는 미쁜 출판주가 하나쯤 있어서 나쁘랴.

개인이 벅차다면 국가가 당하여도 좋을 것이다.

초록 한빛이라 시가집을 나에게 묻는 이가 더러 있다. 시조를 부르고 짓고 하는데 바탕이 될 적당한 책자가 없겠느냐는 것이다. 앞서 국악에 관한 저술이 너무 엉성한 것에 비겨서는 이 노래책은 정말 많아 고르기조차 힘이 들 형편이다. 그래서의 의논인지도 모르겠다. 전하여 들은 이야기다. 불란서에 유학하고 오신 분의 견문으로 그곳의 대학생 또는 이웃나라에서 녀기 모여 배우는 남녀학생들이 그 쉬는 시간 또는 점심시간이면 모두 자국의 옛 노래를 자랑스레 낭랑히 읊조리는 한가한 풍경에 크게 감동하였다는 것이다. 그에 돌이켜 지금 우리나라의 학생들이 대체 얼마나 나의 옛 시가를 이해하고 외울 수 있을까 하는 의문이다. 굳이 학생이랴. 어른도 아이도 남자도 여자 옛 노래에 담긴 훈훈한 정에 모두 흐뭇이 취하고 나와야만 하겠다. 새것은 결코 새것만을 추구하여 얻을 수 없는 것이다. 지금도 늦지 않다. 원저라고 어려울 게 없는 것이 또한 우리의 노래책이다. 『청구영언』, 『해동가요』, 『가곡원류』… 책자에 들면 쉽게 손에 넣을 수 있고 새로운 풀이라야 하겠는 이에도 여러 모양의 해설서가 있어 편리하다. 분량이 많아 허황하겠는 이를 위하여 주옥같은 삼백 수를 모은 가람 스승의 『역대시조선』은 자상한 주해와 작품의 내력까지 말하여 더욱 맞춤이 될 것이다

— 필자筆者 국립국악원國立國樂院 악사장樂士長

이병기李秉岐 백철白鐵 공저共著
『국문학전사國文學全史』[28]

이숭녕李崇寧

해방 후解放後 국문학계國文學界도 자못 활후活後하여져서 연구서적研究書籍도 많이 간행刊行되었는데 그 중中 국문학사國文學史도 이미 여러 차례 간행刊行되었음은 우리가 잘 아는 터이다. 이번 이병기李秉岐 백철白鐵 양씨兩氏 공저共著의 『국문학전사國文學全史』가 공간公刊된 것을 보면 종래從來의 어느 것보다도 특이特異한 개성個性을 보여주어 학계學界에 이바지하는 바 큼을 지적指摘하며 아울러 양씨兩氏의 노고勞苦에 심사深謝하는 터이다.

그런데 국문학사 집필國文學史執筆에 있어서 흔히 고전문학연구古典文學研究의 학자學者가 집필執筆하는 것이 일반一般이어서 현대문학편現代文學篇에 이르러 소홀疎忽이 아니면 어딘지 여전한 곳을 숨길 수 없는 것인데 이번 『국문학전사』는 고전古典 또는 현대문학現代文學의 양벽兩壁이 집필執筆한 것이니만큼 이 점點 적이 신기축新機軸을 보여 국문학사 집필國文學史執筆에 한 시기時期를 획정劃定한 것이 된다.

28 「李秉岐 白鐵 共著 『國文學全史』」, 『조선일보』, 1957. 10. 10.

이병기李秉岐 씨氏는 종래從來의 국문학사國文學史와 달리 제반사상諸般思想에 대對하여 새로운 태도態度를 보인 곳이 많으며 그 수법手法에서 현대적現代的인 해석解釋이 넘쳐 이로써 고전문학古典文學의 새로운 진전進展과 시범示範을 보여주었다. 전공학자專攻學者도 일독一讀함으로써 얻는바 적지 않으리라 믿는다. 어찌하면 종래從來의 일반적一般的인 고찰考察에서 오는 사실 파악事實把握의 핵심 일탈核心逸脫을 시정是正하고 정확正確한 판단判斷과 새로운 태도態度를 가지려고 한 점點 높이 평가評價되어야 하며 이로써 과거過法의 과오過誤가 만히 시정是正되었으리라 하겠다.

현대문학면現代文學面도 백철 씨白鐵氏가 이미 여러 저서著書를 가진 광범위廣範圍한 체험體驗과 숙고熟考된 구상構想에서 지면紙面의 낭비浪費 없는 좋은 집필執筆을 하여 주었다. 현대문학 전반現代文學全般을 알기에 가장 좋은 국문학사國文學史가 될 것이다.

끝으로 우리 한문학사漢文學史를 넣은 것 참으로 좋은 착안着眼이다. 이 점點에서 이 국문학전사의 독특獨特한 기도企圖가 얼마나 우리의 과거過法의 문화재文化財에 대對한 일방적 태도一方的態度를 시정是正해 줄 것인지 고맙게 생각된다.

누구나 일견一見하여 종래從來의 국문학사國文學史와 다르다는 것을 느낄 것이니 국문학 전공자國文學專攻者는 누구에게나 일독一讀하기를 권勸하고 싶으며 또한 일반 지식인一般知識人에게도 교양서敎養書로도 안심安心하고 추천推薦할 수 있는 양서良書인 것이다.

이병기李秉岐 이태극李泰極 공편共編
『현대시조선총現代時調選叢』[29]

박노춘朴魯春

시조시時調詩가 우리 고유固有의 시가詩歌 쟝르임은 주지周知의 사실事實이다. 이 시조時調가 대체大體로 고려말경高麗末頃에 시형詩型이 고정화固定化된 이후以後 이조李朝의 가곡창화歌曲唱化의 융성기隆盛期를 거쳐서 한말韓末까지 미쳤었더니, 시조時調는 이조李朝의 유교문화儒教文化와 보조步調를 같이한 시가詩歌였음을 알수 있다 삼·일운동三·一運動 이후以後 시조부흥운동時調復興運動이 제창실천提唱實踐되어 오늘날 국민시國民詩로서 줄기차게 뻗어가고 있는 현상現狀이다.

갑오경장甲午更張 이전以前의 고시조古時調는 『청구영언靑久永言』·『해동가요海東歌謠』·『가곡원류歌曲源流』 등等으로 수집정리蒐集整理되었고 현대시現代詩에 들어와서도 시조부흥운동時調復興運動의 일방책一方策으로 『가곡선歌曲選』·『시조유취時調類聚』 등等으로 결실結實되었었다.

이런 고시조古時調의 총집결總集結에 비比하여 현대기現代期 이후以後의 신시조新時調는 사화집詞華集의 출간出刊이 요구要求되면서도 그것이 없었

29 「李秉岐李極泰共編 現代時調選叢」, 『경향신문』, 1958. 5. 19.

다. 그러던 차次에 오랫동안 출간出刊이 예문豫聞 되던 가람·월하月河 공편共編의 『현대시조선총現代時調選叢』이 아담雅淡한 장정裝幀으로 등장登場하여 호평好評을 받고 있다. 이 책은 현대시인現代詩人 65명六五名의 458편四五八篇 953수九五三首의 시조작품時調作品을 작자성명作者姓名 가나다순順으로 배열편집排列編輯한 것으로, 이 사화집詞華集은 그 유파流派 그 시풍詩風 그 전공여부專攻與否 기타其他 모든 것을 따지지 않고 현대시조작품現代時調作品을 단성丹誠껏 총망라總網羅하였으니 명실공名實共이 현시조계現時調界의 조감도鳥瞰圖라고 할 수 있을 뿐 아니라, 시조시형時調詩型은 우리 민족民族의 호흡呼吸과 감정感情에 가장 적응適應하는 국민시형國民詩型이라는 것과 따라서 시조시時調詩의 영역領域은 불안不安 회의적懷疑的인 것보다 달관체념達觀諦念의 세계世界라는 것을 입증立證하는 자료資料로써 그 의의意義가 있다.

더우기 시조시時調詩의 현대적現代的 의의意義의 유무有無가 논란論難되는 오늘날 이 문제問題에 파문波紋을 일으킬 일투석一投石인 동시同時에 그 해결解決의 방향方向을 시사示唆할 일지표一指標인 듯도 하다.

— 새글사社 판版 일一, ○○○원圓

이병기李秉岐 이태극李泰極 편編
『현대시조선총現代時調選叢』[30]

김동욱金東旭

시조時調가 가장 오랜 문학文學 장르의 하나로서 오늘날까지 생명生命을 유지維持하고 있음은 시조時調가 국민國民의 생활시生活詩라는 데 있을 것이다. 시조時調가 국민생활國民生活의 밑바닥에서 누구나 지을 수 있고 감상感賞할 수 있는데 현대시조現代時調의 한 면面은 있어야 할 것이다. 이런 면에서 시조부흥時調復興은 현대적現代的 감각시感覺詩로서의 정립定立과 함께 이를 대중화大衆化하는 길로 포함包含되어야 할 것이다. 이번 엮어진 『현대시조선총現代時調選叢』은 신문화新文化 이후以後의 대표적代表的 시조時調를 모으는 데 있어 본격적本格的인 시조시인時調詩人 외에 생활 속에서 시조時調를 창작創作한 분의 작품作品도 모아놓아 누구나 생리적生理的으로 공감共感할 수 있고 접근接近할 수 있도록 하였다. 또 신인新人의 작품作品도 망라하여 누구나 시조時調에 대하여 의욕意欲을 갖도록 하고 창작創作의 지표指標로서도 다대多大한 고려考慮를 하였다. 이렇게 시조문학時調文學에 참획參劃하는 이를 위하여 안소로지로서 엮은 이 선총選叢은 공편자共

30 「李秉岐李極泰編 現代時調選叢」, 『조선일보』, 1958. 7. 19.

編者 이태극李泰極 씨氏의 정력精力과 민족유산民族遺產을 살리고자 하는 비원悲願 속에 이루어졌다고 해도 과언이 아니다. 물론 시조時調가 제2예술로서 안여하여서는 안된다. 이 시조선時調選에 남아 있는 구시조舊時調의 아류亞流나 의고취미擬古趣味에 사로잡힌 작품作品은 앞날에 도태淘汰당하여야 할 것이다.

그러나 그것은 이러한 선집選集이 있음으로써 가능可能할 것이다. 이런 면面에 있어서도 본本 시조선총時調選叢은 시조時調를 위하여 금자탑金字塔이라 하여도 일미溢美의 언言은 아니다.

—새글사社 간刊 값 일一○○○환

『가람 송수頌壽 논문집論文集[31] — 기념사업회紀念事業會서 15년年만에』

『가람이병기박사송수논문집李秉岐博士頌壽論文集』이 전북全北지방의 유지有志와 그 제자弟子들의 주동主動으로 나왔다.

가람은 1891년 3월 5일 생生, 올해가 만75세. "망국亡國의 백성으로 목메어 울던 세월은 가고/그리도 시름 겹던 무서운 날도 가고/백묵白墨도 던져두시고 쉬시는 날이여 빛나라."로 시작되는 신석정辛夕汀 씨의 송수시頌壽詩가 권두卷頭에 있고, 일석一石 이희승李熙昇 박사가 서문序文을 썼다.

그 서문序文에 의하면 약 15년 전 이병기李秉岐 교수의 회갑回甲을 축하하기 위해 "가람 이병기선생회갑기념사업회李秉岐先生回甲紀念事業會"가 설립되고 기념논문집紀念論文集을 간행하려 했는데 6·25동란 발발로 일이 중단되었었다 한다. 따라서 이번 논문집論文集은 그 후 15년 만에 나오게 된 것이다. 가람은 지금 고향인 전북全北 익산군益山郡 여산면礪山面 원수리源水里 진사동眞絲洞에서 요양療養 중이다.

송수논문집頌壽論文集에 수록된 논문은 모두 29편. 두계斗溪 이병도李丙燾, 동빈東濱 김상기金庠基, 한결 김윤경金允經 등 대가大家로부터 쟁쟁한 중

31 「가람 頌壽 論文集-紀念事業會서 15年만에-」, 『조선일보』, 1966. 12. 11.

진重鎭, 중견中堅들이 집필하고 있다. 국사國史 관계가 2편, 국어학國語學에 관한 것이 이숭녕李崇寧(서울대) 박사의 「15세기문헌世紀文獻의 문체적文體的 고찰考察」 등 13편, 국문학國文學에 관한 것이 이태극李泰極(이대梨大) 교수의 「고시조연구방안古時調研究方案의 한 제시提示」 등 13편이다. 좀 색다른 것은 장사훈張師勛(서울대)교수의 「종묘제례악宗廟祭禮樂의 음악적고찰音樂的考察」.

권두卷頭 쪽에는 「가람 이병기박사연보李秉岐博士年譜」와 저목목록著目目錄, 국어국문학관계國語國文學關係 논문목록論文目錄 등의 자료가 제시되어 있다.(삼화출판사 간三和出版社刊·국판菊版 675면·1천2백원·5백부한정판限定版)

심사평

선후選後의 말[32]

가 람

시형詩形은 작자의 마음대로 아모러케 쓰더라도 시詩만 되엿스면 괜찬켓지마는 이미 일정한 형식이 잇는 시詩 그것을 지으려하면 그 일정한 형식을 아니 밟을 수 업다. 만일 그 일정한 형식을 아니 밟는다 하면 그건 그걸로 볼 수 업는 까닭이다. 그럼으로 시조의 내용은 가젓대도 시조의 형식을 가추지 못하면 시조로는 불 수 업다. 가령

아 - 가을
애닯은 가을이 다시 왓구나.
소슬한 금풍이
나무닙 끄테 달리는
훌적이는 소리와 가티
붉게 물든 단풍이
부시부시 떨어지어
창문을 때리고
공산야월空山夜月은 푸르고 푸른 창공에 흐르고

32 「選後의 말」, 『별건곤』 제9호, 1927. 10.

또 흘러온 대지를 은물 적시엇는데

라 하는 따위는 시조는 아니다. 시조에도 엇시조·사설시조 따위는 평시조처럼 그 형식이 좀 엄정치 못한 것도 잇기는 잇지마는 이와 가튼 형식의 시조는 업다. 보통 시조라 함은 평시조를 니름인데 평시조의 형식에는 첫재 그 자수字數를 가추어야 한다.

평시조平時調의 자수字數
초장初章 육六-구九(첫句) 육六-구九(끗句)
중장中章 오五-팔八(첫句) 육六-구九(끗句)
終종장章 삼三(첫句) 오五-팔八(둘재句) 사四-오五(셋잿句) 삼三-사四 (끗句)

평시조의 자수字數는 위의 표와 가티 초장에는 한 구句가 적어도 6자 이상 만허도 9자 이내, 중장에는 첫구句가 5자 이상 8자 이내, 끗구句가 6자 이상 9자 이내, 종장에는 첫구句 3자는 일정불변一定不變하고 둘재구句가 5자 이상 8자 이내, 셋재구句가 보통 4자 혹은 5자, 끗구句가 3자 혹은 4자다. 그리고 5자구字句에는 2·3조二三調, 3·2조三二調, 6자구字句에는 2·4조二四調, 3·3조三三調, 4·2조四二調, 7자구字句에는 3·4조三四調, 2·5조二五調, 4·3조四三調, 8자구字句에는 3·5조三五調, 4·4조四四調, 5·3조五三調, 9자구字句에는 4·5조四五調, 5·4조五四調, 3·6조三六調가 잇는데, 흔히들 초장 중장의 자수字數는 잘 마추어도 종장의 자수字數를 못 마추는 일이 잇다. 그중에도 종장의 둘재구句를 5자 이내 곳 4자로 셋재구句를 4자 이내나 5자 이상으로 하는 이가 만타. 그러나 이런 때는 종래의 시조에는 업슬 뿐 아니라 시조의 음조에도 맛지 아니함을 시조를 지어보고 닑어본 이는 알 것이다.

그런데 어찌 생각하면 그만한 한 두자字 에누리야 잇기로손 어떠켓느냐 할 이도 잇겟스나 엄정嚴正한 의미로 보아서 이런 자수字數를 꼭 마추어야 할 것이다.

> 칠월이라 칠석날에 오작烏鵲이 안 뵈드니
> 얼마후 구즌비라 눈물인 듯 나렷서라.
> 아마도 저 오작烏鵲이 천리은하千里銀河 다리논 듯.
> 도화처서稻花處暑 오날 밤에 논두렁에 야잠개野蠶開라.
> 고국故國의가을 소리 저 기럭이 다시 온다.
> 한충寒蟲도 한충衣裳薄알고 틀머리에

라 하는 따위는, 글이 되고 아니 되고는 말을 아니하거니와 다만 그 조어造語로 말하면 투어식套語式이나 한문식漢文式에 지나지 못하여 독자로 하여곰 발우 염증을 나게 하는 늣김이 잇다. 우리는 될 수 있는대로 새론 말 새론 어조를 써야하며 딸아서 새론 내용을 가지게 하여야 할 것이다.

이번 응모된 시조의 편수가 적음은 매우 섭섭히 녀겻스나 그래도 몃몃의 뜻잇고 힘 잇는 작作을 자미잇게 보앗스며 또한 이 시조도時調道에 대한 조흔 동지를 어덧슴은 더욱이 깃버한다. 그리고 함부로 평한 것은 작자 여러분의 만흔 용서를 바란다.

—(구九, 일석一 夕)

시조時調를 뽑고[33]

가 람

'때를 벗었다' 함은 투식套式을 벗어났다는 뜻. 한시漢詩면 한시漢詩, 시조時調면 시조時調 그 투식套式을 벗어나면 그는 벌써 그 문門을 지나 당堂에 오른 이다.

> 겨우 조박糟粕이나 알아가지고 항상 이두李杜의 여타餘唾를 되풀이하는 따위는 답답한 학구배學究輩의 일이요, 현명한 시인의 일은 아니다.

한시漢詩 중에도 근체시近體詩 — 율시律詩, 절구絶句와 같은 것은 그 자수字數 구수句數 운법韻法 등이 다 제한이 있는 일정한 형식이지마는, 이두李杜와 같은 시인의 시를 보면 하나도 투식套式으로 된 건 없다 하기는커녕 그 종래에 있던 형식을 쓴 것이라기보다 그 틀이 그런 형식까지도 창작한 것처럼 퍽 자연自然, 자유自由스러이 표현하였다.

시조時調는 우리의 고유한 정형시定型詩의 하나이다. 그 자수字數 음조音調가 다 맞아야 함은 물론이되, 그렇다고 그런 형식만 맞후어 놓는 것이

33 「時調를 뽑고」, 『文章』 1권 6호, 1939. 7.

능사能事가 아니고, 그걸 가지고 나로서는 어떻게 지어야 될 것인가가 문제이다.

지금 우리가 읽고 외어둘 만한 고인古人의 명작이 몇천 수首가 있다더라도, 그냥 모습模襲해서는 아니 된다. 그건 창작創作이 아니다. 진부陳腐한 수작이다.

그동안 모집된 원고 가운데에는 그 형形도 모르고, 시조時調도 아닌 단시短詩도 아닌 것을 지은 이와, 또는 그 형形만 가지고 모습模襲을 면치 못한 이가 많다. 모습模襲은 습작習作으로도 삼가할 일이다. 그것이 버릇이 되면 창작創作은 못 해 보고 말 것이다.

우리가 고인古人의 것을 볼 때, 그 조박糟粕보다도 정신精神을 배워야 한다. 추사秋史의 문도門徒 가운데 철적도인鐵笛道人은 추사의 글씨와 핍진逼眞하였으나 그의 존재는 없으며 소당小棠의 글씨는 추사체秋史體와 전연 딴판이되, 그의 가치는 높다. 철적도인鐵笛道人은 조박糟粕에 떨어지고, 소당小棠은 정신精神을 배운 까닭이다.

조남령曺南嶺 군君은 형形을 퍽 자유롭게, 말을 퍽 새롭게 썻다. 「창窓」은 눈보라 치는 것과 살구꽃 핀 것을 보고 친구를 생각한 것인 바, 친구의 쓰라림을 자기의 쓰라림 같이 말하였으며, 그 말이 절실·강렬한 느낌을 준다. 실은 그런 쓰라림을 격거본 이가 아니고는 될 수 없다. 「금산사金山寺」는 다람쥐를 보고 놀라면서도 으늑이 그 속에는 남다른 고독과 비애를 말하였다. 그러나 어조에 있어서는 가볍고 날리지 말기를 바란다.

오신혜吳信惠 군君은 인생을 항상 자비慈悲 하는 것 같다. 자비慈悲 하는 그것으로 「봄비」도 좋으나, 보다 더 나은 「수양버들」을 취取하였다. 그리고 쓰인 말씨도 수양버들처럼 보드롭고 아름다우나, 좀 더 싱싱하고 힘이 있었으면 좋겠다.

조영상趙泳翔 군君의 「님」도 노작勞作이되, 더러 용어가 타당치 못한 곳이 있다. 다시 말하면 한 의사意思는 가지고도 표현이 좀 부족하다.

시조時調를 뽑고[34]

비록 배워 '에', '혜'나 '魚', '魯'를 분간치 못하는 이로는 글을 좀처럼 깨칠 수 없다. 본디 글에 재분才分이 있는 이로는 스스로 일찍 그 미립을 얻는 터이다. 또는 재분才分이 있는 이로도 그 방법의 잘잘못을 따라 터덕이는 이도 없진 않으나, 꾸준한 노력만 있으면 필경 그 턱을 다달으고 말 것이다.

나는 시작詩作에 취미가 있다고 스스로 천재인 양으로 믿을 이도 있으리라. 그는 취미만으로는 천재일지도 모르나 그렇다고 시작詩作 그것도 다 천재인 건 아니다. 옛날 우리 조상들이 일생을 두고 한문 공부를 하여 시집詩集 일이一二 권卷 내지乃至 기백幾百 권卷까지 저작著作한 이가 십상팔구十常八九는 되었다. 그들이 다 천재인 건 아니다. 그 시집이 다 우수優秀한 건 아니다. 그와 같이 아무나 많이 지었다고 되는 것도 아니다. 다만 한두 편이라도 사람을 놀랠 만한 불후의 작이 있는 이는 천고千古에 그 몇이나 되리요.

시조時調를 번번이 투고를 하여도 입선入選이 못 되는 이가 있다. 그는 그 방법이 틀려서 그런가, 그 재분才分이 없어서 그런가, 방법과 재분才分은 있어도 노력이 부족해서 그런가, 반성反省을 하고 한두 번이라도 되게

34 「時調를 뽑고」, 『文章』 1권 9호, 1939. 10.

지어야 한다.

이번엔 겨우 한 분의 것을 뽑았다. 더 많이 못 뽑힌 것이 섭섭하긴 하되, 이것만으로도 나는 기뻐한다. 워낙 흔할 수 없는 그 시재詩才가 점점 발견發見되는 걸 더욱 기뻐한다.

봉선화鳳仙花—이 꽃을 보고 누님을 생각고 누님과 함께 자라나던 옛날을 생각한 것이 또한 봉선화鳳仙花 모양으로 연연하기도 하고, 아기자기하기도 하고, 그리고 서글프기도 하다.

> 하얀 손 가락가락이 연붉은 그 손톱을
> 지금은 꿈속에 본 듯 힘줄만이 서노나

하는 것이 얼마나 그립고 놀라운 일이냐. 이런 정이야 누구나 가질 수 있지마는, 이런 표현만은 할 이가 그리 많지 못할 것이다. 타고난 시인이 아니고는 아니 될 것이다. 쓰는 말법도 남달리 익숙한 바, '삼삼이는'과 같은 말을 쓴 건 그 묘미를 얻은 것이다. 항용 말을 휘몰아 잘 쓰기도 어려운 바, 한층 더 나아가 새로운 말법—우리 어감語感·어예語例를 새롭게 살리는 말법을 쓰는 것이 더욱 용하다. 그러나 앞으로 더 양양洋洋한 길이 있는 이 시인으로서 다만 「봉선화鳳仙花」 시인詩人으로만 그치지 말기를 바란다.

시조時調를 뽑고[35]

시를 짓는 이가 처음에는 그 형形으로부터 들겠지마는 차첨 익숙하게 되면 그 형形보다도 명의命意를 어떻게 하여야겠다는 것이 문제다. 명의命意가 부실하고 보면 아무리 그 형形을 갖후었다더라도 보잘 것이 없다. 명의命意야말로 시詩의 본질적인 것이다. 이것을 잘못 하면 시는 될 수 없다.

그러므로 시의 퇴고推考도 그 형形보다도 명의命意를 살리자는 것이다. 일자 일구로 하여 전편全篇의 명의命意를 좌우左右할 수가 있기도 하다.

前峯月映一江水
僧在翠微開竹房

이 시를 임번任翻이가 건자산巾子山 선사禪寺에 써 붙이고 수십 리를 나오다 도로 가서

前峯月映半江水
僧在翠微開竹房[36]

35 「時調를 뽑고」, 『文章』 1권 11호, 1939. 12.

36 임번의 시 「숙건자산선사宿巾子山禪寺」, 앞 봉우리 달빛은 물 빠진 강에 있고, 스님은 푸른 산중턱 승방을 여네. (편집자 주)

이라 하여 '일一' 자字를 '반半' 자字로 고친 것도 그 명의命意를 고치는 것이다.

시를 형形만 가지고 운운할 것이 아니다. 형形이 어렵다 쉽다 함은 형形에만 갇치는 수작이라. 이런 이는 시조와 같은 형形이 아닌 자유시를 짓는 대도 형形에만 잡칠 것이다. 저속低俗된 기교技巧에 떨어지고 말 것이다. 허수아비를 가지고 아무리 단장하였자 산 사람은 될 수 없다. 한갓 헛된 수고일 뿐이다.

이번 조남령군曺南嶺君의 「향수鄕愁」를 볼 때, 첫눈에 뜨이는 것은 그 명의命意로 하여 임의任意로 만든 것이다. 어떤 이는 시조는 형形이 어렵다 하기도 하지마는 이런 시조를 보라. 무엇이 어려운가. 이런 이는 형形보다 명의命意로서 짓는 이다. 이 경애境涯에 이르고 보면, 시가 잘 되고 못 되는 것이 다만 그 천분天分이요 인력人力이 아님을 알 것이다.

> 到老始知非力取
> 三分人事七分天[37]

이라는 조구북趙甌北의 시도 이를 이름이다. 구태여 그처럼 늙어서야 깨칠 일이 아니다. 시인으로서 이런 지각知覺은 일찍부터 나도 좋다. 그리고 저의 정도程度에 넘치는 수작을 해서는 아니 된다. 십근十斤도 못 되는 힘으로 백근百斤을 들 수 없다. 턱없이 덤벼서는 될 수 없다. 이 「향수鄕愁」의 귀여운 점은 자기에게 맞는 소리를 함이다. 더러 생生 되고 치기稚氣가

37 청나라 시인 조익趙翼(호는 구북甌北)의 「논시論詩」, 늙어서 노력만으로 되지 않음을 알았으니, 3할은 사람 재주고 7할은 하늘에 달렸네. (편집자 주)

있더라도 차라리 그것이 지당至當하다. 나는 이런 시인에게 원대한 기대와 희망을 하고 있다. 더욱 정진하고 대성하라. 그대와 같은 시인들이여!

제1회第一回
시조모집고선발표時調募集考選發表(一)[38]

고선考選 이병기李秉岐

우리의 독특獨特한 시형詩型인 시조時調를 사랑하고 또 그대로 지어보려고 하는 이는 만흐나 그 바른길을 얻지 못하야 방황彷徨하는 이가 만타.

이에 이번 학예부學藝部에서 제題를 '여름'이라 하야 시조時調를 널리 구求한 바 잇엇는데 이에 다수多數 응모應募하엿다. 그리하야 시조時調의 권위權威 가람 이병기李秉岐 씨氏의 고선考選과 평評을 받어 이 방면方面에 뜻 두신 분들의 도움을 드리고저 하는 바이다.

여 름

— 정문학丁文鶴

소낙비 올듯도한 훈훈한 풀 내음새
한낮 산山새들은 죽은듯이 고요한데
뫼넘어 암송아지는 게으르히 누엇다.

38 「第一回時調募集考選發表(一)」, 『東亞日報』, 1939. 8. 25.

여 름

— 이만영李晩榮

녹음綠陰 욱어진 곳에 매아미 풍류風流조타.
계곡溪谷에 흐르는 물 가락장단 치는구야.
구름도 흥에 겨운양 너훌거려 보히도다.

평언評言

– 가 람

이번 시조란時調欄을 처음으로 둔 바, 투고投稿하시는 이가 만흔 가운데 대개는 취재取材가 부정不精, 용어用語가 부당不當, 그 형形이 미비未備하다.

앞논에 벼 자라고 뒷밭에 능금이다.
날마다 할 일이오 밤마다 단잠이다.

라든가, 또는

외김치 청대공밥 풋고초 장조림에
수박 참외 승도僧桃 빙수氷水 여름 취미 제일연만

이라든가와 같이, 너무 심상尋常한 수작을 갑을장박甲乙賬薄처럼 늘어노흔 건 취재取材가 부정不精하다. 소금이 짜다 사탕이 달다 하는 것이 사실事實이지마는 이런 것이 시詩가 될 수는 없다.

노변路邊에 유영농柳影濃하니
이몸도 잠간暫間 쉬과저

라든가, 또는

깊은 곳 실낱물에 모욕하고 참새떼가
비없이 타는 여름철 더욱 목타 하여라

라던 거와 같은 건 용어用語가 부당不當하다. 노변류영농路邊柳影濃과 같은 한문투어漢文套語나 투식套式을 삼갈 것이고 모욕하는 참새떼가 '더욱 목타한다'는 건 말이 덜 되엇다.

가슴에 목이 타서 깊은 곳 실낱만한 물을 찾어와 목욕沐浴을 한다는 뜻이겟지마는 그 종장終章에 그 말을 다시 설명說明할 필요必要가 없다. 그러나 그 초장初章의,

시냇가 느촌 버들 마른 내를 비질하고

는 퍽 조핫다. 그 중장中章, 종장終章도 다 조핫더라면 가작佳作이 되엇을 것이다.

능수버들 가는 가지 스쳐가온 바람
기약없이 오마하는 위로운 소식을

이라든가, 또는

청림에서 노래하는 매아미를 본받으려노라

듣가와 같은 건 그 형形이 미비未備하다. 시詩는 각기各其 한 형形을 진히고 잇는바 시조時調로서는 초장初章, 중장中章, 종장終章의 3절三節로 한 수首가 되엇으며 각장各章의 구수句數, 자수字數가 정제整制되어 잇다.

시조時調
- 초장初章 초구初句 6자六字－9자九字, 종구終句 6자六字－9자九字
- 중장中章 초구初句 5자五字－8자八字, 종구終句 6자六字－9자九字
- 종장終章 초구初句 3자三字, 2구二句 5자五字－8자八字, 3구三句 4,5자四五字, 終句 3,4자三四字

이상以上 구수句數, 자수字數를 준準하여 지을 것이되 이런 형形에 말만 채울 것이 아니다. 흔히 초·중장初中章은 의수히 맨들어도 종장終章을 잡치는 이가 잇다. 그리고 종장終章만을 시조時調의 관혁貫革으로 알고 게만 주력注力하는 이도 잇으나 그런 건 아니다. 일반一般 시문詩文이 다 그러치마는 시조時調도 종장終章만이 어려운 것이 아니고 어렵다면 다 어렵다. 벌서 그 첫 구句를 보면 그 교졸巧拙을 짐작하겟다. 과연 어려운 줄을 아는 이는 그 조예造詣가 깊은 이다. 일자일구一字一句가 정금精金과 미옥美玉으로 되어야 한다. 그러타고 그것이 조탁彫琢으로만 되는 건 아니다. 조탁彫琢으로만은 소기小技에 떠러질 뿐이다. 해타咳唾라도 주옥珠玉으로 토吐하는 그러한 천분天分을 저기 타고난 이가 아니고는 아니 된다. 그러나 천분天分도 그만한 처지處地와 노력努力이 없이는 발휘發揮할 수 없는 줄을 몰라서는 아니 된다.

이번 「여름」의 정문학丁文鶴의 것을 세 수首 중中 한 수首만 뽑았는데 좀 무기無氣한 듯은 하나 그려도 천연天然스럽고 아담雅淡한 것이 케케한 소리가 아니면 엉뚱한 소리를 하려다가 실패失敗하는 이보다는 차라리 조타. 이만영씨李晩榮氏의 것은 읽으면 올같은 지독한 가믐, 더위도 다 잊히고 그 매미·물·구름으로 더불어 노는 듯한 느낌이 나겟다. 풍류風流·장단·흥과 같은 말을 서로 조응照應케 한 것도 또한 무심無心히 볼 건 아니다.

이러케 풍경風景을 말함도 조흐나 풍경風景을 말하면서도 그저 희황羲皇 때 사람처럼 또는 종래從來의 풍월風月처럼 답습적蹈襲的 낙천적樂天的인 것이 아니고 현대인인 우리로서 특수한 자기의 경지를 말하는 것을 보다 더 바라고 바란다.

제1회第一回
시조모집고선발표時調募集考選發表(二)[39]

이에 뜻을 두신 분들에게

무얼 조아한다고 바루 거기 천재天才가 잇는 양으로 믿을 건 아니로되 어떠튼 먼저 조아하고야 즐길 것이고 즐기고야 진취進就 내지乃至 성공成功을 할 것이다.

시조時調도 먼저 조아하고야 되겟다. 하필何必 시조時調를 조아하느냐 하면 대답은 할 수 없다. 그 까닭은 묻는 이도 무론 모르려니와 대답할 이도 또한 모르는 바이다. 이는 시조時調만 이럴 것이 아니라 어느 것이든지 다 이럴 것이다. 말하자면 이런 걸 천성天性이라고나 할 수밖에 없다.

그러치 안흐면 이런 걸 의무義務처럼 복종服從하고 준수遵守하고 시행施行할 수는 없다. 도덕道德과 법률法律은 자기自己가 조아하든 마든 이 세상世上에 사자면 의무義務로 하지 안흘 수 없으나 시조時調쯤이야 그러잘 것이 없다.

아니 하드라도 죄罪도 벌罰도 없고 잘하드라도 공功도 훈勳도 없다. 약

39 「第一回時調募集考選發表 (二)」, 『東亞日報』, 1939. 8. 29.

간若干 시비是非와 훼예毁譽는 잇드라도 나는 나대로 조아할 뿐이다.

시조時調는 팔구백八九百 년年 전부터 잇서온 조선 고유固有한 시형詩形이다. 이 시형詩形으로 하여 역대歷代의 유수有數한 작가作家도 만핫으며 전하는 작품作品도 천여 편千餘篇인 바 향가鄕歌·가사歌詞 아울러 우리 고대문학古代文學의 골수骨髓요 정화精華다.

그러나 지금 우리가 이런 걸 고려자기高麗磁器나 분원사기分院砂器처럼 모조模造를 해서는 아니 된다. 자기사기磁器砂器처럼 고가高價로 팔리는 골동骨董도 아니고 상품商品도 아니다. 전연 그와는 다른 언어예술言語藝術이다. 언어예술言語藝術이란 그 시대時代와 언어言語를 따러 창작創作이 되는 것이라 비록 그 형形은 같은 것이라도 내용內容은 개개個個히 달러야 한다. 성당시盛唐詩가 한위고시漢魏古詩의 형形을 그대로 쓴 것이지만 그보다 더 진취進就하고 극성極盛하엿다. 시조時調도 이런 의미意味로 더 살리자는 것이고 그저 그 조박糟粕만 인습因襲하자는 건 아니다.

시조時調는 자유시自由詩보다는 정형整形이면서도 다른 정형定型들처럼 자수字數가 꼭 일정一定한 것이 아니고 몇 절節 몇 구句로 말을 자유自由롭게 쓸 수가 잇다.

다만 그 종장終章의 형식形式이 까다로운 듯하나 시조형時調形의 묘미妙味는 거긔 잇다. 초장初章보다는 중장中章, 중장中章보다는 종장終章이 더 변화變化가 잇다. 일종一種 점층법漸層法으로 되엇다. 이 시형時形이 만능萬能은 될 수 없드라도 저기 서정抒情·서경敍景 같은 걸 함에는 적당適當하게 되엇다.

그러나 시조時調는 형形으로 들어 형形을 벗어야 한다. 형形에만 잡치는 것은 답답한 일이다. 그는 일생一生을 허비하고 천만千萬 수首를 지어도 딴 도리道理가 없을 것이다. 시조형時調形은 대류大類할 뿐이고 그 내용內容

을 따러 자수字數와 어조語調는 천차만별千差萬別하다. 무슨 생각을 가지고는 전후前後의 어느 장구章句를 먼저 하든지 하여 한 수首 또는 몇몇 수首를 맨들 때 저절로 그 형形을 이루게 되어야 한다. 마치 화법畵法이 능하면 화본畵本을 떠나고도 신운神韻이 생동生動한 그림을 그린 듯해야 한다. 이에 이르러서는 그 형形을 잊은 듯이 조화造化스러운 붓을 움즉이게 된다. 처음부터 그 형形을 무시無視할 건 아니다. 자유시自由詩도 또한 시형詩形이다. 어느 시詩를 짓든지 먼저 그 형形을 알어가지고 대들어야 한다.

그 형形을 모른다면 시詩의 천재天才를 가진 이라도 시詩를 지을 수 없다. 천재天才라고 아니 배우는 건 아니다. 배우되 이루기를 천성天成인 것이다. 그도 밟은 건 다 밟어가지고 나아가 이루는 것이다. 미쳐 시형詩形도 모르고는 되는대로 말만 늘어 노코 자유시自由詩라 하며 3장三章으로만 하여노코 시조時調라하는 건 구솔口窣, 소홀疎忽한 일이다. 그 일자일구一字一句, 일점일획一點一畫이라도 자세히 보고 살펴야 한다. 시詩처럼 정한 글을 함부로 해서는 될 수 없다.

남의 시詩나 몇몇 편篇 읽고 달 뜨는 마음에 자기自己도 얼른 그런 시詩를 지어 발표發表코저 하여 시詩가 아직 무엇인지도 모르고 시형詩形도 미비未備한 채 몇 편篇을 써내어 남의 비평批評이나 받으려는 건 너무 조급躁急하다. 발표發表가 어려운 것이 아니라 잘 알고 짓기가 어렵다. 잘 알고 짓자면 상당相當한 공부工夫가 없을 수 없다. 고금古今의 명시名詩들과 기타其他 문학서적文學書籍도 만히 보고 또는 실지實地의 경험經驗과 사색思索, 관조觀照, 감오感悟도 하고 그리고 습작習作, 퇴고推敲도 만히 하여 점점 심안心眼이 열리고 미립이 트기를 기다려야 한다.

하여보다가 희지부지 마는 건 도리어 싱겁다. 한번 뜻을 둔 바에는 얼마동안 꾸준히 해보아야 한다. 천재天才도 노역努力에서 난다 한다. 성취成

就를 하고 못함은 자기自己의 천품天禀, 형편形便, 노역努力 등으로 되도록 다루어 보고야 할 말이다. 그리 속단速斷할 건 아니다. 대기大器는 만성晩成하기도 한다.

제1회第一回 시조모집고선발표時調募集考選發表(三)[40]

이에 뜻을 두신 분들에게

기술技術에만 그치는 건 한 장인匠人이다. 기술技術밖에는 보잘 것이 없다. 장인匠人은 그려도 조흐려니와 시인詩人이 장인匠人 노릇을 해서는 비속卑俗에 저회低徊할 뿐이다. 우리가 김추사金秋史나 안진경顔眞卿의 서법書法을 배울 때 그 운필運筆 구자構字만 알엇다고 다 된 건 아니다. 그건 같어도 다만 속자俗姿다. 그와 같은 인품人品, 학식學識, 교양敎養이 없고는 그런 신품神品을 이룰 수 없다. 그런 걸 여기餘技, 소기小技라 함도 그들처럼 되고 할 말이되 그들은 도리어 그런 걸 일생 전력하엿다. 그 이름도 그런 것으로 더 높앗다. 과연 위대偉大한 예술가藝術家는 위대偉大한 인재人材이엇다.

採菊東籬下 悠然見南山[41]

---

40 「第一回時調募集考選發表 (三)」, 『東亞日報』, 1939. 8. 31.

41 도연명의 한시 「飮酒」의 시구. "동쪽 울타리 아래서 국화를 꺾다 보니 한가로이 남산이

이런 시구詩句는 도연명陶淵明 같은 인재人材가 아니고는 지을 수 없고

白髮三千丈 緣愁似個長[42]

이런 시구詩句는 이태백李太白 같은 인재人材가 아니고는 지을 수 없다. 이런 시구詩句들을 다만 덤덤하다고 허황虛荒하다고만 하는 이로는 더불어 말할 것도 없으며 이런 시구詩句를 흉내내는 것도 어리석은 짓이다. 추사秋史의 말에 난蘭을 구천구백구십구 분까지 그려도 아니 되고 그 남어지 일 분을 마자 돌파突破하고야 비로서 된다 하엿다. 일 분이 그러케 어려운 것이다. 공연空然히 애만 쓴다고 될 것도 아니다.

시詩를 짓는 것을 일없는 사람의 심심파적罷寂으로만 여기지 말 것이다. 장기將碁·바독과 같은 유희遊戲가 아니오, 인간人間의 기쁨과 슬픔과 그 어떠함을 말하는 지중지당至重至當한 일이다. 그러므로 고래古來 성현聖賢들도 시詩를 애중愛重하엿으며 왕후王侯로부터 항민巷民들까지라도 시詩를 읇어왓다. 어염시양魚鹽柴糧처럼 호구糊口에 긴緊튼 못하더라도 우리의 정감情感을 하소연하거나 위로함에는 이보다 더할 것이 없다. 그러나 예전이나 지금이나 시인詩人의 생애生涯는 대개 기박奇薄하엿다. 그럴 수밖에 없는 것이 시인詩人은 행세行世에 서어하고 시정市井에 어둡고 추세趨勢에 등한等閒하다. 그리고도 자부自負·자존自尊을 하고 잇다. 모처럼 제왕帝王 앞에 나아가 '부재명주기不才明主棄'라는 말이나 하여 진노震怒케 하고 일것 유가儒家에서 자랏으면서 '공구도척구진애孔丘盜跖俱塵埃'라 하여 비

들어오네." (편집자 주)

42 이백의 한시 「추포가秋浦歌」의 시구. "하얗게 센 머리털 길이가 삼천 장이나 되니, 이런저런 근심 걱정 때문에 이리도 길게 자란 듯하구나." (편집자 주)

난非難을 받는다. 이런 시인詩人들이 도저到底히 탐권낙세貪權樂歲를 하고 호화豪華히 살 리가 없다. 간난艱難과 신고辛苦와는 항상 따르되 때로 영감靈感은 일어 우리 인간人間의 대언자代言者로서 자연自然을 찬미讚美도 하는 바이다.

시詩는 그처럼 애중愛重하여도 시인詩人은 괄대恝待하엿다. 호랑이 껍질을 조아한다고 호랑이까지 조아할 리는 없다. 혹은 시인詩人들이 맹수猛獸처럼 포효咆哮하고 노려보기도 한다. 그들의 형형炯炯한 눈앞에는 너구리와 여호처럼 요두도미搖頭掉尾하기도 한다. 이러하여 찬양讚揚이나 경애敬愛보다도 증오憎惡를 하엿으며 그들을 폄貶하여 으레히 경박輕薄하다는 말을 하엿다. 정서鄭敍, 정철鄭澈도 그런 폄貶을 받엇으려니와 사령운謝靈運, 두보杜甫도 받엇다. 이런 일이 어찌 그때 그 사람들에만 그치엇으랴.

지금 시조時調에 뜻을 두신 이로도 앞앞이 자각자중自覺自重하여 한인한사閑人閑事의 음풍농월吟風弄月과 같은 문자유희文字遊戲를 버리고 모름지기 근실勤實, 진지眞摯, 열렬熱烈하라.

첫재는 경처敬處하자. 옛날 작가作家에는 이런 태도態度가 적다. 글이라면 우리말 글과 같은 건 넘보고 업수히 여기고 정말 정성精誠스러이 하자는 것보다 조흥助興 혹은 파적罷寂으로 하던 것이다. 그때 한시문漢詩文처럼 공정工程을 들엿더라도 굉장히 발달發達되엇을 것이다. 그런 태도態度부터 고치지 안코는 될 수 없겟다. 나의 생명生命처럼 여길 그것을 어찌 자모自侮, 자폭自暴하랴.

둘째는 문자유희文字遊戲를 말자. 경건敬虔치 안흔 태도態度로는 자연 유희遊戲가 되기 쉽다. 재담才談, 해학諧謔, 음담淫談, 패설悖說과 같은 것은 다 문ㅅ자文字 유희遊戲다. 그것이 저속추졸低俗稚拙한 취미趣味는 없지 안흐나 시詩의 정로正路는 그 때문에 유린蹂躪이 된다.

보리뿌리 맥근맥근麥根麥根
오동열매 동실동실桐實桐實
새세마리 조삼조삼鳥三鳥三
고기일곱 어칠어칠魚七魚七

이런 게 어찌 시詩가 되랴. 한 재담才談에 불과不過하다.

셋째는 고전풍정古典風情을 쓰지 말자. 의사意思가 우연偶然히 가치 되는 건 말할 것 없지마는, 고의故意로 옛날 노래나 한시문漢詩文 같은 데서 얻은 기억으로 짓는 수가 잇으니, 이는 꼭 고대로 안코 예서제서 도막도막이 따다 종합綜合하여 노핫다더라도 창작創作은 아니다. 그는 진부陳腐한 것이오, 신통할 것이 없다.

창窓 앞의 늙은 매화梅花 암향暗香이 움즉인다.

일간一竿을 드리우고 백구白鷗로 벗을 삼다.

이는 '암향부동暗香浮動'이라든가 '백구위반白鷗爲伴'이라는 고시문古詩文 부치를 적취摘取한 것이다. 애를 써도 효과効果가 없는 것이다.

넷째는 한문투어漢文套語를 쓰지 말자. 한문투어를 쓰는 건 두 가지 이유理由가 잇으니 하나는 우리말을 찾지 못해서 그런 것이고 또 하나는 그것을 조히 여기는 것이다. 그러나 그는 새로운 맛이 없다. 항용 쓰던 청풍淸風, 명월明月, 청산녹수靑山綠水, 계변수류溪邊垂柳, 일성어적一聲漁笛, 공산낙엽空山落葉과 같은 그러한 문자文字들은 실증이 난다. 우리말을 찾어 쓰기 어렵다고 그만한 수고도 들이지 안는다는 건 호화로운 수작이다.

비록 한문漢文을 써서 건아健雅, 장중莊重하게 맨든대도 탐탁한 건 없다. 우리말을 가지고도 못할 말이 없다. 한문漢文으로도 어느 명사名詞로 된 것만은 아주 우리말로 쓰이는 것이니 그런 건 당연當然하다.

제1회第一回 시조모집고선발표時調募集考選發表(四)[43]

이에 뜻을 두신 분들에게

다섯째는 모방模倣을 말자. 여전 시조時調가 조하도 그건 그것으로 조흘 뿐이지 그걸 모작摸作해서는 조흘 것이 없다. 어느 시詩든지 독창獨創이 잇다. 그것이 생명生命이다. 그 생명生命은 그 하나뿐이다. 조화造花는 장식裝飾으로는 쓰지마는 모작模作은 소용所用없다. 애초부텀 이런 버릇을 지을 것이 아니다. 즉 제소리를 하자는 것이다. 되던 못 되던 제소리가 조타.

이 근래近來 자유시自由詩는 우리가 아직 설기 때문에 신기新奇한 것 같으나 시조時調는 너무 묵고 익엇으므로 우에 말한 다섯 가지와 같은 걸 우선 염두念頭에 두지 안코는 현대적現代的인 참신嶄新한 것이 될 수 없다. 지금 우리는 이런 생각을 가지고 비상非常히 노력努力하지 안흐면 아니 된다. 다만 그 형形만 취取하여 쓸 따름이오. 그 나머지는 모두 자기自己가 창작創作을 하여야할 것이다.

43 「第一回時調募集考選發表 (四)」, 『동아일보』, 1939. 9. 1.

月到東窓知澹泊

이는 나의 어렷을 때 자字모듬을 한 것이다. 어느 가을날 저녁 어슬어슬 어두어질 때 영창映窓을 닫고 가만히 앉어 글 생각을 하는데 달이 마츰 떠오르며 영창映窓살이 훤해진다. 나는 이걸 보고 퍽 기뻐하며 그 훤하다는 말로 한자漢字로는 어떠케 쓰겟느냐고 훈장訓長에게 물은즉 담박澹泊이라고 하여 이런 칠언七言 한 짝을 얻엇다. 그때는 처음 자字모듬으로 한 구句를 지엇다는 것이 장하다 하엿슬 뿐이엇으되 지금 생각하면 창작創作이란 또한 그런 것이다.

그때 어두운 방에 가만히 영창映窓을 대하고 앉엇다. 달이 떠오르며 훤하여지는 영창映窓을 보고 기뻐할 때 벌서 창작創作이 된 것이다. 달은 미처 못 보앗으나 훤한 그 빛을 보고 달이 떠오르는 빛으로 알고 그 빛으로 인하여 어둡던 영창映窓도 훤하여진 줄 안 것이다. 그 묘미妙味는 '지담박知澹泊' 3자三字에 잇는 것이다. 무슨 느낌이 잇어야 한다. 사물事物을 접촉接觸할 때 느낌이 없으면 시詩는 지을 수 없다. 풍전風癲, 백치白痴가 시詩를 지엇다는 말은 듣지 못하엿다. 느끼더라도 남들이 보통 느낄 수 없는 것까지 느끼는 것이 시인詩人이다.

琳宮擊磬破 天色淨琉璃[44]

"절집서 경쇠를 치고 난 뒤, 하늘빛이 유리琉璃보다 맑엇다." 이 소리를 시인詩人이 아니면 못할 것이다. 어느 사람으로는 경쇠를 친 뒤 하늘빛이

44 정지상의 제무량사題無量寺의 시구. "불사에서 설법을 파하니 하늘빛이 유리처럼 깨끗하네. (편집자 주)

어떤지를 감촉感觸하지 못할 것이다. 감촉感觸한대도 '유리琉璃보다 맑엇다'까지는 밎이지 못할 것이다. 또는 여느 사람으로는 보아도 못 보고 들어도 못 듣는 것이라도 시인詩人은 보고 듣고 한다.

> 池塘生春草 園柳變鳴禽[45]

이와 같은 건 여러 사람이 다 보고 들엇겟지마는 유독唯獨 시인詩人의 눈에만 뜨이고 귀에만 들린 것이다.

이와 같이 보고 듣고 감촉感觸한 것도 별양없이 공연空然히 생각만 하여 철언哲言·격언格言처럼 맨들면 이지적理智的이 되고 감정感情은 희박稀薄할 것이다.

이런 것은 시詩로서는 변변치 못하게 된다. 시詩가 이승理勝해서는 파破다.

이론理論이 되어서는 아니다.

> 남이 해害할지라도 나는 아니 겨룰 것이
> 참으면 덕德이오. 겨르면 같으려니
> 굽음이 제게 잇거니 겨를 줄이 잇으랴.

이따위는 한 교훈敎訓이오, 시詩는 아니다. 만약萬若 이런 걸 다 시詩라 하면 논어論語나 성경聖經은 이보다 더 훌륭한 시詩일 것이다.

시조時調를 질 때, 자기自己의 진정실감眞情實感에서 가장 울어나는 것을

45 사령운謝靈運의 「등지상루登池上樓」의 시구. "봄풀은 파릇파릇 돋아나고 정원의 버드나무는 새들이 모여들어 지저귀고 있다." (편집자 주)

가지고 구句와 장章을 마련하여 한 수首를 이루되 아무 말이나 함부로 쓸 것이 아니라 그중中 골르고 골라 한 구절句節로도 한 의미意味를 가지게 하여 서로 연락連絡이 되고 조응照應이 되고 드디여 통일統一이 되게 하여야 한다. 그리고 다시 두고 보고 고치어야 한다.

서울의 겨울밤은 더구나 쓸쓸하다.

라는 구句를 다시 고치어

밤에도 겨울밤은 더구나 쓸쓸하다.

하면 더 나은 것이다. 시詩는 언어경제言語經濟라는 말도 잇거니와 시조時調와 같은 단형시短形詩는 말을 되도록 절약節約하여 써야 한다. 말을 절약節約할 줄 안다면 그는 벌서 미립이 난 이다. 한 수首도 못 될 내용內容을 가지고 십수十首, 백수百首로 늘어 놋는 이가 잇다. 그러케 지필紙筆만 허비할 것이 없다.

우선 생각나는 대로 이런 말을 적어 여러분에게 들이며 앞으로 더욱 괄목刮目할 만한 작품作品을 만히 보내시기를 기다린다.

제2회第二回 모집募集 시조모집고선후時調募集考選後 상上[46]

2회二回는 1회一回보담 질質과 양量이 괄목刮目할 만큼 늘엇다. 점점 여기 관심關心과 성의誠意를 두시는 분이 만하짐을 나는 퍽 반가워한다.

소슬蕭瑟한 금풍金風이 불어오며 나무닢이 하나씩 둘씩 뚝뚝 떠러짐을 보고 우리는 저으기 느낌이 없을 수 없다. 혹은 무상無常하다 혹은 비애悲哀롭다. 혹은 자미滋味스럽다 하고는 그 느낌을 그저 버리지 안코 남달리 아려雅麗, 풍미豊美하게 말하자는 것이 한 서경敍景의 시詩다.

그러나 그 서경敍景의 관점觀點은 다 달러야 한다. 갑甲의 것이나 을乙의 것이 꼭 갈다면 속俗될 뿐이오. 시詩로서는 귀할 것이 없다. 고래古來 시인詩人들의 낙엽시落葉詩를 보라. 이백李白은 이백李白이오. 두보杜甫는 두보杜甫다. 만약 이두李杜의 여타餘唾를 주어가지고 되풀이 하는 이가 잇다면 그는 한 속인俗人이오 시인詩人은 아닐 것이다.

관점觀點이 달러도 너무 비열卑劣해서는 아니 된다. 비열卑劣은 치졸稚拙만도 못하다. 치졸稚拙은 오히려 늦이나 잇으려니와 비열卑劣은 그것도 없다. 어린이 시詩가 늙은이 시詩보다도 조흔 건이 치졸稚拙과 비열卑劣의 차이差異가 잇기 쉬운 까닭이다.

---

46 「第二回詩調募集考選後 (上)」, 『동아일보』, 1939. 11. 16.

비록 비열卑劣은 아니더라도 너무 담담淡淡해서도 될 수 없다. 물에 물 탄 듯, 아무 맺힌 곳이 없는 시詩를 물 쥐어먹듯 몇천千 편篇을 지엇다더라도 그는 다 무력無力, 무기無氣, 무미無味할 뿐이다. 그는 마치 사람으로 이르면 허여멀금한 무능無能, 종선從善한 이와 같다. 한 모를 잡어 취取할 곳이 없다. 이것을 흔히 충담冲淡, 고아古雅와 혼동混同하기 쉬우나 충담冲淡, 고아古雅는 여간 고상高尙, 노련老鍊한 시재詩才가 아니고는 될 수 없다. 품品이 퍽 높다드라도 아부나 비양을 내어 따를 것이 아니다.

그리고 시詩는 쓰기 전에 생각이 잇어야 한다. 생각도 잇지 못하여 벌서 붓방아를 찌코 잇는 이는 너무 조급躁急한 일이다. 조급한 데는 탈이 난다. 길던 짜르던 그 성숙成熟되는 동안이 잇다. 그동안을 앞당기어 하자는 건 무리無理다. 날로 보고 싶은 귀한 옥동자玉童子라도 2, 3삭二三朔만에 낙태落胎를 하여서는 해산解産한 보람이 없다. 코도 귀도 생길라다 말고 미처 인형人形을 이루지 못 하엿을 것이다. 아닌 게 아니라 이번 시조時調에도 미처 형形도 가추지 못한 것이 없지 안타. 이게 다 조급한 소치所致다. 경주競走가 아닌 바에 그리 조급히 서들 필요必要가 없다. 차근차근히 두고두고 마련을 하여 그 내용內容이 저기 형성形成되기를 기다려 비로소 붓을 들어야 하리라. 그리고 다 써 노코도 다시 더할 나위 없이 퇴고推敲를 하여야 하리라. 당唐의 시인詩人에는 일자사一字師가 잇엇고 미국米國 시인詩人 앨란·포오의 시詩에는 콤마 점點 하난가 밖에 틀리 것이 없다 한다.

"제第가 어릴 때부터 바다에 산호珊瑚 캐는 이의 말을 들으면 반듯이 먼저 그 바다에 산호가 잇는 것을 꼭 믿고 미리 철망鐵網을 그 밑에 당거 두고 몇 해를 지내어 산호의 새 가지가 점점 자라 철망을 뀌뚤코 나온 뒤를 기다려 여러 사람을 모여 힘을 다하야 철망을 끄내면 산호가 드디어 다 들린다 하외다. 당唐의 율시律詩 일一, 이二도 정히 이와 같으외다. 대체 한 제재題材를 맞나면 그 크고 작음을 물론하고 그는 다 바다와 같으외다. 먼저 익히 보고 어떠케 기구起句를 할가 함은 바다의 산호가 잇는 것을 꼭 밑음과 같고 인하여 박대博大, 정심精深한 생각으로 철망을 맨들어 곧 제재題材 가운데에 들어 실컨 주저躊躇함은 바다에 몇 해를 당거둠과 같고 이미 그 조리條理를 얻은 뒤 대번 붓을 들어 쓰는 것은 여러 사람을 모여 힘을 다하여 철망을 끄내는 것과 같고 써 가지고 자리 우에 던지면 그 사방四方에 앉엇던 사람들이 읽고 모두 탁연卓然히 놀래는 것은 산호가 바다에 나와 빛나는 것과 같으외다."

이는 유명有名한 김성탄金聖嘆이가 웅소파熊素波에게 준 편지다. 과연 시詩를 짓는 것이 그와 같은 것이다. '낙엽落葉'이라는 제재題材를 한 바다로 삼고 얼맛 동안 철망과 같은 생각을 잠겨두엇다 마츰내 산호와 같은 시詩를 들어내야 한다. 산호가 가지도 벌지 아녀서 그물을 끄내고 보면 도저到底히 산호는 얻을 수 없으리라.

제2회第二回 모집募集 시조모집고선후時調募集考選後 하下[47]

그와 같이 산호珊瑚의 응어리를 다 끄낸 것은 아니드라도 몇 가닥 가지라도 얻은 것으로 볼 수 있는 노래들은 이미 본지本紙에 발표發表한 것과 같다.

하보何步는 그 말슴 같이 애조哀調는 퇴락頹落을 의미意味한 것이라 삼가신 만큼 전편全篇의 어조語調가 건아健雅, 수려秀麗하다. 그 울밀鬱密, 풍성豊盛하든 닢들을 벗은 나무숲과도 같이 취재取材의 솜씨도 간결簡潔하려니와 "된바람 골로 내려 찬서리 자즐어 지고"와 같은 건 성향聲響이 그 신운神韻을 생동生動케 하고 "한밤에 절깐엣 중이 홀로 앉어 듣는다"와 같은 건 한산시寒山詩의 한 경지와 임번任翻의 건자산시巾子山詩와도 비길만하다. 그 고적孤寂, 청정淸淨함은 한 선정禪定이오 선관禪觀이다.

이호우爾豪愚 씨氏의 것은 퍽 측은惻隱, 심통沈痛하다. 그러나 그 퇴락頹落하는 굴헝에 더저 진부陳腐 점멸漸滅함에 그치지 안코 보다 더 군센 힘을 길러 거룩한 갱생更生을 의미意味하엿다. 비록 단형短形일망정 함축含蓄된 뜻은 크고 깊고 지극히 간절하다.

이봉희李鳳姬 씨氏의 것은 말이 생된 듯하면서도 진실하고 차근하다.

---

47 「第二回詩調募集考選後 (下)」, 『동아일보』, 1939. 11. 18.

야죽거리고 익달한 말보다 차라리 이런 것이 조타. 이는 수띠고 어리숙한 맛이 잇기 때문이다. 너무 다라진 것은 저속低俗, 천부淺薄할 뿐이오. 아무 보잘 것이 없다. 그러므로 도시都市 사람의 화려華麗한 말보다도 농촌農村 사람의 소박素朴한 말을 더 고지듣게 되는 것이다. 시가詩歌 가운대에도 목가牧歌와 같은 건 이런 점으로 애송愛誦을 하는 것이다. 이런 말법을 가지고 자기自己의 정경情景 — 낙엽落葉과의 애처로운 마음을 하소연한 것이 엄벙하고 날치는 수작을 하는 따위와는 견주어 말할 것이 아니다.

독각생獨脚生은 호號부터도 그러하지마는 시상詩想도 좀 야릇하다. 만흘 수 없겟다 하기는 하되 평범平凡한 소리를 항시 한 타령으로 하는 이와는 탁연卓然하다. 남보다 달리 생각을 하려는 그것이 벌서 창작創作의 미립을 얻은 것이다.

오신혜吳信惠 씨氏는 그 엄숙嚴肅하고도 자애慈愛로운, 격렬激烈하고도 진지眞摯한 정으로 이 낙엽落葉의 선율旋律을 그렷다. 과연 그 애끌른 곡曲은 낙엽落葉의 한 명곡名曲이 되겟다.

김상옥金相沃 씨氏는 하잔흔 생각을 가지고 그럴 상하게 맨들엇다. 이른바 기교技巧한 것은 이런 걸 두고 이름이 아닌가 하며 구슬을 꿰어 노흔 듯한 고운 그 말씨는 탄상嘆賞하는 바이되 시詩는 명의命意를 제일第一로, 조어措語를 제이第二로 삼어야 한다. 가화假花가 비록 찬란燦爛하여도 게서 진적眞的한 향기香氣는 맡을 수 없다. 가화假花와 같은 시詩는 한 죽은 시詩에 불과不過하다.

이 외에도 가작佳作이 적지 안흐나 이번에는 이상以上과 같이 말함에 그치고 나의 바라는 건 시조時調들을 지으실 때 초·중·종初中終 삼장三章의 각기各其 자수字數를 주의注意하고 또는 시조時調의 창唱과 작作을 구분하여 작作은 작作만으로 진전進展하자는 바이다. 문학文學이 즉 음악音樂이 아닌 바 그 창법唱法을 꼭 맞후어 지을 것이 아니다. 정말 창법唱法도 발달發達이 된다면 그 작作을 따러 달러야 할 것이다. 시조時調는 정형整形이면서도 창법唱法과 같이 일정一定한 것이 아니고 편편장구篇篇章句마다 변화變化가 잇는 것이다.

금반今般 제2회第二回 시조모집時調募集에 당선當選하신 여섯 분은 미안未安하오나 주소住所와 씨명氏名(아호雅號 급及 본명本名)을 본사本社 학예부學藝部로 직시直時 통지通知해주시기 바라나이다

— 학예부 學藝部 백白

응모시조應募時調 「새벽」 고선개평考選槪評 상上[48]

점점 새로 투고投稿하시는 분이 만흠은 실로 기뻐할 바이로되 투고投稿하시는 여러분이 아직 시조時調에 대한 이해理解와 공정工程이 만치 못함을 섭섭히 아니 여길 수 없다.

당선當選의 영예榮譽를 얻기보다도 자기自己의 표현表現과 실력實力이 어떠함을 시험試驗하여 보자는 것인 즉 미리 자모듬과 같은 습작習作일랑 암만이라도 하야 휴지休紙로 싸허두고 그 중 저기 된 듯한 것을 골라 보내고 보내는 족족 당선當選이 비록 못 되드라도 포기暴棄나 저궐躇蹶치 말고 기어期於히 그 소망所望을 이루도록 꾸준한 노력努力을 하여야 한다. 노력努力이 없이는 그 천품天品도 발휘發揮될 수 없다. 시작은 부지런히 하다가 히지부지 만다면 가엾은 일이다. 노력努力을 한다고 반드시 다 되는 것도 아니나 자기가 닦을 건 닦어 노코 그 되기를 바라야 한다. 닦지도 안코 그 되기를 바라는 건 될 수 없다. 이걸 한 잡기雜技나 유희遊戲로 돌리고 진지眞摯한 뜻을 두지 안는 그런 이와는 애초 더불어 말할 것도 없다.

이번 모집募集된 것을 숨길 것 없이 말하면 어느 것은 2구二句 3구三句, 또는 4행四行 내지乃至 10여행十餘行으로서 시조時調도 신시新詩도 아닌 알

48 「應募時調「새벽」考選槪評 (上)」, 『동아일보』, 1940. 3. 1.

수 없는 걸 나열羅列하기도 하고, 어느 것은 어느 자수字數에만 채우기도 하고 또 어느 건 고시조古時調나 한시문漢詩文의 진부陳腐한 투어套語를 가지고 맞추어 노키도 하엿다. 이런 건 그 형形에 당한 주의注意와 고찰考察이 주밀周密치 못하고 또는 자기自己의 진실眞實, 악신嶽新, 기발奇拔한 느낌이 풍족豊足지 못하달 수밖에 없다. 우리가 일상사물日常事物의 접촉接觸, 충동衝動, 자극刺戟을 받고 누구나 없을 수 없는 그 느낌을 표현表現하자는 건 다른 자기自己의 독특獨特한 것이라야겟다. 만약萬若 그러치 안흐면 표현表現하엿다 한들 표현表現한 보람이 없을 것이다.

> 군계파미몽群鷄破迷夢하고 고종청번뇌孤鍾淸煩惱로다.
> 쇄락灑落한 정신精神으로 온갖 일 시작 되네.
> 아모도 이 세계世界는 근자勤者의 왕국王國인가.

하는 건 너무 한문투식漢文套式으로 되엇다. 이럴라면 차라리 한시漢詩로 짓는 것이 어떨가? 시조時調는 우리 고유固有한 문학文學으로 말글을 잘 쓰자는 것이다.

한문漢文이 역사적歷史的 깊은 인연因緣이 잇어왓다드라도 지금 이런 글에 그냥 그걸 인습因襲하여 쓸 건 아니다.

> 계명성鷄鳴聲에 깊이 든 잠 깨여나니 새벽이다.
> 우주宇宙는 적막寂寞한데 일편잔월一片殘月 히미하네.
> 동자童子야 안장 지여라 말 타려고 하노라.

하는 것도 어느 한시漢詩와 같으며 새로운 느낌을 주지 못한다. "계명모

점월마답판교상鷄鳴茅店月 馬踏板橋霜"의 그 일면一面을 연상聯想케 한다. 원시原詩는 훌륭한 창작創作이라도 이건 그러케는 보이지 안는다.

먼동이 틀 때까지 쉬실 생각 안흐시고
어머니가 밤새도록 지은 옷은 몇 가진고
누의가 잠깨여 일어나면 남 다 준다 또 울리라.

하는 건 '먼동이 틀 때까지'라 하고 그다음에 또 '밤새도록'이라 함이 중첩重疊된 말이되 철모르는 누의가 잠을 깨여 밤새도록 그 어머니가 지은 옷을 남 다 준다고 울리라는 것이 퍽 가난한 살림의 잔 사정을 잘 말한 것이다.

응모시조應募時調 「새벽」 고선개평考選槪評 하下[49]

문구文句만 잘 맨들엇드라면 조흘 번하엿다.

처마 끝 환히 밝자 농계農鷄 더욱 잦우는데
일 새벽 일어나서 내 무엇을 할거이나.
뛰여서 뒷뫼에 올라 봄소식消息을 들으리.

하는 건 종장終章의 "뛰여서 뒷메에 올라 봄소식消息을 들으리"도 말이 타당妥當치 못하거니와 초장初章의 '잦우는데'라든지 중장中章의 '일새벽'이라든지는 무단히 7·8七八, 8·7七八의 자수字數를 맞후노라고 애를 쓴 흔적痕迹을 보이고 잇다. 자수字數는 여러 가지로 쓸 수 잇으니 그런 수고는 할 것이 없다.

산사山寺에 종鍾이 나고 먼 데 개도 우짖인다.
동창東窓에 비친 달이 서창西窓으로 기웟으라.
먼대 님 오시렴인가 까치소리 요란타.

49 「應募時調「새벽」 考選槪評 (下)」, 『동아일보』, 1940. 3. 3.

하는 건 '산사山寺에 종鍾이 나고'는 '종鍾이 울고'라는 것이 조코, 초장初章의 '먼데 개도'의 '먼데'는 없이고 그냥 '개들은 우짖인다' 해도 조흐며, 그리고 까치소리를 들으며 님이 오실가 하는 마디가 잇기 때문에 한뜻을 이루긴 하엿으나 좀 약弱하다.

> 나날이 팅겨 봐도 반향反響없는 이내 심금心琴
> 하얀 새벽달이 집웅 넘어 창窓에 드니
> 녹슬은 내 심금心琴 우에 손이 한번 더가네.

하는 건 그 답답한 자기自己의 심경心境을 그려 내려 하엿으나, 말이 너무 기교技巧편으로 흘럿다.

그리고 이번에 뽑힌 이호우爾豪愚 씨氏는 지난 가을 「낙엽落葉」처럼 이 「새벽」도 역시亦是 침울沈鬱하다. 그러나 그 속에는 남들이 미처 못 보는 서광曙光을 홀로 먼저 보고 맞고 잇다. 말은 퍽 곰상스럽게 아껴 썻으되 틀에는 낀 것 같이 안코 늘일 데는 늘이고 줄일 데는 줄이어 일종一種 독특獨特한 법을 가젓다. 그 재분才分도 재분才分이려니와 그만한 공정工程을 바치지 안코는 이러케 될 수 없겟다.

연운실인淵雲室人은 언제든지 그 진지眞摯한 태도態度가 조타. 그의 새벽은 식어지는 방구들에 자는 아이와 남편을 위하야 군불을 짚이려는 심상尋常한 일이지마는 그런 걸 가지고도 현모양처賢母良妻의 알뜰한 그 정열情熱이 그 지피려는 군불보다도 더 뜨겁게 끌코 잇는 것이 과연 놀랍다. 그리고 이미 나가 불을 지폇다는 것보다 지피려고 옷을 '주섬주섬 입엇소' 하는 곳이 더욱 그런 정열情熱을 강强하게 하고 시詩를 이루게 하엿다.

정문학丁文鶴 씨氏의 「새벽」은 마을의 밤을 밝히는 박꽃과 같다. 어찌 보면 명쾌明快하기도 하고 어찌 보면 암담暗澹하기도 하다.

이백조李白鳥 씨氏는 한 풍속도風俗圖를 그렷다. 고박古朴한 풍속風俗인 만큼 그리는 그 선線이 탄력彈力은 적어도 주경遒勁은 하다. 그러나 그 붓 끝은 무드러지지 말고 좀더 날카롭기를 바란다.

안경석安炅奭 씨氏는 굳센 의식意識과 무한無限한 희망希望으로 그 새벽을 맞는다. 그 곁의 물렛소리며 닭의 소리가 다 그걸 재촉하여 주는 것이다.

이것이 슬픈 어제를 지내 보내고 기뿔 오날이 올 것을 믿고 살게 하는 우리의 새벽이다.

그러나 첫 번 활을 쏘아 마추엇다고 자긍自矜할 건 아니다. 명궁名弓처럼 잘 쏘아 마춘 것이 아니고 우연偶然히 마춘 것이다. 명궁名弓이라고 번번히 맞추는 건 아니드라도 그 화살이 아무 데나 종작없이 떨어지지 안코 그 관혁貫革 곁으로 가는 것이다. 시조時調도 그와 같은 경지에 이르자면 이 당선當選으로만 흡족洽足할 것이 아니다.

시조선후時調選後[50]

가 람

무엇이던 실지實地 자기自己가 해 보는 것과 해 보도 않고 말로만 하는 것과는 판연 다르다. 아직 자기自己가 아니 해 볼 때에는 "내가 그까진 걸 못 할라구." 하다가도 정말 대들어 해 보면 말과 같이 쉬운 것이 아니다. 쉽게 여기던 것을 차차 어렵게 생각할수록 그는 그 조예造詣가 깊어가는 줄로 믿어도 좋다.

자기自己의 습작習作을 처음 남 앞에 내놓을 때에는 흔히 자신自信을 가지지 못하고 남의 칭찬여부稱讚與否만 기다리고 있다. 그 칭찬稱讚이 비록 그릇친 것이라도 참으로 알고 무한無限히 기뻐하기도 한다. 그러다가 조금 눈이 밝아지고 솜씨가 익어지면 그만한 자신自信도 생기게 되어 남의 찬부贊否를 받지 않고도 스스로 짐작하는 바 그냥 그것으로 굳어버리고 보면 겨우 정와井蛙가 되고 만다. 그렇지 않고 나아가자면 과연 한정限定이 없다. 동성東城 같은 문인文人으로도 '嗟吾久閱筆, 難得紙尾翳'라 하던 것이 이런 경계를 말함이었다.

다만 염廉이나 보고 운韻이나 달아 율시律詩 한 수首쯤 얽을 줄 알고는

50 「時調選後」, 『文章』 2권 4호, 1940. 4.

자기自己도 이두李杜에 못지 않은 양하는 것은 자기自己가 이두李杜를 알기는커녕 자기自己를 모르는 까닭이다. 사람의 바디는 인공人工으로 맨들어지는 것이 아니다. 본시 타고나야 하는 것이다. 십근十斤, 백근百斤, 천근千斤, 만근萬斤, 몇만근萬斤 — 이 모양으로 다 다를 것이다. 십근시인十斤詩人이 암만 한대도 백근시인百斤詩人은 못 될 것이다. 그러나 십근시인十斤詩人도 시인詩人은 시인詩人이다. 저의 근량斤量에 맞은 소리를 맞게 하면 그만이다. 천만근량千萬斤量을 타고났드라도 십근十斤어치 소리도 못한다면 그는 영영永永 시인詩人이 못 될 것이다. 더구나 십근十斤쯤 되는 이가 천만근千萬斤어치 소리를 하겠다고 덤비는 건 별을 따기와 같은 일이다.

투고投稿를 보면 풍작豊作 같아도 흉작凶作이다. 추리고 본즉 푸석한 집푸라기 뿐이고 옥玉 같은 톡톡 여문 낟알은 귀하다. 우로雨露가 고르지 못한 탓도 있으려니와 작인作人의 잘못에도 있다. 남작濫作보다 노작勞作, 역작力作을 아니 했다.

장응두씨張應斗氏는 그중中 정진精進하시는 작가作家다. 몇 번 동아일보東亞日報에서도 그 원고原稿를 보았지마는 정성精誠스러운 그 뜻으로 일자일구一字一句라도 범연泛然히 하들 아니한다. 한 번 투고投稿하신 후에는 엽서葉書 혹은 봉서封書로 다시 추고推稿함을 알린다. 그 묘리妙理와 책임責任을 그렇게 깨다른 것만으로도 벌써 남다른 것이다. 그런 지성至誠으로는 와력瓦礫 속에서도 금옥金玉을 투겨내기 어렵지 않을 것이다.

「한야보寒夜譜」는 읽으면 몸에 소름이 칠 것 같다. 가득 쌓인 눈으로 몹시 부는 그 밤의 바람 소리에 귀가 솔 것 같다. 그래도 옷깃을 자조 여미고 오또기 앉은 그의 마음만은 정히 냉정冷靜하다. 그런 바람은 고사하고 천지가 다 움즉여도 꼼짝 않을 그 마음이었다. 그런 소란騷亂한 순간瞬間보다 영원永遠한 우주宇宙와 트고 있는 그 마음이었다. 그런 바람에

초조焦燥한 생활生活을 않을 수 없는 우리로도 이 시詩를 차근히 재삼再三 읽어보면 유연悠然한 안정감安定感을 얻을 수 있겠다. 이는 과연 우리 인생人生을 위한 시詩다. '고목정정古木亭亭', '백설애애白雪皚皚'와 같은 한문어漢文語는 썼을망정 전편全篇의 어세語勢가 퍽 긴장緊張하여 일종一種 영기靈氣를 활발活潑히 띠었다. 장쾌壯快한 시풍詩風이다.

시조선후時調選後[51]

가 람

공정工程이 어느 정도程度만큼 이르고 보면 그 됨됨이를 스스로 짐작할 수 있다. 자신自信도 하고 자중自重도 할 수 있다. 그러나 그때부터는 한결 더 책임責任이 무겁게 된다. 사우師友보다 비평가批評家보다 저의 양심良心이 더 무서워한다.

조남령曺南嶺 군君은 이런 정도程度에 이르고 있다. 그의 수십 년 노력努力이 이에 겨우 발암發闇되었다. 스스로 한 독특獨特한 경지境地를 열었다. 그 앞은 아직도 양양洋洋하다. 나는 그를 찬양讚揚하기보다 더 큰 기대期待와 희망希望을 하는 터이다.

그의 「봄」은 그 말과 같이 추억追憶의 편편片片이다. 편편片片이면서 전후前後, 연락連絡, 조응照應이 되어 「봄」이라는 한 생각의 덩어리를 이루었다. 이는 연작법連作法을 쓴 것이다. 그 리슴도 퍽 자연自然, 자유自由스럽다. 신신新新한 현대시現代詩인 그것이다. 이런 점이 고조古調와는 판연 다른 것이다. 연작법連作法과 같은 건 고대古代에는 비록 없었다드라도 마땅히 쓸 수 있고 그 구조句調 같은 것도 암만이라도 달리 쓸 수 있다. 고대古代 민요民謠에는 4·4조四四調의 8자구八字句를 만히 쓰고 시조時調에는 3·4

51 「時調選後」, 『文章』 2권 5호, 1940. 5.

조三四調의 7자구七字句를 많이 씀을 보드라도 시조時調가 민요民謠보다는 더 변화變化된 구조句調를 쓴 것이고 또는 한 생각을 한 수首에 다 담을 수 없는 경우에는 몇몇 수首에 더 분배分排하는 것이 자연自然한 이세理勢다. 어느 한 전형典型만 존숭尊崇하고 고수固守하자는 건 한 맹종盲從이오 집착執着일 뿐이로다. 이런 걸 해속駭俗하다고 타박하는 이는 더불어 말할 수 없다. 추사秋史의 서체書體가 전고前古에 없다 하드라도 명필名筆이 아닌 건 아니고, 연암燕岩의 문체文體가 고문古文과는 다르드라도 '문장文章'이 아닌 건 아니고, 두보杜甫가 신시新詩를 짓는다고 그때 사람들에게 악평惡評을 받었다드라도 시성詩聖이 아닌 건 아니다. 도리어 그 해속該俗한 점이 비범非凡, 탁월卓越한 것이다.

그의 생각이 퍽 순수純粹하고 진실眞實하다. 순진純眞한 표현表現이란 응당 이러할 것이다. 과연 진실眞實은 예술藝術에도 없지 못할 것이다. 미美도 참된 미美라야 한다. 아무리 자연自然을 사랑한다 하거나 인생人生을 위한다 하고 주옥珠玉같은 말을 늘어놓드라도 거긔 진실眞實이 없으면 보잘 것이 없다. 정말 자기自己로서의 줏대와 정견定見이 없고 풍성학려風聲鶴唳나 조삼모사朝三暮四와 같은 수작을 하는 건 뇌동雷同, 미혹迷惑에 불과不過하고 진실眞實한 자아自我는 아니다. 시詩는 진실眞實한 자아自我를 표현表現함이다. 자연自然이든 인도人道이든 그는 다 임의任意로 쓸 수 있다. 태백太白 같은 이도 풍월風月만 농음弄吟한 것이 아니고 역시亦是 우국우민憂國憂民을 한 것이다. 사람의 감정感情이란 다 질르는 대로 움즉이는 것이라 기계器械처럼 소용所用된 건 아니다. 그러므로 시인詩人은 어느 구속拘束을 받지 않고 진실眞實한 자아自我로 살려 한다.

나는 이러한 뜻으로 시조時調를 위하여 조군曺君과 같은 진실眞實한 시인詩人이 만히 나오기를 바란다.

시조선후時調選後[52]

가 람

추강秋江 밝은 달에 일엽주一葉舟 혼자 저어
낙대를 떨쳐 드니 잠든 백구白鷗 다놀란다.
어대서 일성一聲 어적漁笛은 조차 흥을 돕나니.

소선小船에 그믈 싫을제 주준酒樽 행혀 잊을세라.
동령東嶺에 달 돋았다 어서 배를 띄어스라.
아희야 잔盞 자로 부어라 이백李白 본 듯하여라.

소선蘇仙 칠월七月 이달이오 적벽赤壁 강월江月 이달이라.
달은 그 달이나 그 사람 어대 간고.
두어라 이달 두고 감은 날 위한가 하노라.

이상以上은 옛날 사람의 달밤을 읊은 것이다. 으레히 강이면 백구白鷗, 어적漁笛, 흥興, 주준酒樽, 잔盞, 이백李白, 소선蘇仙 등을 썼다. 정말 그 밤, 그 강江에 백구白鷗, 어적漁笛, 주준酒樽이 있었는지도 모르겠다. 자기自己

52 「時調選後」, 『文章』 2권 5호, 1940. 5.

의 독특獨特한 느낌과 용어用語를 쓰지 못하고 그저 한시漢詩에서 항용 쓰는 것을 되푸리 하였다. 그런 수작을 지금에도 하는 이가 없지 않다.

그러나 이호우爾豪愚 씨의 「달밤」은 이호우爾豪愚로서의 느낌과 용어用語를 썼다. 새롭고 깨끗하고 술술하다. 아무 억지도 없고 꾸밈도 없고 구김도 없다.

시詩를 짓는 이가 무슨 엉뚱한 굉장한 소리를 하려고 애를 쓰기도 한다. 그럴 때에는 도리어 잡치고 만다. 시詩는 그런 야심野心보다 그 영감靈感을 얻어야 한다.

그 영감靈感을 얻지 못하면 도저히 될 수 없다. 고려高麗 김황원金黃元이가 부벽루浮碧樓에 올라 '장성일면용용수長城一面溶溶水, 대야동두점점산大野東頭點點山'이라는 한 연구聯句만 짓고 그 전수全首를 못 얽어 고음苦吟하다가 통곡痛哭을 한 것도 그 영감靈感을 잃었든 것이었다.

과연 이 「달밤」은 범상凡常한 제재題材를 가지고 이와 같은 좋은 시를 지은 건 그의 천품天稟과 조예造詣가 어떠함을 능히 짐작하겠으며 우리 시단詩壇의 한 자리를 그에게 허여許與 않을 수 없다.

「진달내」 고선考選 후後 상上[53]

가 람

이번 「진달래」는 그 제목題目에 스스로 구속拘束을 당하여 취재取材의 국면局面을 전개展開 못하고 하잘 것 없는 수작으로 무단한 수고를 하신 분이 만핫다.

글을 지을 때 제목題目을 먼저 내어가지고 짓는 것과 또는 지어가지고 제목題目을 부치는 것이 잇는 바, 제목題目을 내어가지고 짓는 건 지어가지고 제목題目을 부치는 것 보다 자유自由롭고 수월한 것 같으나 그것도 전연 아무런 엉터리없이 짓는 건 아니다. 워낙 글이란 그 엉터리를 잡지 못하고는 될 수 없다. 편지나 식사式辭와 같은 일정一定한 투식套式으로 하는 말과 글이 아니고 저기 독특獨特한 창의創意가 잇는 글이나 말이고 보면, 급자기 당하여 쉽사리 할 수 없는 건 그 엉터리를 얼른 잡을 수 없기 때문이다. 글은 과연 엉터리를 잡어 두고두고 마련을 하고야 비로소 붓을 들어 적을 수 잇으니, 그 엉터리 속에 그 제목題目이 벌서 들어 잇는 것이다. 그건 아직 표면表面에만 나타나지 안핫을 뿐이다.

그러면 글을 짓자면 먼저 그 제목을 작정作定하는 것이 필요함은 더

53 「「진달내」 考選後 (上)」, 『동아일보』 1940. 5. 1.

말할 것 없으려니와 그 제목을 작정作定함은 어떠케 하여야 할 것인가? 남이 작정作定해주는 것보다 자기自己가 작정作定함이 당연當然하다. 남이 작정作定하는 건 혹은 자기自己에게 맞지 못할 수도 잇고 도저到底히 할 수 없는 것도 잇을 것이다.

그러나 이런 「진달래」와 같은 제목은 누가 강제强制로 지라는 건 아니다. 자기의 뜻에 없으면 포기暴棄해도 조타. 아니 짓는다고 벌금罰金을 받을 것도 아니다. 물론 투고投稿하신 여러분도 뜻에 맞기 때문에 지으신 것이다. 그 꽃이 여러분 마음에 잇서 오든 바 그 꽃이 우리 고장에 만발하는 이 봄철을 당하여 마츰 이런 제목이 발표되매 치연熾然히 붓을 드신 것이다. 이는 여러분이 스스로 작정作定함과 다름없는 제목이엇다.

어린아이들에게 사람을 그려보라 하면 형형색색形形色色의 인물화人物畵가 나온다. 혹은 눈섭과 눈만 혹은 코와 입만 혹은 귀와 머리만 혹은 손고락만 유표히 하여 큼즉한 얼굴에 가느다라한 목아지와 홀죽한 뼈에 짤막한 두 다리를 부치어 노키도 한다. 그러나 이는 치굴稚掘, 천진天眞스러운 그 점이 도리어 볼 만하다. 나히 들고 철이든 어른더러 그런 걸 처음 그려보라 하면 제법 눈과 코와 입과 귀를 비슷하게 그렷다 하여도 그래도 어린이 그림만큼 보잘 것이 없는 건 그런 잡졸雜拙도 천진天眞도 없이 그저 욕심과 꾀만 부리기 때문이다. 그 욕심과 꾀가 처세處世를 함에는 이롭겟지마는 그림과 같은 걸 그리는 데는 소용이 적다. 그림은 그림으로서의 욕심과 꾀가 늘어야 한다.

이와 같이 시조時調에도 잡졸雜拙, 천진天眞은 조하도 다른 욕심과 꾀를 부리는 건 도리어 방해妨害가 된다. 다행히 시조時調 같은 형식形式이 잇다고 게다 억지로 글자만 곱게 비스담어 채워 노흐면 된 것 같아도 아니다. 그는 죽은 글자를 버려 노흠에 불과不過하다. 그는 그러케 지을수록 한

습선習癖에 도취陶醉하고 잇다. 즉 매너리슴에 걸리고 잇는 것이다. 시조時調와 같은 정형시定型詩에는 더욱이 이러케 쉬운 것이라 이걸 깨트리지 못하면 그는 그것으로 자진自盡할 뿐이다. 그런 건 벌서 한두 수首만 읽으면 더 읽고 싶지 안케 된다. 그런 것이야말로 자기가 그 형식을 쓰는 것이 아니라 그 형식에 자기가 쓰이고 잇다. 그 형식만 벗기고 보면 그 속에는 아무것도 없다. 오언칠언五言七言의 한시漢詩가 생긴 이후 수천 년年ㅅ동안 일생을 두고 그걸 지독히 공부工夫하여 각기 백百, 천여千餘 편篇씩 지어 시집詩集들을 맨든 이가 하구 만치마는 그들은 겨우 그 조박糟粕에나 떠러저버리고 그중 진정眞正한 시인詩人은 그러케 만치 못하엿다. 시조時調도 옛날부터 오며 그리 진전進展되지 못한 것은 그 작가作家들이 거의 다 그런 병에 잡첫든 것이다.

「진달내」 고선考選 후後 중中[54]

가 람

그리고 또 동요童謠, 민요民謠 투의 말을 쓰신 분도 만히 잇다. 시조時調는 그보다는 좀더 시詩다운 어조語調를 써야 한다. 가령,

앞산 뒷산 진달래는 울긋불긋 피엇구나.

라 하는 것과

나비야 이리 오라 이꽃과 나랑 놀자.

라 하는 것과 같이 혹은 4·4조四·四調, 혹은 3·2·2조三·二·二調를 써 일정一定한 자字 마침을 하여 노코 또는 그 의사意思도 극히 유치幼稚한 것을 겨우 3행三行으로만 나누어 노핫다. 정말 동요童謠나 민요民謠로도 잘된 것은 투식적套式的 구조句調의 냄새가 나지 안코 천연天然, 신신新新하게 되어 잇다. 게서 소박素朴, 진솔眞率한 맛을 볼 수 잇다.

---

54 「「진달내」 考選後 (中)」, 『동아일보』 1940. 5. 4.

그러치 안코 말만 야빌야빌 얌사스러이 맨들어 노흔 건 다만 조작造作스러울 뿐이다. 더구나 시조時調와 같은 것을 그 모양으로 맨든다면 그 시품詩品이 퍽 떠러질 것이다.

나비야 청산靑山가자 범나비 너도가자.
가다가 저믈거든 꽃에 들어 자고가자.
꽃에서 푸대접하거든 닢에서나 자고가자.

하는 건 한 동요童謠에 가까운 것이다. 비록 시조형時調形을 이루엇다드라도 그 어조語調가 그러타. 마치 달아진 조약돌처럼 반질반질한 것이 아이들의 노리갯감으로는 조흘지는 몰라도 시의 어조로는 너무 애딜 뿐더러 그런 어조가 한 투식套式처럼 된다면 그 진전성進展性을 학체涸滯케 할 것이다. 고시조古時調의 어조는 대개 그런 정도程度에 그치고 잇는 것이다.

혹은 그런 어조를 한 철칙鐵則으로 여기는 이도 잇을 것이로되 사실 그런 걸 타파打破하고 자기自己로서의 독특獨特한 것이 잇어야 한다. 자연 생신生新한 내용을 가지자면 생신生新한 어조語調가 잇을 것이다.

그리고 어떤 이는 생각은 조히 얻어가지고도 말을 잘 주물러 맨드지 못하엿거나 또는 한두 구절句節을 잘못 맨들어 그 전편全篇을 어그러트리거나 하기도 하엿다. 그 몇몇을 들어 말하면

고개 고개 넘어 호올로 가는 산山ㅅ길
저녁 노을 앞에 더욱 붉고 가도 가도 붉은 길
한송이 하얀 진달래에 바삐 갈길 잊엇서.

와 같은 건 시상詩想은 그럴듯해도 중장, 종장이 덜 되엇다. '더욱 붉고'는

연문衍文이오 '바삐 갈 길 잊어서'는 잘 휘갑을 치지 못하고 노졸露拙하기만 하엿다.

뒷동산 언덕 우에 곱게 피든 질달래
올봄에도 피엇느냐 그리워서 가보니
나비 제 먼저 와서 꽃을 희롱하누나.

는 중장의 '피엇느냐 그리워서'가 신통치 못하다. "그리워서"까지 강조强調할 것이 없다. 그런 어구語句를 고쳣드라면 되엇을 번하엿다.

바위 설레에 자라 안개 속에 피고 웃고
수줍은 빛으로 되 온 산을 덮고 태고
고흡다 그 넋이여 이 고장의 꽃이여.

는 초장의 '피고 웃고'가 중첩重疊된 말이고 종장이 안 되엇다. 중장 끝의 말을 잘 받지 못하고 그 의사意思도 잘 들어내지 못하엿다. 그리고 '그 넋이여' 구句는 다섯 자字 이상이라야 한다. 넉 자字로는 민요ㅅ조民謠ㅅ調가 되기 쉽다.

또 한 봄 돌아오니 이 봄에나 하나 뵐까.
진달래 연분홍이 단장도 애연하고
그리는 님을 기다려 안개 속에 조으네.

도 중장, 종장이 그 뜻을 두렷이 들어내지 못하엿다. '안개 속에 조으네'와 같은 건 초장의 '하마 뵐까'와 얼맞지를 안는다.

「진달내」 고선考選 후後 하下[55]

가 람

솔 사이 푸른 숲에 무쳐 피는 진달래꽃
봄마다 늘 기다려 가슴 홀로 태우는가.
붉은 뜻 아는 이 없어 몬지 속에 시드나.

는 '솔 사이 푸른 숲에'가 와가瓦家 기와집과 같은 말이고 '가슴홀로'의 '가슴'이라는 말이 타당妥當치 못하고 '몬지속에 시드나'는 초장의 '솔 사이… 무쳐 피는 진달래꽃'과는 달러젓다. 이런 단형시短形詩일수록 한 자字만 틀려도 그 흠을 숨길 수 없다. 이 밖에도 3수首가 또 잇으나 거의 다 이런 정도程度고 또는 7·8七八, 7·8七八, 8·5八五의 자수字數를 엄수嚴守하노라고 애쓴 흔적痕迹만 들어냇다.

안토 서도 못할 틈에 숨어 피는 두견화杜鵑花
피눈물 우러세인 먼 일 삼켜 무엇하
등 넘엔 길손이 바삐 온다 전해줌세.

---

55 「「진달내」 考選後 (下)」 『동아일보』 1940. 5. 5.

는 모를 말이 잇다. 초장初章의 '안토'는 '앉도'요, '못탈'은 '못할'이겟지마는 중장中章의 "우러세인"과 '먼 일 삼켜'는 무슨 뜻인지, 그리고 종장은 자수자字數字도 틀리고 그 중장, 초장과는 연락도 없으니 무슨 소린지 모르겟다. 이분은 엽서葉書를 두 번채 보내어 그 종장을 고치고 비평批評까지 해달라는 부탁도 잇엇으나 나로서는 미안未安하지마는 이러케 밖에 보이지 안는다.

이 밖에도 이런 예는 만흐나 이만 두고 이번 뽑히신 이로는 다섯 분 가운대 한 분 외에는 다 이미 몇 번씩 뽑히신 이다.

연운실인淵雲室人은 진달래를 그 어머니 영전靈前에 꽂아 노코 그 어머니를 그리워하엿다. 아무 꾸밈이 없는 천연天然, 순진純眞한 말이엇다. 일부러 효자孝子의 노래를 지으려 하여 지은 것과는 전연 다르다. 과연 어머니를 여힌 이로는 이 시詩를 보면 눈물을 겨우겟다. 그 순순하고 수월수월한 어법語法은 백악천白樂天 시詩를 연상聯想케 하며 자기自己로서의 한 특이特異한 새로운 리슴을 가지고 잇다. 이 모양으로 자구 노력努力하고 꾸준히만 닦나다면 큰 성공成功이 잇을 줄 믿는다.

오신혜吳信惠 씨氏의 진달래는 자아自我의 괴로운 삶을 말한 것이 역시 그 꽃처럼 몹시 처량하다. 차라리 아무 철도 모르든 그 시절이 그리워질 수밖게 없다. 그러나 시조時調로서는 점점 정진精進되시는 그 길을 기뻐 안흘 수 없다.

이호우爾毫愚 씨氏는 그 심지深摯하신 정열情熱과 다르신 비애悲哀가 자구字句에 넘치고 잇다. 그저 자연自然만 보고 사랑함과 다른 것이다. 과연 한 풍경風景 흥기興起로만 그치지 안코 그런 걸 빌어가지고 스스로 하소연을 한 것이다. 그 정갈스러운 말씨는 촌철寸鐵과 같다. 시조時調를 한 술희述戱, 또는 한 행세行世ㅅ거리로 알고 짓는 것과는 거리距離가 퍽 멀다. 앞으로 이러신 분들이 만히 나오신다면 더욱 크게 그 길은 열릴 것이다.

정문학丁文鶴 씨氏는 그 네 수首를 다 '진달래'로 끌을 삼고 그 세쨋 수首는 더욱이 '랑'으로 반복음反覆音을 쓴 것이 또한 그의 새로운 시험試驗이다. 그도 해봄즉한 일이지마는 그런 것에 잡힐 건 아니다. 잡히고 보면 역시亦是 유희遊戲가 되고 말 염려念慮도 없지 안타.

석세균石世均 씨氏의 「진달래」는 한 묘품妙品이다. 생각도 묘妙하려니와 말도 묘妙하게 썻다. 그러나 그 묘妙함이 여기만 그치지 말기를 바란다.

더 다수多數히 뽑히지 못함은 섭섭한 일이다. 그러나 투고投稿하시는 여러분은 이러케 뽑히기를 바라기보다 어서 자각自覺과 자신自信을 가지시도록 하여야한다. 그러자면 그 공정工程을 자꾸 닦어야 한다.

「시조時調」 고선考選 후後 (1)[56]

何人把新筆　乙字寫江波[57]

이는 고려高麗 정지상鄭知常이가 어렷을 때 강江에 떠 노는 오리를 두고 지은 시詩다. 정지상鄭知常은 이 시詩를 짓고 신동神童으로 이름을 들날리엇다. 이런 재료材料를 가지고 시詩를 지라 하면 사람을 따러 별별別別 소리를 다 하더라도 이런 기발奇拔, 참신斬新한 소리는 정지상鄭知常 같은 절륜絶倫한 시인詩人이 아니고는 할 수 없으리라. 이런 시詩를 짓던 이로 더 커서는

琳宮擊磬罷　天色淨琉璃[58]

와 같은 시詩을 응당 지를 것이다. 그러나 이런 광경光景이 어느 사람의 눈에도 비치지 안는 건 아니엇다. 다만 어느 사람으로는 이런 것을 포착捕捉지 못하고 남이 지어 노흔 것이나 보고 비로소 감탄感歎할 뿐이엇다. 시詩를 지을 때 취재取材가 문제問題다. 그 어느 것을 취사取捨할가 취取할

56 「「時調」 考選後 (1)」, 『동아일보』, 1940. 6. 16.

57 정지상은 평양 사람으로 일곱 살 때 대동강에 떠노는 오리를 보고 "何人把新筆 乙字寫江波(그 누가 새 붓으로 을 자를 강 물결에 그렸는가)"라고 읊은 천재. (편집자 주)

58 숲속 절간의 독경 소리 끝나고, 하늘은 유리처럼 맑도다. (편집자 주)

것을 버리거나 버릴 것을 취取해서는 아니 된다. 이 취사取捨의 가부可否를 아는 이는 벌서 시인詩人이다.

昔人已乘黃鶴去　此地空餘黃鶴樓
黃鶴一去不復返　白雲千載空悠悠
晴川歷歷漢陽樹　芳草萋萋鸚鵡洲
日暮鄕關何處是　煙波江上使人愁[59]

이는 당인唐人 최호崔顥의 황학루시黃鶴樓詩다. 이 황학루시黃鶴樓詩는 고금古今의 절조絶調다. 이백李白과 같은 대시인大詩人도 어느 날 황학루黃鶴樓에 올라, 시詩를 지으려다가 이 시詩를 보고는 극히 탄면嘆眠 하야 '眼前有景道不得'이라 하고 그 후 금릉金陵 봉황대鳳皇臺에 올라,

鳳皇臺上鳳皇遊　鳳去臺空江自流
吳宮花草埋幽徑　代衣冠成古丘
三山半落靑天外　二水中分白鷺洲
總爲浮雲能蔽日　長安不見使人愁[60]

---

59 최호崔顥(당나라 시인)의 「황학루黃鶴樓」 시.
옛사람은 이미 황학 타고 가버리고, 이곳에 덩그러니 황학루만 남았구나.
황학은 한 번 가서 돌아오지 아니하고, 흰 구름만 천 년토록 유유히 떠 있노라.
한양의 나무는 맑은 강에 역력히 서있고, 앵무주엔 향긋한 풀 더부룩 우거졌다.
날은 저무는데 고향이 어디메뇨, 안개 낀 강 위에서 향수에 젖었노라. (편집자 주)

60 이백李白의 「등금릉봉황대登金陵鳳凰臺」, 이백이 천보 6년(747) 수도에서 쫓겨나 강남을 유람할 때 금릉(남경)의 봉황대에 올라 지은 시. 『당재자전』에 의하면 이백이 황학루에 올랐다가 최호의 시에 감탄하고 물러난 후 지었다고 전함.
봉황대 위에 봉황이 노닐더니, 봉황은 떠나고 대는 비어 강물만 흐르누나.
오나라 궁궐터 꽃과 나무 퇴락한 오솔길에 묻히고, 진나라 때 귀족들은 옛 무덤을 이루고 있네.
삼산은 반쪽 푸른 하늘 밖에 떨어져 있고, 물은 백로주에서 둘로 나뉘어 흐르는구나.

라는 시詩를 지엇다 한다. 이백李白의 봉황대鳳皇臺 시도 최호崔顥의 봉황鳳皇 시의 운자며 그 구조법構造法을 따다 쓰기는 하엿으나 그 취재取才만은 다르다. 과연 최호崔顥는 황학루시黃鶴樓詩를 창작創作하엿다. 최호崔顥의 황학루시黃鶴樓詩를 보고 "안전유경도부득眼前有景道不得"이라 하고 차운次韻을 하지 안흔 것이 이백李白이엇다. 이백李白 이하의 다수多數한 시인詩人들은 미처 그 갈필도 모르고 황학루黃鶴樓를 오르면 최호崔顥보다 낫게 짓겟다 하고 눈ㅅ섭을 징그리고 읊조려 보앗슬 것이다.

그러므로 최고最高한 시경詩境은 최고最高한 시인詩人만이 아는 것이다.

결국 뜬구름이란 해를 가릴 수 있는 것이니, 장안이 보이지 않으니 이 나그네 근심에 젖게 하네. (편집자 주)

「시조時調」 고선考選 후後 (2)[61]

그러나 우리는 그런 걸 배워서 알 수는 잇다. 이것이 우리가 노력努力하는 바이다. 모르고 그저 넘어가는 건 노력努力이 부족不足함이다. 시詩를 짓기 전에 믿을만한 남의 시詩를 만히 보고 알어두어야 한다. 남은 그 재료材料를 어떠케 취取하고 어떠케 말을 맨들엇다 하는 것을 정세精細히 살펴보고 깨달어야 한다. 한번 보아서 모르면 백 번 천 번이라도 보아야 한다. 그래서 시詩라는 윤곽輪廓이 저으기 잡힐 때 자기自己도 시작試作을 하여야 한다. 자기自己가 방향方向을 정하고 길을 물어야 하지 방향도 없는 길은 물어도 가리쳐 줄 수가 없다. 그는 마츰내 헤매이다 말 것이다.

시조時調와 같은 형식形式임을 기화奇貨로 삼어 시詩다운 생각도 아닌 것을 가지고 말만 채워 초·중·종初中終 3장三章으로 하여 노흔 이가 적지 안타. 그 형形만으로는 시조時調 같으나 그건 시조時調의 모형模型이오 시詩는 아니다.

구월九月은 삼십일三十日이다,
사월四月도 유월六月도 십일월十一月도

이 문구文句의 '사월四月도 유월六月도 십일월十一月도'와 같은 건 제법

61 「「時調」 考選後 (2)」, 『동아일보』, 1940. 6. 18.

시詩처럼 '도'의 반복음反覆音을 써 일종一種 운율韻律이 잇는 듯하나 죽은 관념觀念으로서 시詩는 이룰 수 없다. 비록 운韻이 맞고 자수字數가 맞는대도 시詩다운 생각이 아니면 될 수 없다. 형식形式을 맞후는 것쯤은 누구나 익히면 되는 것이다. 그것을 익혀, 버릇이 되면 좀처럼 고칠 수 없다. 그런 버릇이 잇는 이를 이 근래近來 시조時調에서도 흔히 보게 됨은 또한 섭섭한 일이다.

> 바다의 조만 물결 넘실넘실 넘노는데
> 갈메기 그림자가 갈기갈기 으서저서
> 조화造化의 신비神秘로운 꿈 소복소복하여라.

의 "넘실넘실", "갈기갈기", "소복소복"과 같이 첩음疊音을 쓰느라고 쓰는 그 애를 그 정경情景을 살리기에 더 썻드라면 하엿을 것이다.

> 한 이랑 두 이랑을 이뤄가는 그 자미란
> 한나절 기루함도 더딘 줄을 몰랏더니
> 어린놈 손 까불까불 압바맘마 웨치오.

는 농가農家의 사실事實은 사실事實이나 그대로 그린다고 시詩가 꼭 되는 건 아니다. 자미잇는 것 같어도 뜻은 덤덤하다. 그 용어用語가 좀더 정교精巧하고 신기新奇하여야겟다.

> 슬워서 우는 게요 즐거워서 우는 게요.
> 찬바람 오고 가는 적막寂寞한 산山허리에
> 무엇을 느끼십니까 혼자 게서 외롭소.

는 진달래를 두고 지은 것인데 초장의 '슬워서', '즐거워서'와 같은 말은 군소리오, 중장의 '찬바람 오고가는'은 진달래 필 때에 맞지 안흔 말이오 종장의 말도 잘 되지 못하엿다.

하론들 떠러저서 어이 살리 하엿것만
꿈인양 흐른 광음光陰 손꼽으니 이미 반년
언제 늙으신 부모ㅅ님 내손으로 뫼시리.

는 사친思親이란 제題이엇다. 초장 중장은 그럴 상하되 종장의 말이 너무 노졸露拙하엿다.

무심無心한 봄바람이 하마 예와 부단말가.
푸른 풀 돋아나니 도로 수심愁心 되노매라.
옛날에 말 놀던 양 내 눈 암암 보이네.

는 목장성지牧場城地를 읊은 것이다. 회고시懷古詩로서 하염즉하다. '푸른 풀', '수심愁心'과 같은 것이 이 시詩의 중심中心이 되엇으며 '춘초연년록春草年年綠'과는 달리 말을 쓴 것이 조타. 다만 '내 눈'을 그냥 '눈에'라고 하엿으면 더 조켓다.

「시조時調」 고선考選 후後 (3)[62]

정문학丁文鶴 씨氏의 「월미도月尾島」는 한 서경敍景이다. 퍽 새로운 화치華侈다. 이분은 새로 지으실 때마다 더 다른 경지境地를 개척開拓하려 한다. 그만큼 진전進展이 되엇다.

종래從來 시조時調에는 전편全篇이 오로지 서경敍景으로 된 것은 없다. 초장初章, 혹은 중장中章, 종장終章의 어느 구절句節에 약간若干 말하엿슬 뿐이엇다. "도화桃花는 흩날리고 녹음綠陰은 퍼저온다."라든지 "촌村 두세 집이 모연暮烟에 잡겻세라."라든지 "노화蘆花에 떼 만흔 갈며기는 오락가락 하더라."라든지와 같은, 한시漢詩 등에도 항차반恒茶飯 쓰든 그것을 썻고 자기自己로서의 독특獨特한 표현表現은 그리 없엇다.

정문학 씨丁文鶴氏는 종래의 그런 것을 씻어버리고 정말 자기自己의 정치精緻한 관찰觀察과 진지眞摯한 감각感覺으로 말미암어 자연自然의 풍경風景을 말하엿으며 말도 남다른 법으로 쓰려 하엿다. 이러케 자꾸 노력努力하시면 성공成功의 기쁜 날이 머지안흠을 믿는다.

오신혜吳信惠 씨氏의 「이슬」도 한 서경敍景이다. 이왕 말로는 영물시詠物詩다. 초로인생草露人生과 같은 종래從來의 생각과는 전연 다른 생각으로 그 미미한 순간瞬間인 이슬방울에서 영원永遠한 굳센 생명生命을 깨닫고

62 「「時調」 考選後 (3)」, 『동아일보』, 1940. 6. 19.

잇다. 시詩의 정신精神이란 이런 것이다. 파초芭蕉잎을 남들이 다 푸른빛으로 감촉하드라도 나는 홀로 붉언 빛으로 감촉할 수잇다. 비록 시인詩人이 아닌 사람들이라도 그것이 푸른 빛임은 다 감촉할 수 잇겟지마는 그것을 붉언 빛으로 감촉한다면 그는 특수特殊한 시인詩人이 아니고는 될 수 없다. 시詩는 그 정신精神만 건전健全하엿스면 그만이다. 기교技巧 같은 건 한 화장술化粧術에 불과不過하나. 황진이黃眞伊는 담장澹粧을 하고 나서도 다른 성장盛粧한 미인美人들이 따를 수 없엇다 한다

이묵주李默舟의 「어머니」는 비록 치솔稚率한 곳은 잇다드라도 그 병중病中에 게신 어머니를 사모思慕하는 마음은 퍽 진지眞摯, 순실純實하게 표현되엇다. 그저 책상冊床머리에서 무단한 공상망상空想妄想으로 미사여구美辭麗句를 늘어놓은 것보다도 자기自己의 실정실감實情實感을 진실眞實히 말하는 것이라야 한다. 시詩는 언지言志라 함도 이걸 이름이엇다.

임인林人의 「바다」는 퍽 쾌활快活하다. 몹시 더운 여름날, 서늘한 바다를 찾어가는 기분氣分이 잘 나타낫다.

이분은 여러 편篇을 보낸 바 그 중中 이것을 골랏다. 물론 추고推敲도 만히 하섯을 줄로 믿으나 다작多作보다는 정작精作 하심을 바란다.

홍영의洪永義 씨氏의 「봄」은 자미스럽다. 동양화東洋畵의 나타나는 풍경風景 같은 걸 말하면서도 그 말씨는 새롭다. 묘妙하다. "까토리 날러간 뒤에 알 하나이 둥글더라." 하는 것이 쉬운 듯하고도 실은 어려운 소리다. 그러나 그런 소리가 자칫하면 쉽고 싱겁기 쉽고 고아古雅한 대신에 무기無氣하기 쉽다. 그런 점은 앞으로 더 주의注意하심을 바란다.

장인균張仁均 씨氏의 「고본古本」도 또한 묘妙한 생각이다. 괜히 어영귀영 하는 수작을 하는 이보다는 차라리 이러한 조촐한 시詩를 읊는 것이 마땅하다. 이게 시詩의 정당正當한 길이다. 이 길을 버리고 달리 가려서는

좀처럼 그 경지境地에 이르지 못하리라.

투고投稿를 하신 여러분의 것을 일일히 들어 말해들이지 못함은 미안未安한 일이나 이상以上 말한 것을 보시면 각기各其 짐작 하실 수 잇스리다.

점점 질質로나 양量으로나 나아감은 여러분의 노력으로 말미암은 것임을 알고 그 앞길을 위하야 매우 기뻐하는 바이다.

산문정신散文情神의 빈곤貧困[63]

— 인간사회人間社會에의 통찰력洞察力을 가지라

이병기李秉岐 씨氏 김해강金海剛 씨氏 신석정辛夕汀 씨氏

> 이글은 지난 1일 본사本社에서 있었던 이병기李秉岐 김해강金海剛 신석정辛夕汀 제씨諸氏들이 본보本報 현상작품懸賞作品 최종最終 심사審査에서 언급言及한 제문제諸問題들을 요약要約한 것이다. 동同 석상席上에서 표명表明된 문학文學 담론談論은 문학文學을 지향志向하는 후진後進들에게 좋은 양식糧食이 되리라고 믿고 여기에 취록取錄 하는 바, 물론 문책文責은 전적全的으로 필자筆者에게 있음을 밝혀둔다.

63 「散文情神의 貧困」, 『전북일보』, 1955. 3. 6.

대체적大體的으로 전북일보사全北日報社에서 참신斬新한 신인新人 문학도文學徒의 발굴發掘이라는 의도意圖는 투고投稿된 작품作品이 무려 45편에 달했다는 그 한 점點만으로도 어느 정도 달성達成되었다고 보겠다.

결과적結果的으로 보아서 일단一斷 지방地方이라는 제약制約 조건條件은 벗지 못했다 할지라도 도시 침체沈滯와 갈증에 허덕이는 현現 전북全北 문단文壇에 그래도 이만한 작품이 투고投稿되었다는 것은 그만큼 문학文學 행위行爲가 꾸준히 그늘진 곳에서나마 계속繼續되고 있음을 보여주는 것으로서 일방一方 경하慶賀스러운 마음을 금禁치 못하게 하고 있다. 그러나 항상 예술藝術이란 이름으로 불리워지는 작품들이 양兩보다 질質에 있어서 한층 중요重要함을 생각할 때 이번 투고投稿된 작품은 확실히 실망失望에 가까운 것이었음을 솔직率直히 인정認定하지 않을 수 없다.

투고된 사십오 편의 작품은 그 전부가 전북지방全北地方의 인사人士들일 것이요 전북지방에 이른바 산문散文(소설小說) 작가가 유독 희소稀少했던 종래從來의 예例로 미루어 이번 투고된 작품들은 그것이 전북의 산문문학散文文學의 하나의 '레벨'을 말해주는 것도 같았는데, 지나친 기대期待를 가졌기 때문인지 모르겠으나 작품作品의 질質을 논論하자면 심甚히 그 정도程度를 운위하기에 주저스러운 바가 없지 않았음을 말하지 않을 수 없다.

우선 작품구성作品構成에 선결先決 조건條件으로 되어 있는 그 문장文章을 들어 본다면 심하게 말해서 문장文章 이전以前 각 작문의 경지境地와 신문新聞의 삼면三面 기사식記事式의 나열羅列과 기록식記錄式으로 그 대부분 작품이 시종始終하고 있음을 볼 수 있다.

장편소설長篇小說이 풍부豐富한 내용內容과 사상思想 같은 것을 무엇보다도 중요시한다면 단편소설短篇小說에 있어서는 문장文章이 주도적主導的인

역할役割을 하는 것은 이미 상식常識 이전以前의 이야기가 아닐 수 없을 것이다.

말하자면 문장文章 구성構成에 있어서의 표현表現과 묘사描寫와의 한계限界라든가 문맥의 정확성正確性 어휘語彙의 적격성適格性 각개各個의 언어言語가 가진 생명生命 등을 모르고선 도저히 하나의 작품을 완성完成할 수는 없는 것이다.

적어도 한 작품을 이룩하는 문장이라면 그 문장에는 그 작가의 뼈와 살과 피가 완전히 결합된 산 생명체生命體가 되어져야 한다는 것이다.

그래서만이 그 문장文章은 비로소 산 문장文章일 수 있고 진실성眞實性을 구비具備한다고 할 수 있는 것이다. 이런 관점觀點에서 제작품諸作品을 읽어볼 대 「귀향歸鄕」의 박래철朴來喆 씨 「우중기雨中記」의 이봉전李奉箋 씨 「수험기受驗期」의 이옥전 씨 등 몇 분을 제외除外하고는 거개가 다 억지가 아니면 조잡粗雜 어색하지 않으면 치졸함을 면치 못하고 있는 것 같다.

또 하나 문장 얘기에서 지적指摘하고 싶은 것은 산문散文은 어디까지나 산문散文이요 시詩는 아니라는 것이다. 이것은 오히려 역효과逆效果를 나타낸다는 것이니 미라선美羅善 씨氏의 「한몽恨夢」, 천화순千和順 씨의 「날궂은 날」 등은 이의 좋은 예로서 전자前者가 하나의 운문韻文에 가깝다면 후자後者는 지나치게 문장이 과장誇張되어 있다.

다음 대화對話인데 작품구성은 대화 하나만으로 이룩된다 해도 과언過言이 아닐 만치 가장 중요重要시되는 것으로서 그만큼 작품 가운데의 대화對話는 근본적根本的이고도 단적單的이어야 할 것이고 특색特色이 있어야 할 것이며 작품의 성격性格을 좌우左右할 수 있는 것이라야만 할 터인데 역시 평면적平面的이고 너무나도 범상凡常한 것이 아니면 유치스럽고 때로는 추악하기까지 했었음이 유감遺憾이었다.

아무래도 이번 투고된 사십오 편의 작품 중 이 문제問題를 가장 큰 결함缺陷이었음을 말하여주고 싶다.

다음 구상構想은 이번 투고된 작품의 작가들이 대부분 문학적文學的 연령年齡의 탓인지 모두가 실패失敗했다고 보겠다. 한 가지의 '테-마'를 어디서부터 잡아서 어떻게 진전進展해나갈 것이며 어디쯤 해서 결미結尾를 하겠는가 하는 문제는 이 역시 중요한 작가적作家的 생명선生命線이 되는 것이다.

재미가 있다는 것 진실성眞實性이 깃들어 있다는 것은 문장도 문장이려니와 구상構想에 더한층 기대期待케 되는 것이다. 따라서 흔히 작품을 대작大作으로 만들기 위하여 세월歲月이 장구長久하다는 것 지역地域의 넓이 그리고 되도록 많은 인물人物을 등장登場시키는 것을 들고 있음은, 이 중 한 가지 여건餘件만이라도 누구든지 소설을 쓸 수 있다는 극단적極端的인 결론結論까지를 가져오게 하고 있기 때문이다.

따라서 작품이 내포한 이른바 허구虛構 여백 등은 이를 능히 집어넣어서 쓰느냐 못쓰느냐에 있어서 작품의 가치價値를 직접적直接的으로 판단判斷케 하여 주는 것으로 되는 것이다. 대개 이번 투고된 작품들이 몇 줄 혹은 몇 장을 읽지 않아서 벌써 그 줄거리를 빤히 짐작케 하고 있으며 지나치게 '신파新派'적的이거나 산만散漫하거나 평판平板한 것은 그만큼 작가적作家的인 수련修練의 부족不足 또는 작품을 머리로 만들어 쓴 흔적을 그대로 엿보이게 하여서 그들의 역량力量을 평가評價하기에 저윽이 의심疑心스럽게 하기까지 했다. 정경모 씨의 「삶의 하얀 길」은 가장 현실적現實的이면서도 억지로 조작操作한 것 같고 내용이 추졸한 감을 주며 고대소설이나 가정교사家庭教師의 평범한 수기手記로서의 인상印象밖에 주지 못하고 있음은 그 구상構想이 실패한 데 기인한 좋은 예라 하겠으며, 「편경화」 역시 구상構想이 업고 행동이 부수附隨되어 있지 않아서 자연自然 하나의 기록記錄이 되어지고 말았다.

끝으로 소재素材 '테-마'의 작품 내용 즉 이념理念인데 일찍이 6·25六·二五 동란動亂 이란 민족사상民族史上의 최대 비극悲劇을 겪었던 쓰라린 체험과 아직도 그 상처傷處가 생생한 현실을 놓고 좀더 생생하고 생소하며 무엇인가 이 숨막힌 현실이나 과거를 요리料理하고 개척하려는 불타는 의욕意欲이라든가, 진지한 노력努力 인간으로서 민족民族의 일인一人으로서 사회인社會人으로서 생활인生活人으로서 발랄한 기개氣概와 야심 그리고 작품作品 제작制作에 모험같은 것이 있어 더 좋음직도 하였던 것이 아니었던가 싶다.

'테-마' 자체自體부터가 너무나도 비현실적인 것이 아니면 지극히 무덤덤하거나 현실도피現實逃避 또는 숫제 고대소설古代小說 따위의 그것 같은 느낌을 주고 있는데, 이에 따라 내용 역시 무엇인가 한 가지 문제에 대해서 모색한다거나 개척한다거나 그야말로 피투성이가 되서 투쟁鬪爭을 한다거나 하는 것이 아니고, 자기이념自己理念이나 주견主見을 찾지 못할 때 끝없는 방종放縱을 하고 있으며, 자연 두드러지게 나타나는 것이 지극히 안이安易한 세계世界에의 안주安住 및 도피逃避 또는 흐리멍텅한 회의懷疑에 사로잡혀 있음이 너무나도 확연確然하였다.

이와 같은 현상現狀은 시대사조적時代思潮的인 것에서 오는 것인지도 모를 일이지만 거개의 작품이 그 소재에 대한 연구조사硏究調査 또는 체험體驗이 부족한 탓에서 오는 것이 대부분으로, 어찌 생각하면 전부가 무리한 억지 작품이요 혹하게 말해서 공중空中에 뜬 거짓 사실을 그대로 노출露出시킨 것이었고, 결국結局 생활이 없는 작품들이라고 규정을 지을 수밖엔 없었고 좀더 넓은 세계에 투철한 통찰력洞察力이 없었다고 말할 수 있는 것이다. 작품이 풍겨주는 강렬한 '생生에의 힘'이라든가 감명感銘 긴박성緊迫性 박력迫力 같은 것이 전연 느껴오지 않은 것은 이러한 데서 기인起因하는 것이 아닌가 한다. 어쨌든 하나의 작품을 완성해서 이를 세상世上에 내놓고 독자讀者들로 하여금 정당正當한 판단判斷과 비평批評을 받기란 지난至難한 문제問題가 아닐 수 없을 것이며, 이에 따라 작가作家의 뼈저린 공부工夫와 신중愼重한 태도態度 또한 무엇보다도 긴요緊要함을 부언附言해 두고 싶다.(정구하 기록)

기타

▍대담 : 피곤疲困한 조선예술계朝鮮藝術界 5

각계各界 권위權威에게 진단診斷을 청請함

— 시조계時調界 중흥운동中興運動의 기초基礎는 이미 섯다[64]

가람 이병기李秉岐 씨氏 담談

육당六堂의 『백팔번뇌百八煩惱』를 비롯하야 노산鷺山의 『노산시조집鷺山時調集』에 이르기까지 그동안 문단은 시조時調의 론論과 함께 작품作品이 풍성풍성하엿다. 누구나 시조時調에서 신체시新體詩를 압도壓倒할 기세氣勢를 느끼기에 충분하엿다. 그러나 무슨 까닭인지 시조계는 조용해지기 시작하엿다. 요즘 와서는 조용한 정도定度를 지나처 적막寂寞해지고 말앗다. 시조時調는 다신 긴-잠자리에 드러버리려는가? 시조時調의 가장 꾸준한 작가作家의 한 분이시오 권위權威이신 가람 이병기李秉岐 선생先生에게 뭇기로 한다.

記 최근最近에는 시조時調의 발표發表가 일반一般으로 적지 안습니까?

64 「疲困한 朝鮮藝術界 (5), 各界權威에게 診斷을 請함/時調界, 中興運動의 基礎는 이미 섯다」, 『조선중앙일보』, 1935. 5. 10.

李　적어진 것은 사실事實입니다. 그러나 그러타고 해서 시조時調가 끈어진 것은 아닙니다. 다만 한동안 찬연燦然히 떠올랏든 시조열時調熱이 식어슬 뿐이지 참으로 진정眞正한 의미意味의 시조작가時調作家들은 꾸준할 뿐입니다.

記　열熱이 식엇다는 것은 침체沈滯를 말슴함이 아닐까요?

李　그러치 안습니다. 애초에 시조時調는 충분充分히 이해理解하엿든 본격적本格的인 작가作家들의 열熱이 식엇다면 그것은 문제問題가 되겟습니다만 그런 작가作家들은 애초부터 소수小數엿습니다. 시조時調란 조선朝鮮 것이다 하는 바람에 공연한 동정심同情心으로 대하얏든 아마추어가 만엇고 또 일견一見에 형식型式이 간단簡單해 보이니까 간단簡單한 것은 쉬운 줄 알고 부질업시 극極히 개념적槪念的인 회고정서懷古情緖를 늘어노튼 패가 많엇습니다. 그런 영원永遠한 문외인門外人들은 그 수數가 아모리 많어지고 그런 작품作品 또한 양兩으로 얼마다 쏘다지든지 그런 것은 전연 조선 시조계朝鮮時調界를 위해선 아모런 상관相關도 업는 현상懸象이올시다. 차라리 그런 한어투漢語套의 회고풍懷古風은 "시조란 진부陳腐한 것이다."는 오해誤解만 사게 할 것이오, 시조가 현실적現實的 예술藝術로서 길을 열어나가는 대 하등何等의 이익利益이 될 수 업습니다. 그러니까 그런 문외인門外人들이 잠잠해젓다고 시조계時調界의 침체沈滯로 단정斷情할 수는 업겟습니다.

記　그러면 대체大體로 時調는 회고정서懷古情緖만을 싯기에 적호適好한 양식樣式이라고들 하니 그 설說은 과연果然 오해誤解에서 나온 것일까요

李　오해誤解도 오해誤解려니와 그것이 아직 시조가 개척開拓되어야 할

처녀지處女地를 가젓다는 것입니다.

記 그러면 시조時調만을 주主로 연구研究 발전發展하는 작가作家와 기관機關이 잇서야 하지 안켓습니까?

李 무론입니다. 동호자同好者들 끼리 맛나면 시조時調 잡지책雜誌冊 하나 내어 보자고 별르는 지는 오랩니다만은 아직 실현實現은 못햇습니다. 조선朝鮮의 고유固有한 문학형식文學形式의 하나로서 이것을 발육發育시길 만한 시조지時調誌 하나가 업다는 것은 참으로 부끄러운 일이올시다.

記 시조는 그 성격상 노경인老境人에게 더 적합適合한 문학文學이 아닙니까? 신시新詩난 소설小說보다 진취성進就性이 적은 것은 그 때문도 아닐까요?

李 그러키도 합니다. 그러나 그것 역시 버리여야 할 관념觀念인 것입니다. 옛사람이 회고풍懷古風으로 만히 써왓기 때문에 그런 선입견先入見이 드는데 그것 역시 연구研究할 여지餘地가 잇다는 것뿐이요 그런 관념觀念을 고정固定시기는 것은 시조의 발달發達을 위爲해 불가不可한 줄 압니다.

아모런 문외인門外人들의 떠드러대든 것이 이제 사라저가니 정말 시조인時調人들만 옷둑옷둑 나타나진 것입니다. 시조의 중흥운동中興運動은 이러캐 이미 기초基礎는 선 줄 압니다. (사진寫眞은 이병기李秉岐 씨氏)

'조선문학朝鮮文學'의 정의定義 이러케 규정規定하려 한다!

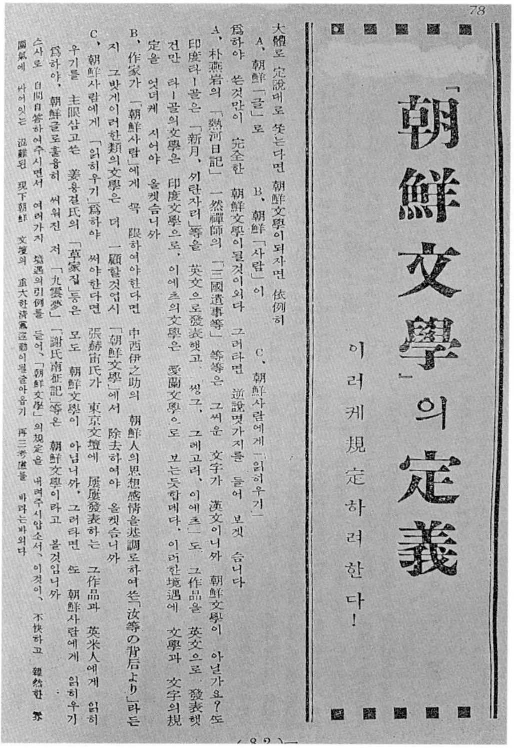

78

「朝鮮文學」의 定義

이러케規定하려한다!

大體로 定說대로 쏫는다면 朝鮮文學이되자면 依例히
A、朝鮮「글」로 B、朝鮮「사람」이 C、朝鮮사람에게「읽히우기」
爲하야 쓴것만이 完全한 朝鮮文學이될것이외다 그러타면 逆說몃가지를 들어 보겟 습니다

A、朴燕岩의「熱河日記」一然禪師의「三國遺事等」等等은 그씨운 文字가 漢文이니까 朝鮮文學이 아닐가요?또 印度타ー끌은「新月、싸란자리」等을 英文으로發表햇고、씽그、그레고리、이에츠」도 그作品을 英文으로 發表햇건만 타ー끌의文學은 印度文學으로、이에츠의文學은 愛蘭文學으로 보는듯합데다、이러한境遇에 文學과 文字의規定을 엇더케 지어야 올켓습니까

B、作家가「朝鮮사람」에게 꼭 限하여야한다면 中西伊之助의 朝鮮人의思想感情을基調로하여쓴「汝等の背后より」라든지 그밧게이러한類의文學은 더 一顧할것업시「朝鮮文學」에서 除去하여야 올켓습니까

C、朝鮮사람에게「읽히우기」爲하야 써야한다면 張赫宙氏가 東京文壇에 屢屢發表하는 그作品과 英米人에게 읽히우기를 主眼삼고쓴 姜용걸氏의「草家집」등은 모도 朝鮮文學이 아님니까、그러타면 또 朝鮮사람에게 읽히우기爲하야、朝鮮글로훌융히 써워진 저「九雲夢」「謝氏南征記」等은 朝鮮文學이라고 볼것입니까

스사로 自問自答하여주시면서 여러가지 境遇의引例를 들어、「朝鮮文學」의規定을 내려주시압소서、이것이、不快하고 雜然한 雰圍氣에 싸어잇는 混亂된 現下朝鮮 文壇의 重大한清算運動이될줄아옵기 再三考慮를 바라는바외다

『삼천리』 제8권 제8호, 1936. 8.

설문

'조선문학朝鮮文學'의 정의定義 이러케 규정規定하려 한다![65]

대체로 정설定說대로 쫒는다면 조선문학朝鮮文學이 되자면 의례히 1. 조선朝鮮 '글'로 2. 조선朝鮮 '사람'이 3. 조선朝鮮사람에게 '읽히우기' 위하야 쓴 것만이 완전한 조선문학이 될 것이외다. 그러타면 역설 몃 가지를 들어 보겟습니다.

1. 박연암朴燕岩의 『열하일기熱河日記』, 일연선사一然禪師의 『삼국유사三國遺事』 등등은 그 씨운 문자가 한문이니까 조선문학이 아닐가요? 또 인도印度 타-골은 『신월新月』, 『끼탄자리』 등을 영문으로 발표햇고 씽그, 그레고리, 이에츠도 그 작품을 영문으로 발표햇건만 타-골의 문학은 인도문학으로, 이에츠의 문학은 애란愛蘭문학으로 보는 듯합데다. 이러한 경우에 문학과 문자의 규정을 엇더케 지어야 올켓습니까.

2. 작가가 '조선 사람'게 꼭 한하여야 한다면 중서이지조中西伊之助의 조선인의 사상 감정을 기조로 하여 쓴 「汝等の背后より」라든지 그 밧게 이러한 류類의 문학은 더 일고一顧할 것 업시 '조선문학朝鮮文學'에서 제거除去하여야 올켓습니까.

3. 조선 사람에게 '읽히우기' 위하야 써야 한다면 장혁주張赫宙 씨가 동

65 「'朝鮮文學'의 定義 이러케 規定하려 한다」, 『삼천리』 제8권 제8호, 1936. 8.

경 문단에 누누 발표發表하는 그 작품과 영미인英米人에게 읽히우기를 주안主眼 삼고 쓴 강용흘姜龍訖 씨의 『초가草家집』 등은 모도 조선문학이 아닙니까, 그러타면 또 조선 사람에게 읽히우기 위하야, 조선 글로 훌융히 씨워진 저 『구운몽九雲夢』, 『사씨남정기謝氏南征記』 등은 조선문학이라고 볼 것입니까.

스사로 자문자답하여 주시면서 여러 가지 경우의 인예引例를 들어, '조선문학朝鮮文學'의 규정規定을 내려주시압소서. 이것이, 불쾌하고 잡연雜然한 분위기雰圍氣에 싸여잇는 혼란混難된 현하現下 조선문단朝鮮文壇의 중대한 청당운동淸黨運動이 될 줄 아옵기 재삼 고려再三考慮를 바라는 바외다.

조선문학朝鮮文學의 개념

이광수李光洙

어느 나라의 문학文學이라 함에는 그 나라의 문文으로 쓰이기를 기초基礎 조건條件으로 삼는 것이다.

지나문학支那文學이 한문으로 쓰이고 영문학英文學이 영문英文으로 일본문학日本文學은 일본문日本文으로 쓰이는 것은 원형이정元亨利貞이다. 만일 일본문학이 독일어로 쓰이고 희랍문학이 범어梵語로 쓰이엇다 하면 이러한 담대무학膽大無學에는 경황실색驚惶失色치 아니치 못할 것이다.

'조선문학朝鮮文學'은 조선朝鮮 '글'로 쓰이는 것만을 일음이다. 조선朝鮮 글로 쓰이지 아니한 '조선문학朝鮮文學'은 마치 나지 아니한 사람 잠들기 전前 꿈이란 것과 갓치 무의미한 일이다.

박연암朴燕岩의 『열하일기熱河日記』 일연선사一然禪師의 『삼국유사三國遺

事』 등은 말할 것도 업시 지나문학일 것이다. 그럼으로 국민문학國民文學은 결코 그 작자의 국적을 딸어 어느 국문학에 속하는 것이 아니요 오직 그 쓰이어진 국문을 딸어 어느 국적에 속하는 것이다.

말하자면 문학의 국적은 속지屬地도 아니요 속인屬人 작자作者도 아니요 속문屬文 곧 국문國文이다.

같은 타-골의 작품도 인도어로 쓰인 것은 인도문학印度文學이요 『신월新月』, 『끼탄자리』 등 영문英文으로 발표한 것은 말할 것도 업시 영문학이다.

또한 영국의 해양문학자海洋文學者라고 일홈 높은 콘림씨는 파란인波瀾人이어니와, 그의 영문으로 쓴 작품을 파란문학波瀾文學이라고 할 사람은 업슬 것이다.

중서이지조中西伊之助의 「汝等の背後より」는 '조선문학朝鮮文學'이 될 아무런 이유도 업슬 것이며 또한 장혁주張赫宙, 강용흘姜鏞訖 등의 저서도 조선문학이라 할 수 업슬 것이다. 그러면 『구운몽九雲夢』, 『사씨남정기謝氏南征記』 등은 어느 나라 문학文學인가? 그 취재가 지나支那에서라 하야 지나문학이 아니라 그 문文이 지나문支那文이기 때문에 지나문학이다. 다만 작자가 조선사람일 따름이다. 허난설헌許蘭雪軒의 시도 지나문학이요 한문으로 쓰인 모든 문학文學 — 최고운崔孤雲 정포은鄭圃隱 이하以下 신자하申紫霞, 황매천黃梅泉 등에 이르기까지 모다 지나문학 제작자製作者엿섯다.

그와 반대로 조선朝鮮 '글'로 번역飜譯된 『삼국지三國誌』, 『수호지水滸誌』며 『해왕성海王星』, 『부활復活』갓흔 것이 돌이어 '조선문학朝鮮文學'이다. 조선문朝鮮文으로 쓰인 까닭으로 —

조선朝鮮 사람에게 '읽히우기' 위한 문학이란, 조선朝鮮 '글'로 씨워진 것이여야 할 것이다. 조선문학朝鮮文學이란 무엇이뇨? "조선문朝鮮文으로 쓴 문학文學이라!"

조선朝鮮 사람 읽을 것만이

박영희朴英熙

1문一問의 답答

조선에 자기의 글이 없을 때 일이라면 한문을 대용代用해서 작품을 썻다고 그것이 조선문학이 않이라고는 할 수 없다. 이러한 경우에 한해서는 독특한 예가 되는 것이다.

타-골, 이예츠…… 등은 영문학으로 취급되는 때가 많다. 애란愛蘭 사람이 썻다는 것보다도 영어로 썻다는 것이 문제되는 것이다.

2문二問의 답答

중서이지조中西伊之助의 『汝等の背後より』 등은 조선문학은 아니다. 허다한 제재 중에 다만 조선을 제재로 해서 쓴 것뿐이다. 가령 불란서 작가가 영국 사람의 생활을 제재로 했다고 곧 영문학이 되는 것이 아니다. 더욱이 조선어가 창안된 이후의 작품은 반듯이 조선어로 된 것에 한하야 조선문학이라고 할 수 잇다고 나는 생각한다.

3문三問의 답答

장혁주張赫宙 씨의 동경 문단에 발표한 작품, 강용흘姜鏞訖 씨의 영문 작품 등은 중서이지조中西伊之助의 예와 같이 다 조선인의 생활을 제재로 해서 창작한 것뿐이니, 모르나 역시 조선문학學은 될 수 없다. 조선사람이 읽을 수 없는 문학은 조선문학이 될 수 없다. 또한 외국 작품을 조선어로 번역하게 되면, 그것은 외국 문학을 번역한 것뿐이지 그것이 조선문학은 아니다.

장혁주 씨는 동경 문단뿐 아니라 조선문단에서도 현금現今 노력 중이니 말하자면 이중 문단의 작가라고 볼 수 있다.

언어言語는 제2차적第二次的

염상섭廉想涉

한민족을 단위로 본 개성 — 쉽게 말하야 민족성을 표현하야 민족의 마음, 민족의 혼, 민족의 독이성獨異性을 표백表白하고 따라서 그 민족의 인생관, 사회관, 자연관들을 묘사표현描寫表現한 것이면 그 민족만의 문학일 것이라고 하겟습니다. 그럼으로 첫재 문제는 '쓴 사람'의 문제일 것이요, 둘재는 작품의 담긴 내용에 따라서 결정될 경우도 잇겟습니다. 그러고 어語와 문文은 한 표현 수단 즉 기구器具와 가튼 것인가 합니다. 그럼으로 제일 조건이 조선 사람인 데에 잇고 외국어로 표현하얏다고 반듯이 조선문학이 아니라고는 못 할 듯합니다. 조선의 작품을 번역하얏다고 금시今時로 외국문학이 되지 안흠과 가티 외국어로 표현하얏기로 조선사람의 작품이 외국문학이 되리라고는 생각할 수 업습니다.

언어言語에서 결정決定된다

김광섭金珖燮

어느 나라 문학을 물론하고 그 나라의 문학되는 소이所以는 우선 그 나라의 언어에서 결정된다. 그 결정된 바 언어로써 작가가 그 나라 사람 즉 민중에게 그 나라의 내용을 표현하는 데서 그 나라의 문학이 발생되는 것이다.

그러므로 조선문학이라고 하면 조선어로서 조선 작가가 조선인에게 조선의 내용을 표현하는 것에 부외不外할 것이다.

이것은 대체로 한 민족의 문학이 발생되는 원칙론에 속한다. 그러나 이러케 발생하야 오는 가운데 그 내용을 그 민족 이외에 널리 세계에 구求하는 경우가 잇스나 그러타 하더라도 결국 그 민족적 특질을 통하야서 일 것이다. 그러므로써 홍벽초洪碧初 씨의 『임꺽정전林巨正傳』도 조선문학에 속할 수가 잇다.

그러나 박연암의 『열하일기熱河日記』 일연선사一然禪師의 『삼국유사三國遺事』는 그 표현된 언어가 한문인 이상 조선문학의 개념 속에 들 수가 업다. 그러면 중국문학도 안이고 조선문학도 안이면 대체 어느 나라 문학에 속할 것인가 하는 의문이 일어날 것이다. 그러나 그것은 과거 엇던 시대에 있어서 조선 학자 급及 문인이 그 표현을 한문으로 대代한 시대가 이섯든 것만큼 그것은 조선에 있어서의 한문학사의 영역에 속할 것 뿐이라.

예를 널펴서 인도의 시성詩聖 타-골 옹翁의 영어로 표현된 시 혹 시극詩劇은 인도의 국민으로 보아서는 내용은 비록 인도印度의 것이나, 결코 인도문학은 안이다. 더군다나 인도어가 살어서 인도인의 상용어가 되고 또 문학적 표현이 되고 잇는 이상 더욱 그러타. 만일 우리와 가튼 외국인으로 보아서는 그것이 비록 영어로 표현되엿다 하더라도 그 내용이 인도인 만큼 타-골옹翁이 인도어로 표혣한 것을 널리 세계에 알이기 위하야 가장 널리 쓰는 영어로 끗처 노앗다는 의미쯤에서 인도문학이지, 한 민족이나 한 국민의 문학 그 자주성에서 보면 결코 순진한 인도문학이라 할 수 업다.

그리고 예이츠나 싱그의 문학도 우리로 보아서는 그 내용상 즉 애란愛蘭의 정서와 신비神祕와 토훈土薰을 가장 잘 표현한 점에서 애란문학愛蘭文學이 될 것이나 애란 민족 그 자체로 보아서는 그 역亦 순진純眞한 애란문학이 안이다. 그러나 애란愛蘭은 오랜 식민지로서 그 모어를 거진 일허버리고 앵그로 아이리쉬(anglo Irish)라는 말하자면 에리자베스조朝 시대時代의 영어에 켈트 고대어의 정서 가튼 일종의 언어가 있어서 싱그·예이츠·그레고리 부인 등의 표현은 그것에 속하는 일一의 특수적 예외를 짓고 잇다.

그럼에도 불구하고 그 실實인 즉 근대에 와서 애란에는 애란 고대어 즉 모어母語의 부흥운동이 잇서서 예이츠·싱그 등의 대표하는 문학은 그것이 게릭어語가 안이라는 점에서 약간의 비난非難도잇다.

그러므로 문학이란 원칙적으로 그 민족의 고유한 언어에 딸이라고 할 것이다.

그러거늘 더군다나 중서이지조中西伊之助가 조선의 사상 감정을 기조로 하야 썻다고 『汝等の背後より』가 조선문학에 들 리는 만무하다.

이박게 동경에서 발표된 장혁주張赫宙 씨氏의 소설이나 영어로 씨인 강용흘姜鏞訖 씨의 「그라스루프」가 혹시 외국인이 볼 때에는 그 내용이 조선이라는 점에서 조선문학이라 할는지 몰으나, 우리로 보아서는 결코 조선문학이라고 할 수 업다.

하여턴 여러 가지의 특수한 예는 잇다 하더라도 원칙적으로는 조선말로 조선 내용을 조선 독자에게 읽히는 그것이 안이면 엄숙한 의미에서 조선문학이 안일 것만은 움직일 수 업는 사실이다.

조선朝鮮을 제재題材한 것이여야

장혁주張赫宙

귀사貴社에서는 '조선문학朝鮮文學'을 규정規定하는 정설定說이라 해서, 1. 조선朝鮮 글로, 2. 조선朝鮮 사람이, 3. 조선朝鮮 사람에게 읽히우기 위해서 쓴 것이 완전한 조선문학이라고 햇스나, 나는 그 가운데 '조선을 제재題材한 것'이라는 조건條件을 더 하나 넣고 싶습니다. 즉, 조선 글로, 조선 사람이, 조선사람을 그린 문학을 조선사람에게 읽히기 위해 쓴 것이 정당한 '조선문학'이라고 하겟습니다.

이렇게 뚜렷한 규정이 있아오매, 이 규정에 넣어 보아, 들어가지 아니하는 것은, 정통적正統的 조선문학이 아닙니다.

따라서 박연암朴燕巖암도 일연선사一然禪師도, 중서이지조中西伊之助는 무론 강용흘姜鏞訖이나 장혁주張赫宙의 일부 소설도 조선문학에는 넣지 못할 것이라고 생각합니다.

아관我觀 '조선문학朝鮮文學'

서항석徐恒錫

조선문학이 되자면 어떠한 조건을 가추어야 하느냐 이 문제의 해결은 그리 간단하지가 안타고 생각한다. 제안자提案者 이른바 정설定說 '① 조선朝鮮 글로 ② 조선朝鮮 사람이 ③ 조선朝鮮 사람에게 읽히우기 위하야 쓴 것'이란 것을 우선 원칙적 조건으로 승인하고 보자. 이 세 가지 조건을 구비한 바에야 이를 조선문학이라 아니할 수 없는 까닭이다. 『구운몽九雲夢』과 『사씨남정기謝氏南征記』와 만근輓近의 우리 제작품은 다 조선문학임이 물론이다. 그러나 여기에 문제되는 것은 이 세 가지 조건 중에 하나나 혹은 둘을 결缺한 때, 다시 말하면 하나나 혹은 둘만을 가춘 때에도 그것을 조선문학이라 할 것이냐 아니냐 하는 것과 또 '조선朝鮮글', '조선朝鮮사람'이란 것은 어떠케 규정할 것이냐 하는 것이다. 그러고 조선사람에게 읽히우기 위하야 쓴 것이기만 하면 그것이 대다수 조선사람에게 읽히워지고 잇는 일, 또는 잇은 일이 없더라도 조선문학이라 할 것이냐 아니냐 하는 것도 논란을 요하는 문제인가 한다.

첫째, 이 세 가지 조건 중에서 하나만을 가춘 때 즉,

1. 조선 글로만 썻으면
2. 조선사람이 쓴 갓이기만 하면
3. 조선사람에게 읽히우기 위한 것이기만 하면, 다 조선문학이라 할 것이냐 하는 문제이다.

1. 조선사람에게 읽히우기 위한 것이 아니면서 어느 외국인이 자기의

표현을 조선글로써 하는 경우가 잇을까. 그러타면 그는 혈통血統은 비록 외국인이지마는 조선에 귀화한 지가 오래거나 하여 모국의 어문을 전연 모르는 사람일 것이다. 이런 경우에 그 조선 글로 쓴 것은 단지 초고草稿에 지나지 못하는 것이오, 그것이 그의 모국어로 번역되어 발표되엇다면 구태어 그 초고를 조선문학이라 할 것은 없지만 만일 그 초고가 우선 발표되어 가지고 그것이 당초에 조선사람에게 읽히우기 위한 것이 아님에도 불구하고 대다수 조선사람에게 읽히워질 수 잇을 것이 상정想定될 때에는 이를 조선문학에 편입하는 것을 용허容許하여도 조타고 나는 생각한다. 조선 글로 썻다는 것은 조선문학을 규정하는데 잇서서 거이 결정적 조건이오 이에는 조선사람에게 읽히워진다는 사실이 반伴함을 통례通例로 하는 까닭이다.

2. 조선글로 쓴 것도 아니오. 조선사람에게 읽히우기 위한 것도 아니오. 단지 조선朝鮮 사람이 쓴 것이기만 한 때에는 이를 조선문학이라 할 수 없다. 장혁주 씨의 화문 제작和文諸作과 강용흘 씨의 영문 제작은 조선문학에 편입할 수 없다.

'솨미쏘'는 불인佛人이지마는 독일에 와서 독일문으로 독일인을 대상으로 하야 쓴 모든 작품은 다 독일문학에 속하지 안는가.

3. 조선 글로 쓴 것도 아니오 조선사람이 쓴 것도 아니오 단지 조선사람에게 읽히우기 위하야 쓴 것인 경우에는 이를 조선문학에 편입할 수 없다. 중서이지조中西伊之助의 조선인에게 읽히기 위한 제작도 일본내지문학日本內地文學에는 속할지언정 조선문학은 아니다. 우리는 이익상李益相 씨의 번역을 통하여서 비로소 현재의 대다수 조선인은 이를 감상할 수 잇는 것이다.

둘째, 이 세 가지 조건 중에서 둘 만을 가춘 때 즉,

1. 조선사람에게 읽히기 위한 것은 아니라도 조선사람이 조선 글로 쓴 때
2. 작자가 조선사람은 아니라도 조선사람에게 읽히우기 위하야 조선글로 쓴 때
3. 조선 글로 쓴 것은 아니라도 조선사람이 조선朝鮮 사람에게 읽히우기 위해 쓴 때

이를 조선문학이라 할 것이냐 아니냐 하는 문제이다.

1은 그것이 조선사람에게도 찬동贊同으로써 읽히워지는 사실을 반伴하는 때에만 이를 조선문학에 편입編入할 수 잇을 것이다.

2는 저 우에서 열거列擧한 장혁주張赫宙, 강용흘姜鏞訖, 솨미쏘의 작품이 일日, 영英, 독獨의 문학이라는 것을 반증으로 하야 조선문학에 속하는 것이다. 예例를 들면 기일박사奇一博士의 조선문 제작朝鮮文諸作은 조선문학에 속한다.

이는 조선사람에게 읽히우기 위한다면서 조선사람으로서 조선 글로 쓰지 아니한다는 것은 생각할 수 없는 일이다. 만일 잇다 하여도 그것은 조선문학은 아니다. 우리는 어느 외국에 귀화歸化한 조선인의 자손이 제국어諸國語로 쓴 작품을 현재에 잇어서는 조선문학에 넣을 수 없다. 그러면 여기서 문제되는 것이 박연암朴燕岩의 『열하일기熱河日記』, 일연선사一然禪師의 『삼국유사三國遺事』 등 한문으로 쓰여진 조선한문학이다. 나는 이것을 조선문학文學에 편입編入하는 것이 올타고 생각한다. 이러케 말하면 나의 소견所見이 일견 모순됨을 지적할 사람이 잇을 것이다. 여기서 나는 '조선글'이란 것을 규정함으로써 그것이 모순矛盾 아님을 해명하려 한다.

현재에 잇어서 '조선글'이라 하면 '가나다라'를 지칭하는 것이다 함에

이의異議를 삽揷할 사람이 없을 것이다. 그러나 과거 천 년 또는 이천 년 전에도 '가나다라'가 조선 글 이엇느냐 하면 누구나 아니라 할 것이다. 또 미래 천 년 또는 이 천년 후에도 '가나다라'가 조선 글일 것이냐 하면 아마 보증할 사람이 없을 것이다. 섭섭하게도 현재의 우리는 이 예측을 더욱 어렵게 하는 사정하事情下에 처하여 잇는 것이다. 혹은 조선말의 연원淵源이 오랜 것과 또 그 생명의 길 것을 말하는 사람이 잇으리라. 그러나 오늘날과 같이 언言과 문文이 일치한 때를 과거 어느 적에 우리가 가젓으며 미래 언제까지나 우리가 가질 것이냐. 과거에 잇어 『열하일기熱河日記』나 『삼국유사三國遺事』는 다 그 시대에 문학표현용으로 통용되는 문자를 쓴 것이니 그것이 비록 한문자漢文字라 할지라도 그 시대의 조선글[조선말은 아니지만]로 인정할 수밖에 없는 일이다. 그러므로 나는 『열하일기』나 『삼국유사』는 조선문학에 편입되어야 한다고 생각한다. 영문으로 발표한 타고르의 『신월新月』, 『끼탄자리』가 인도문학으로, 또 영문英文으로 발표된 예이츠의 작품이 애란愛蘭 문학으로 인정되는 것은 오늘날 인도나 애란愛蘭이 그 불운不運 때문에 교육, 출판 모든 방면에 잇어 영어를 모어母語보다 더 광범위廣範圍로 사용하게 되어 잇으므로 해서 문학표현용으로 영문을 쓰게 되어가지고 잇다는 사실을 념두念頭에 두고보면 곧 수긍될 일이다. 만일 우리가 금후今後 몇 세기를 지난 뒤에 우리의 통용문자가 모어母語와 일치하지 안는 시대가 온다면(물론 우리는 모어母語의 순수성純粹性의 보지保持와 및 모어母語와 통용문자와의 일치를 위하야 적극적으로 노력하여야 하겟지만) 그 때에 이른바 조선글이라는 것은 또 어떠한 문자가 될는지 모를 것이다. 세계공통어에 기基한 문자가 될넌가, 또는 장혁주 씨의 제작諸作이나 강용흘 씨의 제작諸作이 그 시대의 통용문자와 같은 문자를 사용하엿든 관계로 조선문학에 편입編入되는 때가 올넌가.

요컨대 그 시대에 통용되는 조선 글로 씌여저 가지고 대다수 조선사람에게 애독愛讀되기 위하야 나온 것이라면 조선문학이라 하자는 것이다. 그리하여 한번 조선문학권 내에 들어온 뒤에는 그것이 다시 감상권 鑑賞圈 외外로 나간 뒤라도 그 내용이 유산遺産으로서 계승되어 잇을 것인 한에서는 저 조선의 한문학漢文學과 같이 이를 고문학古文學의 대우待遇를 하야 조선문학의 적籍에 너허 두자는 것이다. 그러나 장혁주 씨의 제작諸作과 강용흘 씨의 제작諸作은 우리가 아모리 미래를 상정想定한다 할지라도 적어도 현재에 잇어서 조선문학이 아니다. 그러고 그러한 것이 조선문학의 권내圈內에 들어오는 것을 적극적으로 방지하는 곳에 조선 문인의 현하現下의 노력이 잇어야 하겟다.

그러고 여기서 해명을 요하는 또 한 가지 문제는 제작制作의 동기에 잇어서 '읽히기' 위한 것과 '읽히우기' 위한 것은 재연裁然히 구별되어야 할 일이며 제작制作 이후에 잇어서도 단지 조선 사람이 읽는다는 것과 대다수 조선 사람이 읽는다는 것은 명확히 판별判別되어야 할 일이다.

자기문자自己文字의 표현表現만이

이헌구李軒求

외국문자를 빌어서 자민족自民族, 자사회自社會의 사상 감정을 표현하였을 때 이를 어떠케 규정할 것인가?에 대하야 우리는 비단非單 조선이 한자를 빌어 썻다는 사실만이 아니라 서구에 있어서도 한 민족의 문학이 건설도정建設途程에 있어서는 불佛, 영英, 이伊에서는 희랍문자希臘文字, 우

又는 나전문자羅甸文字를 빌어썻고 노서아露西亞는 그 전부는 아니라고 하더래도 불란서 문자를 다분히 빌어서 썻다. 이것은 문화가 뒤떠러진 사회가 선진문화를 추종追從하랴 할 때 불가피의 현상이다. 오직 문제는 그러한 이국문자異國文字를 사용하여 가면서 여하如何히 자국 문화나 예술을 조속早速히 독자적으로 발전식히고 풍부히 하여 가는가 하는데 근본의根本義가 잇다. 즉 그들이 한 세기世紀 외外 내지乃至 두 세기世紀의 절대絶大한 노력에서 완전한 언어, 풍부한 문자를 맹그러 냇을 때 비로서 자국문학自國文學이 제2기적第二期的 정통적正統的 건설기建設期로 드러가는 것이다. 자문자自文字를 소유하지 못 헷기 때문에 타문자를 사용하엿다는 조건을 떠나 거기에서 그 민족 그 사회의 고유한 또는 독자적인 그 무엇을 발견할 수 잇다면 그는 광범하게 그 민족 그 사회의 문학영역 속에 드러야 한다. 다만 문제는 타문자他文字를 사용하여서 문학이 가지는바 언어적言語的 미표현美表現의 독자성獨自性까지를 완전히 살리겠느냐 하는 것이 문제되지 안을 수 없다. 더군다나 자문자自文字가 완전히 발달되엿슴에도 불구하고 타문자他文字를 사용했을 때는 더욱 그러하다. 즉 자문자自文字 이상으로 타문자他文字를 완전히 또 자유롭게 구사驅使할 수 잇는가가 거이 불가능이라고 해야 할 것이다. 그러나 조선과 가티 아직도 완전한 언어의 구사驅使가 부족을 느끼는 때에 있어서 교육이 가저다가 준 타문자他文字의 침윤浸潤은 용이容易히 제거除去하기 어렵다. 더욱 조선은 모든 예술 부문 중에서 특히 문학이 이 치욕적恥辱的 모독冒瀆을 계승식혀 왓다. 타문자他文字에서 완전히 자아自我를 해방 못한 그것이 조선문학뿐 아니라 조선문화를 완성식히는데 가장 큰 죄화罪禍다. 그러므로 오인吾人은 시급히 타문화他文化의 정당한 수입소화輸入消化에서 완전한 자아自我 자문학自文學을 건설하는 것이 제1급무第一急務다. 그러나 조선은 그 제1기적第一

期的 공작工作도 완성되지 못하고 제2기적第二期的 정통적正統的 건설建設에 급汲하는 조급성燥急性이 잇다.

즉 자문학自文學의 풍부는 그 초창기에 있어서 단순히 창작만으로써 완성되는 것이 아니요 실로 그것은 타문화他文化 문학文學을 자어이식自語移植하는 데 중대한 의의가 잇는 것이다. 「호-머-」나 성경聖經 번역飜譯이 외국문학에 끼친 바 중대한 감화感化와 영향은 물론 조선에서도 불완전하나마 순수 조선문자로 된 것은 성경이 효시가 아니엿든가? 더욱 거기에서 새로운 사상감思想感을 수입하는 것은 말할 것도 업다. 이러한 두 가지 길에서 자언어自言語와 문자는 풍부 완성되어 가거니와 조선은 지금 그 어느 한아에도 치중하지 아니하고 이 두 가지가 대립되는 혼란에 빠지고 말엇다.

다소 탈선된 듯하다. 다시 문의問議에 도라가 타-골이다. 애란문학愛蘭文學을 논論할 때 여기서 간단히 논결論結할 수는 업스나 거기에 그 민족의 사상 감정이 전설적傳說的으로거나 또는 현실적으로나를 불구하고 그것이 한 개의 외국문학과 대등對等 되야 그 외국문자로서의 표현이 예술적 가치를 가졌을 때, 그는 사용된 바 그 문자의 문학영역으로 편성되지 안을 수 없다. 애란문학愛蘭文學이나 인도문학이 금후今後로 영어만을 통하야 표현될 때 그는 차차로 일용日用되는 바 그 문자의 모국母國으로 도라갈 운명에 처할 것이다. 그러나 임이 말한 바와 가티 무엇보다도 한 민족 한 사회로서의 독자적 세계를 그 문학 속에 가지느냐 안 가지느냐에서 문학의 조국의 규정되는 것이다. 그러타고 타문자를 사용하는 그러한 운명에 장구將久히 부속附屬된 사회가 독자獨自의 자문학自文學을 가질 수 잇느냐는 심甚히 문제스럽다.

그리고 작자가 자국 아닌 외국을 작품의 무대로 하였을 때 이것은 원칙적으로 외국의 작품이 아니요 자국문학自國文學이 되는 것이다. 왜요? '라시-느' 나 사옹沙翁이 희랍希臘 라마羅馬를 취재取材하엿고 파란波蘭의 '라키윗치'가 라마羅馬를 제재題材로 하엿다고 그것이 희랍문학希臘文學이거나 라마문학羅馬文學이 될 수는 절대로 없다. 국적을 달리 하더래도 이국異國의 정감과 생활에 충분히 또 완전히 침윤浸潤되기 전 외국 내용으로 자국어로 썻다면 그것은 자국문학自國文學이 되는 것이 당연하다. 그러타면 가령 그 누가 자국自國을 제題로 외국어로써 썻다면 그는 어느 나라 문학에 속할 것이냐는 좀더 데리케-ᅳ트하다. 그러나 이 점도 다소 언급하여 왓거니와 자국어自國語로 절대絶對 표현表現이 가능하다거나 또는 곤란하고 부자유하다면 모르거니와 그러치 아니한 한限에 있어서는 실로 이야말로 호적戶籍이 아니라 국적國籍이 없는 문학작품이요 동시에 완성된 작품 되기가 곤란할 것이다. 외국어 가령 내가 영어로써 조선을 제재題材하야 한 개의 작품을 썻다고 할 때 위선爲先 문제는 작품의 국적 문제보다도 작품으로서의 완성 문제다. 그래서 그것이 작품으로써 완성되엿다면 그는 표현된 문자를 따라 그 나라 문학의 영역에 들 것이다. 그러치 아니하고 그 작품이 다만 어떤 보고나 소개 정도에 끈쳣다면 이것은 부차적으로 문학 이외의 사회사상사적 견지에서 운위云爲된 성질의 것이다.

독자 문제는 위선爲先 자국사회自國社會에 한정되는 것이 원칙이지만 위대한 작품은 독자의 국적이라거나 시간의 제한을 받지 안는 것이니 여기 경론更論할 바가 아니다.

이상의 서술을 요약하면 문학은 그 문학의 발달사상發達史上에 있어서 이국문학異國文學 사용使用의 시대를 가질 수 있으나 정통적으로는 자국언어自國言語와 문자文字에 의한 표현이라야 할 것인 바 여기에는 문학이 가지는 사상 감정 문제가 중요한 의의를 가지는 것이요, 작자가 자국인이라는 것은 이것이 원칙인 것이며 독자는 반드시 국적의 제한을 받지 안터래도 거기에 제한되는 것이 보통이라는데 끈칠 것 갓다.

조선문학朝鮮文學을 두 가지로 규정規定

이병기李秉岐

나는 이러케 생각합니다.

조선문학朝鮮文學을 두 가지로 나누어 하나는 純粹한 조선문학朝鮮文學, 또 하나는 광범廣泛한 조선문학朝鮮文學.

그리고 순수한 조선문학朝鮮文學은 조선인人이 조선 말글로 쓴 순수純粹한 문학작품(시가詩歌, 소설小說, 희곡戲曲 등)이고 광범廣泛한 조선문학朝鮮文學은 조선인人이 조선 말 글로 쓴 광범廣泛한 문학작품(일기日記, 기행紀行, 서간書簡, 전기傳記, 전설傳說, 담화談話, 잡록雜錄 등)이나 또는 다른 나라 말로 쓴 순수한 문학작품, 광범廣泛한 문학작품이외다.

그리고 보면 『열하일기熱河日記』, 『삼국유사三國遺事』 등이며 장張씨 강姜씨의 그 작품은 광범廣泛한 조선문학이고 중서이지조中西伊之助씨의 작품은 조선문학이 아니고, 『구운몽九雲夢』, 『사씨남정기謝氏南征記』 등은 순수한 조선문학에 속합니다. 문학의 취재取材는 어느 것으로 한 것이든지 상관이 없을 것이외다. 이상以上

조선朝鮮 사람에게 '읽히움'에

박월탄朴月灘

물론 정설定說대로 조선 글로 조선사람이 조선사람에게 '읽히우기' 위하야 쓴 것이 조선문학이 될 것이다. 그러나

1의 예例대로 『삼국유사三國遺事』, 『열하일기熱河日記』(완전한 문학 부류에 속할 것인지 아인지는 별문제로 하고)는 비록 그 문자가 한문으로 되여 잇스나, 우리의 완전한 글이 없섯든 시대와 또한 우리글이 엇더한 정치적 또는 시대 조류潮流의 환경으로 인하야 독자의 권위를 발양發揚치 못하고 한문으로 대용代用되야 일반에게 보편화되엿든 시대의 작품이니, 이것은 한 개인과 한 작품만의 문제가 않이다. 그 시대의 전 사회가 시인하고 통용한 것인 즉 글자가 비록 한자로 되었다 할지라도 당연히 조선문학에 속할 것이다.

2의 예대로 중서이지조中西伊之助의 『汝等の背後より』 등은 물론 조선문학이 않이다.

3의 예 장혁주, 강용흘 씨 등의 각각 외국 문단에 발표한 그 작품들은 아모리 조선사람을 재제로 하야 썻다 할지라도 지금 우리에게는 훌융한 우리 글과 우리 문학을 맨들 수 있는 시대다. 그러타면 이것은 우리 조선사람에게 읽히랴는 목적이 않이라 외국인을 상대로 한 것이니 우리 문학이라 인정하기 어렵다. 이것은 1의 예例와 대조적對照的 현상을 일운 호개好箇의 예다.

『구운몽九雲夢』은 비록 모방한 점이 있으나 조선사람의 손으로 된 훌융한 조선문학으로 볼 수 있다. 『사씨남정기謝氏南征記』는 엄밀하게 말하면

번역문학에 속할 것이다.

객관적客觀的 사정事情에 의依하야 규정規定된다

임화林和

귀문貴問에 답합니다.

조선문학이 반듯이 구비해야할 요건으로 열거하신 "1. 조선 글로, 2. 조선사람이, 3. 조선사람에게 읽히우기 위하야"라는, 세 개의 것은 물론 어늬 한아도 빼일 수 없는 것일 것임니다.

그러나 이 세 가지를 구비具備하지 않은 달은 경우, 즉 귀문貴問의 역설 1, 2, 3이란, 사실 조선문학 그것을 현실적으로 생각지 안는데서 유래함인가 합니다.

다시 말하면 조선문학이란 조선인朝鮮人의 생활적 현실 가운데서 자라나서 그것을 반영反映하고, 그 향向하는바 최량最良에 이상理想에 의하야 향도嚮導되는 문학일 것임니다.

그러므로, 그것은 첫재 현실적으로 이해되고 둘재로 역사적으로 파악把握될 것임니다.

즉 조선문학이란 조선사람이 한 개 공용된 사회적 역사적 운명하에 결부結付되어 있는 동안에 존재하는 것이고, 그 관계가 폐기廢棄될 때에는 스스로 방기放棄될 槪念임니다.

따라서 그 정의하는 것이 설 수 있다면 그것은 개개인의 주관에서가 아니라, 전혀 객관적 사정에 의하야 규정되는 것임니다.

그러므로 각국의 국민문학의 성립이란, 사실 역사상에 있서 민족民族

급及 민족국가民族國家의 형성기形成期인 근대 시민사회와 더부러 확립된 것이며, 일방 중국에 대한 근대적 제 조건을 통한 전 국민적 결합이란 것이 파괴되면서부터, 국민문학의 개념이란 본질적으로 동요動搖되고, 사실事實 한 무력無力한 것이 됩니다.

현대에서는, 인쇄술이나 번역 등 외적 현상에서만 아니라 그 정신에 잇서 각국의 국민문학으로부터 일개의 세계문학의 과정으로 문화이동의 과정이 특징화되어 잇슴은 널리 제가諸家의 인지하는 바인가 합니다.

일즉이 완성한 자기의 독특한 문학을 수립할 결흠이 업섯든, 우리 조선문학에는, 이 문화과정이란, 시작되면서 임이 소멸하엿다고 볼 수 잇습니다.

한말로부터 대정大正 10년 전후까지, 조선문학이 문학상의 계급적 분열分裂을 아즉 경험치 안헛든 지극히 짜른 동안이 일부러라도 우리 조선에 잇서 '루넷싼스'라고 일홈할 수 잇슬 것임니다.

그러나, 주지周知와 갓치 전민족적 경향은 그 형식에 잇서도, 또 내용에 잇서서도, 명확히 계급적이고 국제주의적인 푸로문학의 대두擡頭로서 종식終熄되고 만 것임니다.

그럼으로 이럿케 문학적 현상이 심甚히 다단多端한 현금現今에 잇서 조선말로만 썻다고 조선문학이 될 수 업는 일이요 조선 작가가 쓰기만 햇다고 조선문학 될 수 업스며 이 두 가지를 떠나 조선사람에게 읽히기 위하야 쓰기만 하면 조선문학이 될 수도 업시 곤란한 것임니다.

1. 『열하일기熱河日記』나 『삼국유사三國遺事』와 갓치 외어外語로 쓰지 안코 조선말로 써야함은 결코 문학의 형식적 이유에서 뿐만 아니라, 거위 전부 조선사람이 방금方今 조선 말 이외에 말로는 글을 쓰지 못하는 때문이요 또 조선의 현실, 조선인人의 사상 감정의 미묘한 뉴-안쓰는 이 말

아니고는 최상의 예술적 표현을 획득獲得하기 어려운 때문입니다.

따라서 조선문학이 단순히 형식적으로만 아니라, 조선사람의 생활 급及 그 장래에 대하야 일정한 공헌을 하랴면 불가 부득이 조선말에 의하야 씨워질 것은 위선爲先 결정적인 조건이며, 이러한 의미에 잇서 언어는 명료히 사상의 체현자體現者로서의 의의를 갓는 것입니다. 따라서 『열하일기』, 『삼국유사』 등은, 그 내용의 질에 잇서는 엄밀한 의미의 문학작품이 아닐뿐더러, 진정한 의미의 조선문학이기는 어렵습니다. 그러나, 조선인이 역사로 써 온 한시류와 더부러 일로부터 건설될 조선문학까지를 승한 문학사 가운데 선사적先史的 항목 가운데 한문학사부漢文學史部로 들어갈 수 있는 것을 부정치는 안습니다.

나는 이런 종류의 문학적 저술을 대체로 시조류 보다도 더욱이 구비전설, 가요 등에 비하야 엿게 평가하는 자입니다.

다음으로, 타-골이나 씽그, 그레고리, 예츠 등이 인도 혹은 애란문학愛蘭文學이라고 불러짐은 사실 욕辱된 사실입니다.

그들은 전인도全印度, 전애란全愛蘭의 문학인 거보다 더 만히 영제국주의와 결탁하고 굴복한 인도, 애란愛蘭 상층上層의 문학입니다.

다시 말하면 살아나가는 인도, 애란愛蘭의 문학이 아니라, 침약자에게 굴복당한 표층標衝임니다.

진정한 인도, 애란愛蘭의 문학은 금후今後에 다시 시작될 것입니다. 더욱이 그들은 그 외형에서만이 아니라, 내용에 잇서도 인도문학, 애란문학愛蘭文學이 되기에는 부소不少한 난점을 가지고 잇습니다.

2. 일본 내지인內地人으로 조선을 취재하야 쓴 것은 중서이지조中西伊之助씨 외에 목촌모木村某 등이 잇사오나, 다갓치 그것은 조선문학이 아닙니다. 중서中西 씨의 인도度를 취재取材한 『열풍熱風』을 인도문학이라고 못

부를 것과 갓치 명백히 그것들은 조선문학이 아닙니다.

그 작자·언어 등의 조건뿐만 아니라, 그 내용에 잇서도 조선에 동정同情을 가진 외인外人의 여행기를 족음 넘은 데 불과한 것으로 조선인의 생활 감정을 기조로 운운은 당치 안는 말임니다.

그러나 장래 우리의 문화생활 그것이 전全혀 국제적 과정에 올랏슬 때에는 이러한 형태로 씨워지는 문학은 국제적이면서 조선적朝鮮的인 문학이 될 수는 잇슬지도 모름니다. 그러나 그것은 먼 장래의 이상에 지내지 안슴니다.

3. 구어歐語로 쓴 강모姜某씨의 『초가草家집』 그 박게 『구운몽九雲夢』, 『사씨남정기謝氏南征記』와 장혁주 씨의 제작諸作을 비比할 때, 장張 씨의 것이 그 중 조선문학일 수 잇는 요견을 가지고 잇슴니다.

『초가草家집』이란 읽지 안하 말할 수 업고, 조선사람이 조선말로, 조선인에게 읽히기 위하야 쓴 『구운몽九雲夢』, 『사씨남정기』에 대하야, 그 말은 조선어가 아니라 해도, 장張 씨의 작품은 그 내용에 잇서 무조건적으로 조선문학적임니다.

웨이냐 하면, 그것이 조선말로 씨워젓스면, 우리들의 독자가 읽어 유익한 때문임니다.

그럼으로 정설화定設化된 3조건三條件을 형식적으로만 具備한대서는 아무 의의를 갓지 안는 것으로, 조선문학이란 그 내용에 잇서 조선적 생활의 진실한 반영과, 그 역사적으로 필연한 이상에 의하야 향도嚮導되면서, 만인에게 이해될 말 — 조흔 조선어 — 로 씨워저야 할 것임니다.

그럼으로 문제는 늘 구체적임니다. 대략 이상으로 회답을 대신함니다.

조선문학朝鮮文學의 정의定義

김안서金岸曙

조선사람이 조선말로 작품을 제작하엿다 하면 반듯이 조선 사람에게 읽이기 위하야 하는 한정된 범위가 업다 하더라도 그것은 갈 데 업는 조선문학이외다.

조선의 문학적 작품이 다 이와 가치 조선사람이 조선말로 쓴 것이라 하면 조곰도 논의될 것이 업거니와, 문제는 조선사람으로서 고유한 자기의 말을 쓰지 아니하고 외어外語를 사용하엿는지라, 이것이 조선문학이냐 또는 외국문학이냐 하게 되는 것이외다.

이에 대하야 두 가지의 생각을 가젓으니, 그것은 가튼 문학이라도 두 가지로 난호아 하나는 순수문학이요, 다른 하나는 일반문학이라 하고저 함니다. 다시 말하면 조선 사람으로서 조선말을 사용하야 제작한 작품을 어듸까지든지 조선문학으로서 순수한 것에 속하는 것이요, 외국 사람으로서 조선말을 사용하야 작품을 제작하엿다 하면 그것은 조선문학이나마 일반문학에 속하는 것이외다. 영문학이니, 불문학이니 하는 것은 어듸까지든지 언어을 표준삼아 하는 말이요, 결코 그 작품을 쓴 사람의 국적을 가르치는 것은 아니외다. 이것으로 보면 무슨 국문학이니 하는 것은 어듸까지든지 언어를 표준삼은 것이요, 다른 것은 업는 것이외다.

이예츠가 아이란드 사람이건만 그가 자기의 작품 제작에 영어를 사용하엿기 때문에 우리는 그것을 영문학이라고 하는 것이요, 아이란드 문학이라고 하지 안는 것이, 마치 강용흘 씨가 조선사람이나 영어로 작품을 제작하엿기 때문에 그의 작품을 영문학의 부문에 넛는 것이나 일반이외다.

이렇케 말하면 형식에만 편중된 감이 업지 아니 하야 다시 이야기를 내용으로 돌니거니와, 나는 내용에 대하야 이러한 생각을 가젓습니다. 엇던 작품이든지 그것이 지방적 색채를 가지면 가질사록 그 지방의 인민에게는 가장 깁흔 감명을 주는 것이외다. 그러치 아니한 것이면 누구에게나 가장 깁흔 감명은 못 줄망정 이해는 되기 때문에 이것은 일반적이라 할 수 잇는 것이외다. 이곳에서 나는 국민문학과 세계문학를 난호고저 하나, 하나는 어듸까지든지 부분적部分的이요, 다른 하나는 일반적이라는 것이외다.

본래 문학적 작품이란 암만하여도 그 나라사람이 그 나라 말로 제작한 것이 아니라면 그 풍속風俗이라든가. 감정이라든가, 습관이라든가 하는 것이 여실하게 나타나기 어러운 것이외다. 물론 예외도 업지는 아니하겟읍니다만은 아모리 외국 사람으로 엇던 나라의 언어라든가, 모든 풍토적 기습이라든가, 감정 가튼 것을 잘 안다 하더라도, 역시 본국인의 그것과 가치 꼭 들어맛게 그렇케 여실하기는 대단이 어려운 일이외다.

그러면 이것으로 보아 나는 외국사람이 쓴 작품에는 암만해도 본국인의 그것과 가튼 것이 되기에는 여러 가지 어려운 점이 잇는 것이라 합니다. 이리하야 나는 가튼 조선문학 이건만은 그것을 갈라노코저 하니, 조선사람이 조선말로 쓴 것은 순수한 조선문학이요, 외국 사람이 조선말로 쓴 것은 일반적 조선문학 밧게 아니 된다고 합니다.

강용흘 씨의 『초당草堂』을 조선문학이 아니라 하면 그 외 마찬가지로 박연암의 『열하일기』도 한문학이요, 김춘택金春澤의 『사씨남정기』도 또한 한문학이 아니 될 수 업는 것이외다. 영어는 우리와 거리가 멀고 한문은 우리와 그 거리가 갓갑다는 이유로써 하나는 영문학이요, 다른 하나는 조선문학[한문학인 것을]이라고 할 수가 업지 아니합닛가.

내용에도 얼마만치 관계가 업는 것이 아니거니와, 문학은 어듸까지든지 사용된 언어로써 이것을 영문학, 저것은 불문학, 요것은 조선문학 하면서 그 범위를 정定치 아니할 수가 업는 것이외다. 만일 이러한 구별이 업다 하면 무엇으로써 가튼 문학품을 가지고 이것을 영문학, 저것은 독문학, 요것은 한문학 하면서 구별해 노흘 필요가 업는 것이 아님닛가.

가튼 타고아 작품이라도 벤갈말로 쓴 것은 인도문학이요, 영어로 번역된 것은 영문학의 부문에 난호아지지 아니할 수 없는 것이외다.

남들은 엇더케 생각하는지 몰으거니와 나는 이렇케 밋고 이러케 보아오는 지가 상당이 오래엿습니다. 그러나 이러한 문제를 새삼스러이 논의할 필요가 잇는지, 자못 의문되는 바 이외다.

— 어於 성북동城北洞

한글문학文學만이 '조선문학'

이태준李泰俊

『열하일기熱河日記』, 『구운몽九雲夢』 등의 문제는 조선문학사를 쓸 이들이 연구 처리할 바이요, 한글이 유일한, 또 완전한 우리 글로 인정된 이 시대부터는[과거엔 어떤 예외가 있었던 간에] 첫재 조선 글로 된 것이라야 '조선문학'일터이지요, 조선사람이 썻드라도 조선말이 아니면 '조선문학'이 아니요, 외국인이 썻드라도 조선말이면 그것은 훌륭히 조선문학이리라 생각합니다.

고시가문학古詩歌文學이 끼친 공적功績

— 이병기李秉岐 씨氏와의 우문현답기愚問賢答記

文化의交流

詩歌

開되는듯하였다。現代文明의 都市인이 京城한

가운데이러한 數千年前의 壯嚴悠長한 純東洋的

古詩歌文學이끼친功績

李秉岐氏와의愚問賢答記

問「朝鮮古詩歌文學의 偉大한作家 作品等을時代의變遷에따러 말슴하여주십시요」

李秉岐氏

答「朝鮮文學의 文獻上 자최가남은것은 三韓以後인 바文學의母胎인 敍情的原始的詩歌는朝鮮에서도 亦是 新羅에 燦爛한發達이 있었읍니다。그것은鄕歌입니다。鄕歌의意味는 文字대로國鄕의노래를意味한것입니다。新羅에發生되여서 百濟、高句麗 新羅에旺盛하야 新羅統一後 三百年間 가장圓熟한것이였읍니다。이時代는勿論 至今남은 新羅遺蹟을 보아도알수있는것같이 各般文化의極致를 이루은때입니다。特히 佛敎文化가가장隆盛하야 元曉、圓測、慧超玄奘 法師는 唐에서 生佛이라는 稱號를받고 天竺에도往來하든때입니다。唐과의文化的接觸이 많어서 留學生도多數히보내였읍니다。佛敎를中心한文化가 新羅千年宗國을成한것도 佛敎를爲한佛敎가아니고 人生을爲한 新羅를爲한 佛敎이기때문입니다。鄕歌의內容思想은 宗敎的感情의 最高境의 深奧한것임으로思想이 感情化하고 感情이思想化하야 崇嚴神秘한 圓融性을表現하야 呑雜解의 것이없읍니다그러나 內容은仙敎(道敎)儒敎의 影響으로 차츰變遷하였읍니다。그러나 참말愛惜한일은 鄕歌의大部分이 남지않고있어서 이方面探求에 大端히어려우나 至今까지의 殘存된것 二十五首中一篇

『조광』 2권 11호, 1936. 11.

고시가문학古詩歌文學이 끼친 공적功績

— 이병기李秉岐 씨氏와의 우문현답기愚問賢答記[66]

문問 조선朝鮮 고시가古詩歌 문학文學의 위대偉大한 작가作家 작품作品 등을 시대時代의 변천變遷에 따러 말슴하여 주십시오.

답答 조선문학朝鮮文學의 문헌상文獻上 자최가 남은 것은 삼한三韓 이후以後인 바 문학의 모태母胎인 서정적叙情的 원시적原始的 시가詩歌는 조선에서도 역시 신라에 찬란燦爛한 발달이 있었읍니다. 그것은 향가鄕歌입니다. 향가의 의미意味는 문자文字대로 국향國鄕의 노래를 의미意味한 것입니다. 신라에 발생되여서 백제 고구려 신라에 왕성旺盛하야 신라 통일統一 후後 3백년간三百年間 가장 원숙圓熟한 것이엿읍니다. 이 시대時代는 물론 지금 남은 신라 유적遺蹟을 보아도 알 수 있는 것같이 각반各般 문화의 극치極致를 이룬 때입니다. 특히 불교문화가 가장 융성隆盛하야 원효元曉, 원측圓測, 혜초慧超, 현장玄奘 법사法師는 당에서 생불生佛이라는 칭호稱號를 받고 천축天竺에도 왕래往來하든 때입니다. 당과의 문화적 접촉이 많어서 유학생도 다수多數히 보내엿읍니다. 불교를 중심한 문화가 신라 천년종국千年宗國을 성成한 것도 불교를 위한 불교가 아니고 인생을 위한 신라를

66 「古詩歌文學이 끼친 功績」, 『조광』 2권 11호, 1936. 11.

위한 불교기 때문입니다.

향가의 내용·사상은 종교적 감정의 최고경最高境의 심호深豪한 것임으로 사상이 감정화 하고 감정이 사상화 하야 숭엄신비崇嚴神秘한 원융성圓融性을 표현表現하야 좀 난해難解의 것이 없습니다. 그러나 내용은 선교仙敎(도교道敎) 유교儒敎의 영향으로 차츰 변천하였읍니다. 그러나 참말 애석愛惜한 일은 향가의 대부분이 남지 않고 있어서 이 방면 탐구에 대단히 어려우나 지금까지의 잔존殘存된 것 25수 중 균여대사均如大師의 찬불가讚佛歌 12 수는 향가로서 완전한 일정一定 형식形式을 갖인 것이고 시조의 근본형根本型이라고 볼 수 있읍니다. 그것은 시조時調 종국終局에 쓰는 '두어라', '어즈버'와 한가지로 '아야阿也'라 하는 감탄어사感嘆語辭가 있는 것입니다. 그것은 일자一字 일구一句 참말 정미精美·엄정嚴正하야 조탁적彫琢的 수사修辭를 신라어로 쓴 것인 바 그 진보進步 완숙完熟된 증거證據는 문학적 형식의 완전한 비유법比喩法을 가지고 있음을 보아도 알 것입니다. 또 표현은 무열왕릉武烈王陵의 거북을 산 거북으로 보듯이 내용 그대로 발로發露된 언어구사言語驅使의 극치極致에 놀나지 않을 수 없읍니다. 작가와 작품을 말슴하기 전에 향가 발달의 배경 되는 화랑도花郎徒를 말슴하지 않을 수 없읍니다. 이것은 인재人才 선용選用을 위한 제도이든 것인데 10여 세부터 화랑으로 뽑히여 국가에서 양성하는 단체입니다. 그 정신은 공의公義와 공덕公德, 상조협의相助協誼의 다분의 의협심義俠心을 갖인 것입니다. 그러나 일방一方 예술적 교양을 주어 명산대천名山大川을 탐방探訪하여 향가를 제작製作하고 화류방면花柳方面에 놀게 하야 아취雅趣를 기르게 하고 그 법法과 율조律調가 있어 음악이 발생하였읍니다. 몸에 첨의襜衣를 닙고 호기豪氣를 길넜음으로 첨의지도襜衣之徒라고도 함니다. 이제 신라 향가의 작가와 작품을 통관通觀하면 이것 역시 신라고적新羅古蹟의 미술적 단편斷片을 가지고 그 경로經路를 운운하는 것과 갓다고 할 수 있습니다.

문問 화랑도花郎徒의 명호名號가 승려僧侶와 비슷한 것은 무슨 까닭임니까?

답答 명명命名이 월명사月明師이니 융천사融天師니 함은 통칭通稱하는 화랑도의 일홈이요 불교의 승려와는 다름니다. 그 시時는 일반의 생활과 골육骨肉에 불교사상佛教思想이 일상화하여서 일홈은 그만두고 작품도 자연 이러한 경향傾向이 있읍니다. 이제 일연一然의 『삼국유사三國遺事』를 보면 해가 두 개 생겨서 점복占卜하는 일관日官에게 무른 즉 덕德있는 도승道僧을 뫼서다가 기도祈禱하면 되겠다고 하야 마츰 뵈이는 천백간阡陌間에 납의衲衣를 닙고 지나가는 이를 불너서 청請한 즉 그는 '只解鄕歌 不解法文'이라고 하였으나 도솔가兜率歌 '미륵전彌勒前에 기도祈禱하는 의意'를 지어서 부르니 재변災變이 없어졌다는 일이 있어서, 당시에 인식認識에 그 감동천지感動天地, 귀신鬼神을 울리는 향가의 힘의 극치極致를 표현한 것을 알 수 있읍니다. 이는 영재가營齋歌를 보면 어린 누이동생에게 주는 애도가哀悼歌인데 가의歌意는,

> 생사生死의 길이 있는데 자신自身은 간다는 말도 못다 이르고 갓다. 어느 가을 일은 바람에 일지一枝의 잎이 먼저 떠러졌다. 내 종乃終에 도道를 닥가 극락세계極樂世界에 가서 다시 만나자!

라는 의미인 바 내용은 애절면면哀切綿綿한 서정적敍情的 가사歌詞나 신비고상神秘高尙한 종교적 정서를 가지고 고승高昇시킨 것입니다. 또 삼화도三花徒[화랑도花郞徒의 일파一派] 융천사融天師가 지은 「혜성가慧星歌」는 혜성慧星이 떠서 재변災變을 고하고 일본군이 동해를 내습來襲한 바 그를 중지시켰다는 노래입니다. 그 가의歌意는 "동해東海 금강산金剛山이 좋다는 말을 듯고 삼화도三花徒가 가려고 하였는데, 일본군도 건달파乾達婆[금강산金剛山 별명別名] 구경 왔다는 봉화烽火를 올렸다. 달도 역시 금강산을 보려고 나려오는 데 혜성慧星이 비로소 길을 닥것다."는 내용, 결국은 달이 오르니 혜성慧星이 자최를 감초앗겠지만 이 노래를 지어 부르니 혜성도 사러지고 일본군도 내정來征을 중지하였다는 것입니다. 그 외 『삼국유사三國遺事』에 십사 수와 기타 민요도 남어 있으나 향가의 형식을 가지지 않었읍니다. 일연一然의 『삼국유사三國遺事』에는 가사歌詞 이외에 작가와 작품이 많이 있었으나 지금 잔재殘在한 것은 없읍니다. 신라 말엽 진성여왕眞聖女王 때 대구화상大矩和尙과 홍각간弘角干이 편집編輯한 향가집鄕歌集[삼대목三代目]이라는 것이 있었습니다. 그것은 목본目本 내지內地의 『만엽집萬葉集』과 같은 고가집古歌集이였습니다.

문問 고구려의 향가는 어떻게 되였습니까

답答 고구려에는 초기初期에 유리왕琉璃王의 「황조가黃鳥歌」라는 것이 유명한 작作으로 『삼국사기三國史記』에 한문漢文으로 번역飜譯되여서 전합니다. 지금 가곡歌曲에 전하는 정송씨鄭松氏 가사집歌詞集의 화작작花灼灼 노래에 이를 더 첨가添加한 민요체民謠體의 것입니다. 고려 시대의 향가는 일종의 단가短歌 시조형時調型으로 가곡집歌曲集으로 전하는 것이고, 향가형鄕歌型으로는 과정瓜亭의 고가요집古歌謠集이 있습니다.

문問 단가短歌에 공적功蹟 있는 작가와 시대時代 사상思想을 말씀하여 주십시오.

답答 단가작가短歌作家로 공로功勞 있다는 것보다 획기적劃期的 사적事蹟을 남긴 이는 조선어의 미묘美妙한 구사驅使의 공功이 있는 우탁禹倬 선생先生, 조선어보다 가도歌道로서 내용 형식이 탁월한 정몽주鄭夢周 선생先生입니다. 그 사상적 색채는 불교사상보다 선교仙敎 유교적儒敎的 색채가 농후濃厚하야 종교적宗敎的 신비성神祕性·원융성圓融性보다는 당세當世 현실을 들어 불교문화의 치치적致治的 타락墮落을 풍자諷刺한 것이라든가 도덕적道德的 실천적實踐的 충효忠孝의 사상思想을 고취鼓吹하는 것 등입니다. 그 묘사描寫도 선명鮮明한 구상화具象化로 현실의 사실적 묘사가 특색입니다. 그 외 고전적古典的 한문체漢文體는 안이나 조선적 색조를 농후하게 표현한 산문가散文歌가 각各 문집文集 잡록雜錄에 있어서, 장편시가長編詩歌의 『한림별곡翰林別曲』은 그 하나입니다.

문問 백제의 시가詩歌와 기타 문학에 대하야 말씀하여 주십시오.

답答 백제에는 「정읍사井邑詞」가 남아오되 이는 한 개의 민요에 불과하나 백제의 문학을 알 수 있읍니다. 그 내용은 행상으로 나간 남편을 산상山上에서 달을 보며 노래한 것인대 자기의 애원哀怨과 비애

悲哀는 없고 오직 부군夫君의 건강과 다행을 축원하는 것뿐인 바 특이特異한 내용을 갖인 것입니다. 그 외 「백제가百濟歌」도 있습니다.

문問 이조李朝에 와서는 단가短歌의 종류種類가 복잡複雜하다고 하는데 분절分析하야 간단簡單하게 말슴하여 주십시오.

답答 가歌로는 장가長歌와 단가短歌, 가사歌詞로는 장편長編과 단편短編, 잡요雜謠로 속요俗謠, 민요民謠가 있읍니다. 그 내용은 선도교仙道教 유교의 사상이 많이 뵈이는 데, 첫째는 불교의 타락墮落을 공격攻擊·비평批評·풍자諷刺한 것, 둘재는 도덕가道德歌·오륜가五倫歌와 은둔적隱遁的·낙천적樂天的 자연自然을 향락享樂하는 것[백구가白鷗歌]이고, 셋째는 주자학의 전형적 유사 교상과 그 계기적械機的 속박束縛입니다. 그럼으로 그 색채色彩는 일방一方 자연과 인생의 자유스런 감정을 읍조리지 못하고 소극적消極的 기계적機械的의 제한制限된 관념觀念에서 자연自然 기교유희技巧遊戲 문학유희文學遊戲가 되고 말었읍니다. 양반 정치의 계급적 속박으로 유교 사상의 노예적奴隷的 문학에 반항하야 반동적反動的 작품이 많이 류행하였으니 무명씨의 작이 많었고 비천非賤한 장교將校·역솔驛率의 언문諺文으로 쓴 것, 순조선적 정서를 한문식의 어법문장語法文章으로 쓴 것이 많었습니다.

가사歌詞의 대표적 작가는 정송강鄭松江 선생先生입니다. 그는 한문식漢文式 어투를 버서나서 조선적 정서·감정을 교묘한 언어로 표현하야 솔직率直 순실純實한 기풍氣風이 있고 색채보다 선의 미美가 농후濃厚하였읍니다. 장가長歌 후기後期 김인겸金仁謙 선생先生의 『일동장유가日東壯遊歌』가 유명有名합니다.

문問 한글이 난 후後에 시가詩歌와 소설小說은 무엇이 있습니까?

답答 세종대왕世宗大王 이후以後의 한글로 쓴 것은 유교적儒教的 정신精神의 『용비어천가龍飛御天歌』 석가일대기釋迦一代記의 『월인천강지곡月印千江之曲』이 짧은 민요형民謠型으로 불교사상佛教思想의 정화精華를 그려낸 것이 있습니다. 그 외 한글로 불경佛經, 전가傳家의 칠서七書, 두시해杜詩解, 한소설漢小說의 번역飜譯이 많습니다. 또 서간문장書簡文章이 발달하야 정조모후正祖母后 홍씨洪氏의 『한중록恨中錄』[읍혈록泣血錄]이 다 아는 바 유명하고 잡문雜文, 논세論世, 후교后教 기타 잡기雜記에 많습니다. 사상적思想的으로 특이한 것은 당세當世에 저항적抵抗的 기분氣分을 가지고 쓴 『서포만필西浦漫筆』은 가치價值 있는 특월特越한 것입니다. 그리고 고담문학古談文學이라고 할 만한 것이 무려 수천 권인 바 『청구야담青丘野談』 이십 권은 단편소설의 재료가 많습니다. 박연암문집朴燕岩文集 중의 『열하일기熱河日記』, 『허생전許生傳』, 남담초南潭의 옥루玉樓 등이 있섰읍니다. 당시는 정치적 압박으로 재료材料를 혼이 중국에 취取하여 썻스나 정조情調, 풍속風俗, 용어用語는 조선적朝鮮的의 것입니다. 『조웅전趙雄傳』은 고려 유신遺臣이 이태종李太宗을 미워하야 썼다고 하나 믿을 수 없고 허균許筠 선생先生의 『홍길동전洪吉童傳』은 천대賤待 받는 서자庶子를 제재題材로 하야 계급階級 압박壓迫을 비판批判하고 서자庶子를 변호辯護한 작作입니다. 조선소설朝鮮小說의 극치極致라고 할 작자미상의 『춘향전春香傳』, 김만중金萬重[서포西浦]의 『구운몽九雲夢』, 『사씨남정기謝氏南征記』는 문학상 특필特筆할 명작名作으로 문학사상

가치價値가 큽니다. 이상 개략槪略한 말씀으로 하였으나 이 단편短片을 취집대성聚集大成하면, 감상鑑賞 비평批評하고 문학사상文學史上 체계體系를 세워 문학사文學史 문학집文學集을 만들 공로자功勞者가 많이 나야겠다는 것은 시급한 우리의 할 일들이 아니고 무엇이겠습니까? 무엇보다 먼저 자신을 인식한 데에서 조선문학의 재출발이 있을 것이라고 생각합니다.

우리 생활生活에서 찾어질 옛 정서情緖

우리 정서情緖에 들어맞는 조선朝鮮의 고전음악古典音樂

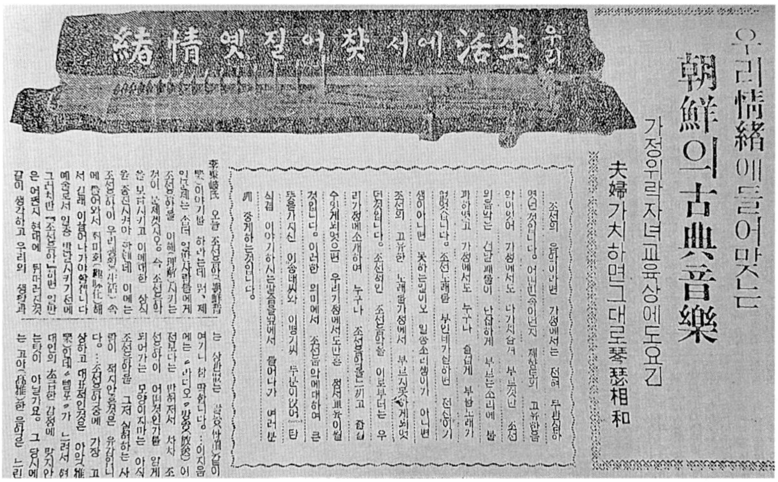

우리生活에서찾어질옛情緖

우리情緖에들어맞는

朝鮮의古典音樂

가정위락자녀교육상에도요긴

夫婦가치하면그대로琴瑟相和

『동아일보』, 1939. 1. 7.

우리 생활生活에서 찾어질 옛 정서情緖

우리 정서情緖에 들어맞는 조선朝鮮의 고전음악古典音樂[67]

가정위락자녀교육상에도 요긴
부부夫婦가 가치하면 그대로 금슬상화琴瑟相和

조선의 음악이라면 가정에서는 전혀 무관심하엿던 것입니다. 어떤 민족이던지 제 향토의 고유한 음악이 잇어 가정에서도 다 가치 즐겨 부르건만 조선의 음악은 건달패들이 난잡하게 부르는 소리에 불가하엿고 가정에서도 누구나 즐겁게 부를 노래가 없엇습니다. 조선 노래를 부인네가 잘하면 전신이 기생이 아니면 못하는 일이오. 일종 소리쟁이가 아니면 조선의 고유한 노래를 가정에서 부르지 못하게 되엇던 것입니다. 조선적인 조선 음악을 이로부터는 우리 가정에서 소개하여 누구나 조선음악을 느끼고 즐길 수 잇게 되엇으면 우리 가정에서도 만흔 정서교육이 될 것입니다. 이런한 의미에서 조선 음악에 대하여 큰 뜻을 가지신 이종태 씨와 이병기 씨 두 분이 앉어 탄식 겸 이야기하시는 말슴을 옆에서 들어다가 여러분께 증게하는 것입니다.

67 「우리 生活에서 찾어질 옛 情緖, 우리 情緖에 들어맞는 朝鮮의 古典音樂」, 『동아일보』, 1939. 1. 7.

이병기李秉岐 **씨**氏 오늘 조선음악朝鮮音樂 이야기를 하라는데 뭐, 제일 문제는 좀 더 일반 사람들에게 조선음악을 이해理解시키는 것이 문제겟지오. 즉 조선음악을 보급시키고 이에 대한 상식을 증진시켜야 할 텐데 이에는 조선음악이 우리 생활生活 속에 들어와서 취미화趣味化해서 길래 이끌어 나가야 할 겝니다. 예술로서 일층 발달시키기 전에 그러치만 '조선음악' 하면 일반은 어쩐지 뒤떠러진 것 같이 생각하고 우리의 생활과는 상관 없는 골동骨董같이 여기니 참 딱합니다. … 이지음 '라디오' 방송放送이 전보다는 만허저서 차차 조선음악이 엇던 것인가를 알게 되어가는 모양이지마는 아직 조선음악을 그저 실허하는 사람이 적지 안흔 것은 유감입니다. … 조선음악 중에 가장 고상하고 대표적인 것은 아악雅樂인데 템포가 느려서 현대인의 초급한 감정에 맞지 안는 탓이 아닐가요. 그 당시에는 고아古雅한 음악은 느린 것이 제격이었겠지만 아무래도 느린 것은 역증나기 쉬우니까.

이종태李鍾泰 **씨**氏 조선음악은 참 유창하고 고전미古典美가 잇어서 좃습니다. 먹는 것도 젊엇을 때 서양요리를 조하하다가도 나이가 들어가면 된장이나 김치 맛이 낫다고 하게 되는데 여기 그 백성의 유한 정서情緖가 잇습니다. 나는 「건곤가乾坤歌」 같은 합창合唱은 서양에도 없다고 생각합니다. 이왕직아악부李王職雅樂部에도 나이 조금 들어가는 이들 중에 단소短簫나 양금洋琴을 배우러 오는 이가 잇는데 젊은 사람 중에는 없습니다. 그러나 젊은이들도 장차는 이러한 경지境地에 들어올 것이라 생각합니다.

이병기李秉岐 **씨**氏 사람의 취향은 같습니다. 화초花草를 조하하는 사람이 처음에는 울긋불긋한 것을 조하하지마는 나이가 들어가면 또 화조의 진미眞味를 알게 되며 아담한 솔나무 같은 것을 조하하는데 음악에 잇어서도 이와 갇다고 생각합니다. 처음에 모두 경음악輕音樂을 조하하지만 나종에는 고전古典 특히 조선고전을 찾게 될 것입니다. … 조선음악도 수천 년래 계승桂勝되어 내려오는데 그동안 악성樂聖도 몃분 나오고 한 걸 보면 결코 서양음악에 지지 안는 조선적의 특유 정취가 그 속에 담겨 잇는 걸 알 수 잇습니다. 「우림령雨淋鈴」 같은 걸 들으면 참말로 빗방울이 듣는 듯한데 대자연大自然의 신비神祕를 그린 것을 느낄 수 잇습니다.

참으로 이것을 들으면 공간空間 시간時間을 초월하여 유구悠久한 신비 속에 자기도 들어가버려 자신自身이 빗방울인 듯 하지 안습니까. 이런 음악을 들으면 사람이 얼마나 고상해질른지 모릅니다. … 이화전문梨花專門에서는 조선음악을 어떠케 교수하십니까.

이종태李鍾泰 씨氏 이전梨專에서는 하로 종일 서양음악을 공부하다가 마즈막 한 시간 조선음악을 공부하면 아조 서양음악보다도 빨리 이해합니다. 조선의 선율旋律을 이해하는 특별한 무엇이 우리 속에 선천적으로 잇는가봅니다.

이병기李秉岐 씨氏 가얏고(가야금伽倻琴)이나 거문고 같은 것을 모두 배워서 우리 가정에서 즐길 수 잇다면 오즉 조켓습니까. 우리 집안에서 피아노나 풍금風琴보다는 값도 싸고 배우기도 쉬운 가얏고가 조치 안켓습니까. 우리 악성樂聖 박난계朴蘭溪 선생의 「가훈십칠측家訓十七則」 중에도 거문고, 가얏고 같은 것을 타면 기상氣象을 기르는데 조타고 하엿습니다. 아악의 무대공연舞臺公演은 퍽 힘드시지오?

이종태李鍾泰 씨氏 대개 청중이 속가俗歌만 들어왓기 때문에 특히 광대의 노래만 들엇기 때문에 무대와 청중 사이에 이상한 '갭'[틈]이 생기는 듯하여서 퍽 애를 씁니다.

이병기李秉岐 씨氏 조선음악을 연구하는 서양인들이 상당히 잇다는데 어떳습니까.

이종태李鍾泰 씨氏 교습소敎習所가 잇지오만 배우려 오는 사람이 적습니다. 그점은 서양사람 중에 아조 열심으로 연구하고 이해도 깊은 분이 만습니다. 또 조선음악 연구자 중에는 조선음악을 서양음악, 인도印度음악, 몽고蒙古음악과 비교연구 하는 이가 적엇습니다. … 조선음악을 서양음악에 비하여 발달 되지 안헛느니 또는 과학적이 아니니 하는 분도 잇지만 그런 분은 조선음악에 대한 연구가 적은 성싶습니다. 음계音階의 조직만 하더라도 서양것은 바하의 평균율平均率이 결정된 것도 그리 오랜 것은 아닌데 조선음악은 오도진행법五度進行法 또는 격팔상생법隔八相生法으로 되어 잇으며, 박자

拍子만 하더라도 서양 것은 오五 박자의 예를 들면 3·2·2·3三二二三과 같이 변화도 하고 잇습니다. 그리고 아까의 음계 이야기를 햇지마는 서양 것은 한 삼십三十 년 전에 겨우 국제회의國際會議를 열고 진동수 사백삼십오四百三十五를 A로 정햇는데, 그전까지는 독일은 독일 대로 이태리는 이태리대로 불란서는 불란서대로 제가끔이었지요. 그런데 조선음악은 황종척黃鍾尺으로 대[죽竹]의 구멍을 구촌九寸 진행하여 정하엿습니다. 결국 서양 것같이 과학적으로 이론을 세울 사람이 요망됩니다. … 그리구 종종 우리 악곡을 오선보五線譜로 옮겨가지고 피아노나 바이올린으로 치는 사람이 잇지만 그것은 쓸데없는 시험이라고 봅니다. 근본이 다르니까요. 아까 조선사람은 결국 조선음악이 귀에 익다고 햇지만 속된 예로 일본 내지의 유행곡도 일본 음악적이어야 팔린다는 것을 보아도 일一 증좌證左가 됩니다.

이병기李秉岐 씨氏 그래 결국 문제는 어떠케 우리 음악을 일반 가정에 보급시키느냐인데….

이종태李鍾泰 씨氏 이전梨專에서 조선음악을 연구하는 것도 그것을 목적한 것이라고 볼 수 잇습니다. 즉 학생을 통해서 특히 여자를 통해서 가정에로 들어보내야 하겟지오. 일본 내지에서는 혼사 때 여자의 취미가 무엇이냐고 묻는데 그 때문에 음악이나 생화生花 무용舞踊을 배우게 되고 따라서 자연 보급이 되지 안습니까.

이병기李秉岐 씨氏 조선같이 몰취미沒趣味한 가정은 없습니다. 만일 이같이 음악이 가정에 들어온다면 남자들의 방탕도 퍽 줄어들겟지오. 가정에 취미와 오락이 없어서 방탕에로 나가는 예도 적지 아니하니까요. 도 음악은 고명한 교양이 되니까 자녀 교육에도 크게 효과 잇을게고… 이러케 되면 가정이 행복되고 따라서 사회문제로도 큰 혜택을 받게 될 모양이니……

이종태李鍾泰 **씨**氏 음악의 취미화나 오락화는 물론 나쁘지 안습니다마는 그보다도 가정의 정서교양情緖敎養이란 점으로 보아 조선 음악은 필요합니다. 교양문제가 되면 취미화나 오락화가 자칫하면 빠지는 '흐르는데'까지 이르지 안케 될 것입니다.

이병기李秉岐 **씨**氏 여인女人만 아니라 남자도 가치 음악을 맞훈다면 그야 말로 금슬상화琴瑟相和가 아닙니까.

이종태李鍾泰 **씨**氏 저번 신문에서 아악에 대해서 기사가 나고 라디오 방송을 하고 한 후부터 여기저기에서 조선음악 곡보를 빌려달라는 사람이 만습니다. 차차 조선음악도 보급되는가 봅니다.

문학文學의 제문제諸問題

—會談座春新—

題問諸의學文

(者席出)

鄭李 崔鄭兪朴朴毛梁林李李金

○

貞 鎭 鍾允杜 善 秉

澤俊 熙溶午遠和淑東和熙朝岐林

『문장文章』 2권 1호, 1940. 1.

문학文學의 제문제諸問題[68]

출석자出席者

김기림金起林 이병기李秉岐 이원조李源朝 이선희李善熙
임 화林 和 양주동梁柱東 모윤숙毛允淑 박종화朴鍾和
박태원朴泰遠 유진오兪鎭午 정지용鄭芝溶 최정희崔貞熙

○

이태준李泰俊 정 택鄭 擇

금후今後 문단文壇의 주력부대主力部隊

이태 작년昨年 일 년 동안은 『인문평론人文評論』, 『문장文章』 두 문예文藝 잡지雜誌가 새로 나왔고, 문고文庫·전집全集 등도 예년에 비겨 많이 나왔습니다. 신인新人들도 신춘현상문예新春懸賞文藝 외外에 저이 『문장文章』지 추천推薦으로 예년例年보다 더 많이 나타났습니다. 재작년까지 침체沈滯란 말이 유행流行했으나 작년 일 년은 대단히 활발했다고 보는데 질質로는 어떠했는지 알고 싶습니다.

68 「文學의 諸問題」, 『文章』 2권 1호, 1940. 1.

이원 작년에 나온 작품作品은 수효數爻만 치더라도 2백 몇 편인데 이에는 물론 문장사文章社의 공적功績이 크나 하여간 예년에 없는 성황盛況이었습니다. 그런데 양으로 본다면, 대가大家, 신인新人 다 많이 썼으나 금년 일년의 창작계創作界의 중심은 중견작가中堅作家에게 있었다고 생각합니다. 일반적으로 보아 질質에서나 양兩에서나 중견中堅이 예년에 없이 정력적精力的으로 노력努力했고 활약活躍했습니다. 개개의 작품을 들어서는 말할 수 없고 또 전체적으로 본다면 『문장文章』이나 『조광朝光』에 실린 총평總評과 동 의견입니다.

임화 사실 대단히 흥미 있는 것은 중견 얘깁니다. 작년까지도 그렇게 생각지 않았는데 금년今年에 보니 그 성과成果가 확실確實합니다. 현現 조선朝鮮 문단文壇의 중심은 역시 중견에 있는 것 같습니다. 최근의 조선문단의 인人의 구성은 금년에 들어 중견中堅으로 확립確立했지요. 말하자면 우리 또래가 제일 공부工夫했고 또 장래將來도 그들이 중요한 일을 하리라 생각합니다.

김기 신인新人들에게 좀 더 역량力量이 있었으면 하고 기대期待했었는데 금년에 들어 보니 이전엔 '슬람프'에 빠졌던 중견이 도리어 그 지위地位를 확립確立했다는 것은 사실입니다. 가령 최명익崔明翊 씨氏의 「심문心紋」을 예로 든다면 우리들이 그러한 것을 기다리고 있을 때에 그것이 나왔으나 그 뒤에는 겁이 나는지 위축萎縮됐는지 폭탄적爆彈的으로 계속해서 나오지를 못합니다.

임화 그러나 실력實力에 있어 신인新人들이 떨어지는 것은 사실事實이지요. 문학적文學的으로 정신적精神的으로 고생苦生이 모자랍니다. 삼십대 작가가 모르는, 즉 중견작가가 느끼지 못하는 것을 느껴야 할 텐데 이렇게 말하면 신인이 분개憤慨할지 모르나 금년今年의 성과成果로는 신인이 응당 가져야 할 것이 나타나지 않았습니다. 정신적精神的 준비準備가 부족하다고도 할 수 있고 아주 나쁘게 말한다면 그들의 예술적藝術的 재능才能까지 의심疑心할 수밖에 없습니다. 우리가 꽉 막다른 골목에 다다랐을 제 우리가 못 찾는 새 길 개척할 것을 대망待望하는데 그런 점에서 「심문心紋」은 대단히 평범平凡하다 할 수 있지요.

김기 재능才能은 신인新人이 더 있는 것 같습니다. 부족不足한 것은 재능보다두 다른 것이 아닐까.

임화 그렇지만 그전 작가作家는 자기가 사는 세계世界만은 가졌었으나 지금 작가는 그것이 없어 뵙니다.

세대世代의 차이差異

양주 나는 문단文壇과 소원疎遠하고 또 지식智識이 적어 잘 모르지만 중견中堅의 지보地步가 확립確立했다 하는데 중견이라면 대개 어떤 방면方面으로 따지는 것인가요.

임화 연령年齡보다도 지금부터 7, 8년 내지 10년 전에 출발한 작가를 말함이지요.

양주 그럼, 그 전 초기에 나왔든 사람, 그 중간에 나온 사람, 일이 년 전에 나온 사람, 이렇게 나누나요.

이원 대개 신인新人이니 중견中堅이니 대가大家니 하는 것이 세대의 교차에서 와야 할 것인데 과거 삼십여 년의 조선이 신문학사新文學史를 통해 볼 때엔 그것이 확연確然치 않습니다. 그저 대례大禮로 초기에 나온, 사오십 된 분들, 그다음 경향문학傾向文學 때에 나온 삼사십

되는 소위 중견들, 그리고 그 후에 나온 분들, 이렇게밖에 나눌 수 없지요. 그 외의 세세한 것은 일일이 따지기 어렵습니다.

이태 확연確然히 구별區別할 성질性質의 것이 못 될 것 같습니다.

임화 경향문학傾向文學 때는 전연 달랐지만 지금에는 서로 공통된 점이 있으니까.

이원 만년신인萬年新人이란 말이 있듯이 그 사람의 문학적文學的 지위地位, 역량力量 같은 것으로 구별할 수도 있으나 우리가 말하는 것은 세대世代의 차이差異를 말하는 것입니다.

양주 그러면 대게 3세대三世代로 나누고……

이원 그렇지요.

정지 3세대작가三十代作家란 대체 무엇입니까.

이원 연령年齡으로 삼십에서 사십까지의 작가들 말이지요.

정지 몇 해 전까지는 계급階級으로 대치對峙하더니 근년近年엔 연령年齡을 가지고 대치對峙한단 말야. 그것도 한 경향이지요?

박종 대별大別해서 기성旣成, 신진新進 둘로 나누는 것이 좋지요.

김기 물론 편의便宜할 땐 그렇게도 할 수 있지요.

이원 조선朝鮮이란 다른 데와 달라 교차交叉가 빠르니까요.

정지 경향파傾向派니 예술파藝術派니 해서 바뀐다고 보는 것보다 가령 조선朝鮮 문단文壇의 역사歷史를 삼십 년이라 친다면 작금년昨今年에 겨우 어른이 되어 문단이 걸음을 걷기 시작한 것이라고 나는 봅니다. 그러니까 파로 나눌 것이 아니라, 암중모색격暗中模索格으로 싸우던 것이, 이제 겨우 자리가 잡혔다 할 수 있지요.

김기 견해見解의 상위相違이지요. 발전發展의 형식形式에서 보느냐 또는……

양주 중견작가中堅作家 작품 중에는 어떤 작품이 있습니까.

임화 어떤 작품이라고 들기는 어렵지만 중견中堅 문단文壇이 확립된 것은 신문소설을 보면 알 수 있습니다. 신문소설新門小說 쓰는 사람이 재작년까지는 지금 쓰는 사람들이 아닙니다. 이태준李泰俊, 박태원朴泰遠, 유진오兪鎭午, 김남천金南天 ― 이런 사람들에게 마음 놓고 씨우게 된 것은 그들을 믿고 안심하기 때문입니다. 신문소설新門小說뿐 아니라 단편은 더구나 중견의 독보獨步입니다. 기술技術 기타 여러 가지 점에서 도저히 중견을 따를 사람이 없습니다. 특히 기술엔 엄청난 차위差違가 있지요.

정지 그 연령에 달했으니까 그렇지요. 경향파傾向派가 순수예술純粹藝術을 시작한 것이 인제 겨우 그 성능性能을 발휘하는 것이지요.

임화 내가 말하는 것은 통틀어서 말하는 것입니다.

양주 춘원春園이나 빙허憑虛 같은 이는 현대물을 이젠 못 쓸까요.

임화 못 쓰는 게 아니지만 기술技術에 있어 문제겠지요. 「무명無明」을 예로 보더라도 알 수 있습니다.

여류작가女流作家의 부진不振

이태 그 많은 작가 중에서 여류女流가 아주 극소수極少數인데 그것은 무슨 이유로 보겠습니까?

정지 여류女流야 원래 침체沈滯했지.

이원 그것이 원인인진 모르나 여류작가女流作家와는 살림살이가 큰 문제 같습니다.

최정 그건 그래요. 남자들야 안해가 앓드라두 쓸 수 있지만 여자는 남편이나 아이가 앓으면 쓰지 못하지 않어요.

이선 작가가 적어서 침체沈滯한 것 같이 보이기도 하지요. 안 쓰는 분이 있어두 남자男子는 모르지만 여자女子야 빠안하니까 뚜렷이 나타나지요.

임화 실례失禮인지 모르지만 솔직히 말하면 남자 모양으로 문학에 대해서 그만한 정열, 즉 연애戀愛라두 할만한 정열情熱을 가졌는지가 의문인 것 같습니다. 문학文學을 직업職業으로 안다면 살림살이쯤으로……

최정 그건 여자女子가 되어 보지 않으면 몰라요.(소성笑聲)

임화 그럼 영원永遠히 모르겠군요.(소성笑聲)

이원 여류女流가 반성反省할 점은 확실히 있습니다. 제 말을 끌어내어 죄송하나 제가 「지맥地脉」을 좋다는 것은 「지맥地脉」처럼 현실 속에 몸을 던져라 완농물玩弄物을 만들지 말아라 하는 데 있습니다. 여류女流는 문학에 좀더 강한 정열을 가져야겠습니다.

임화 그런 점에서 장덕조張德祚 씨의 신변소설身邊小說은 살림의 여기餘技 같더군요.

(모윤숙 씨 출석)

고전古典의 해석解釋과 비평批評

이태 또 한 가지 금년今年 현상懸象으로 문고文庫라든가 『문장文章』 같은 데를 통해서 고전古典이 많이 나왔습니다. 또 해석解釋 문제로 상당히 논란論難도 있었습니다. 사실 지금 저희들도 대단히 궁금한 것이, 지금은 대체 고전古典이라면 모조리 들쳐만 놓을 땐지, 들쳐진

걸 정리도 해 나가야 할 땐지, 도대체 문학인들에게 어떤 대상이 될 건지 막연漠然합니다. 고전古典에 대해서 구체적具體的인 문제問題에 좀 접촉接觸해 주셨으면 합니다.

이원 저는 양주동梁柱東 씨에게 대해서 이런 감상感想을 가지고 있습니다. 고려가사高麗歌詞나 향가鄕歌에 대해서 주석註釋을 하시는 것도 좋은 일이나 그것이 과연 신문학新文學의 생명수生命水가 되나, 새로운 발족점發足點이 되나 그런 점을 밝혀주실 필요가 있다고 생각합니다. 양주동梁柱東 씨의 경력經歷으로 보아 원하는 바는 어학적語學的 주석註釋을 속히 끝내시고 문학적文學的 대상對象으로서 연구研究 발의發衣가 계셨으면 하는 것입니다.

임화 가장 기다리는 바입니다.

이원 안다는 것도 급한 일이지만 알아가지고 새 영양소營養素를 만들어야 할 것입니다. 이에는 양주동梁柱東 씨가 가장 적임자適任者입니다.

김기 고전을 읽는 데는 여러 가지 방법方法이 있겠으나 나는 이런 방법을 취하고 있습니다. 즉 항상 그 시대時代라는 배경背景을 머리에 두고 읽어야지 이태준李台峻 씨나 박태원朴泰遠 씨의 소설小說을 읽는 것 같이는 할 수 없다는 것입니다. 『춘향전春香傳』 원본元本을 읽고 느낀 바인데 성생활性生活이면 성생활性生活을 그린 데 있어 조선인朝鮮人의 성미性味 속에 이렇게 관능적官能的 방향方向이 있는 줄은 몰랐습니다. 『춘향전春香傳』은 일례一例입니다만은 언제든지 그 시대와의 관계를 생각하고 읽는 것이 고전에 대한 정당한 태도이라 생각합니다.

임화 아까 원조源祚 군도 말했지만 고전에 대한 해석보다 지금 우리들이 기대하고 있는 것은 비평批評입니다. 비평批評의 대상對象이 되기 전에 우리는 물론 알아야 하고 알려면 완전한 해석解釋이 필요하기는 하나 완전한 해석이란 언제 될지 모르는 일 아닙니까. 고려가사高麗歌詞나 향가鄕歌 정도로 해석되었다면 인젠 비평이 나와야 할 것입니다. 아모리 좋은 고전이라도 독자들은 어째서 좋은지를 모르는 걸요. 더군다나 해외海外 문학文學을 한 사람은 읽을 재미가 없답니다. 외래外來 문학文學보다 되려 정신적精神的 혈통血統이 통치 않는다니 이것이 첫째로 양주동梁柱東 씨가 밝혀주실 문제입니다.

양주 고전을 대할 때엔 첫째가 어학적語學的 연구硏究요 둘째가 문학적文學的 감상感賞 혹은 비평批評이요 그다음으로 셋째가 그 응용적應用的 방면方面, 말하자면 사회사적社會史的으로 그때 사람들의 생활관生活觀·종교관宗教觀·생각 같은 것을 연구하는 것일 텐데, 저는 아직은 어학적 연구로 바빠서 둘째의 문학적 감상이나 비평까지는 입때 손을 못 대고 있습니다. 물론 둘째 문제까지 하긴 하겠습니다. 할 작정입니다. 그러나 셋째의 응용 방면까지는 제 힘이 부족하니까 다른 학도에게 맡기렵니다.

정지 그럼 양주동梁柱東 씨는 어학자에 그치는군.(소성笑聲)

임화 시기 문제도 있지요. 요새 일반으로 현대인現代人 가운데 고전을 그리워하는 마음이 있는데 우리들에게는 일반一般 고전古典 중 가장 가까운 세계世界가 조선朝鮮 고전古典입니다. 그러니까 이런 공기가 떠돌 때 조선 고전에 어떤 가치 있는 것이 있나, 우선 그것을 알려줘야 할 것입니다.

김기 고전은 어학의 대상, 학문의 대상인 동시에 문학사적文學史的 연구

研究의 대상對象이어야 합니다. 도리어 그래야 합니다. 양주동梁柱東 씨의 노력努力은 문학사文學史의 기초基礎 공작工作으로서 공헌供獻이 크다 하겠습니다.

이원 그러나 문학적 감상과 비평이 있어야 문학사의 대상이 될 수 있지요.

정지 우선 주석註釋 책이 많이 나와서 읽게 해야 하지요. 문학적文學的 운위云謂보다도 딱 대해서 모르니 어떻게 하느냐 말예요. 고전문학 하는 분들이 자세한 주석을 내어서 많이 읽을 수 있는 길을 만들어 주어야 하지요. 이용利用 가치價値는 그다음이지요.

이병 『춘향전春香傳』도 물론 고전이겠는데 춘향전에 대해서는 아직도 그 연대年代를 잘 알 수 없습니다. 최고最古의 판版이라는 것이 일백 이십 년 전에 나온 것인데 겨우 수십 장밖에 안 되는 것입니다. 지금 우리가 쓰는 말과는 다르나 원래 여러 세대世代를 광대廣大 입으로 전해 온 것이라 백 년 전, 이백 년 전 말도 있고, 또 지금 봐도 알 수 있는 말도 있습니다. 조선 책은 그때그때 사람이 보기 위해 만든 것이기 때문에 작고 고쳐왔습니다. 그래서 그 말이 요새와는 좀 달르나 우리가 아주 모른 말은 아닙니다. 향가도 지금까지의 연구는 소창小瘡 박사博士가 비로소 드러내인 것인데 소창小瘡 박사博士 자신 서문序文에서도 말했거니와 어학적語學的으로만 연구했지 문학적文學的으로 한 것은 아닙니다. 그러나 하여간 우리가 보아도 아직도 의미意味가 몽롱朦朧합니다. 그런 점에서 먼저 어학적으로 그만한 자신 있는 사람이 현대 사람도 짐작할 수 있는 말로 그 의미를 통해놔야 할 것입니다. 일반대중이 고전을 직접 볼 수는 없는 일이니까 충실充實한 학적學的 연구研究를 해서 그 의미意味만이라도 취取하게 해놔야지요.그러면 다만 시대時代가 다를 뿐이지 감정적感情的으로는 공통共通되는 점이 있는 것이니까요. 시가詩歌 같은 것은 더구나 공통되는 점이 많지요. 시조時調로 말해도 비평 같은 것은 한 쪼각도 남어 있지 않고, 우리가 처음 시작한 것이니까 우리 자체로 보아서 고인古人처럼 못하고 고만둘망정 진격進擊하게 그때 사람이 어떤 심경心境을 가지고 노래한 것인지를 연구해야 할 것입니다.

유진 고전에 대해선 잘 모릅니다마는 고전엔 무엇이 있나 하는 것을 아직 당면當面의 문제는 아니나 우리로서도 하루바삐 알고 싶어 하는 바입니다. 그리하여 '향토색鄕土色'을 의식적意識的으로 탐구探究해서 그 정신이 어떤 것인지를 알려 주셨으면 좋겠습니다. 감정感情을 떠나서 고전의 정신精神이란 어느 시대나 똑같은 해석이 나리는 것은 아닙니다. 복고주의復古主義나 고전주의古典主義는 그런 의미에서 어학語學을 떠나 문학적文學的, 문학사적文學史的인 것을 요구하는 것입니다. 말하자면 문학文學 이론가理論家가 할 일입니다. 그런 것이 하루바삐 나오기를 바랍니다.

한문고전漢文古典 비평批評

이태 성대城大에서 조선문학朝鮮文學이라고 한문漢文으로 된 『격몽요결擊蒙要訣』을 가르칠 때, "한문漢文은 작자作者가 조선인朝鮮人이라고 하더라도 조선문학朝鮮文學일 수 없다. 문학文學의 국적國籍은 용어用語에 따라 결정決定되는 것이라."는 춘원春元의 반박反駁이 있었는데 요즘 다시 그것이 생각됩니다. 한문고전漢文古典을 조선문학시朝

鮮文學視할 수 없을지, 혹은 한문이라도 조선식한문朝鮮式寒門이니까 그냥 조선문학朝鮮文學이라 할지, 그 점에 좀 말씀해 주십시오.

정지 그때 한문이 조선의 국학國學인데 그것으로 됐으면 조선문학朝鮮文學이지 뭐요. 강용흘姜鏞訖의 『초당草堂』과는 달르지.

이원 국학國學이라고 반드시 조선문학朝鮮文學이라는 것은 문제입니다. 그러나 만약 조선문학사朝鮮文學史를 쓴다면, 한문고전漢文古典도 한 자리 차지할 것은 물론입니다.

임화 신문학사新文學史를 쓰노라고 좀 보았는데 신문학사新文學史의 영역領域 속엔 물론 들어가야 하지요.

이원 조선문학이라면 반드시 조선어朝鮮語로 쓴 것이어야 한다는 선입감先入感이 있기 때문에 그렇지요. 안점眼點을 문학文學이라는 대국에 둔다면 물론 조선문학이라 할 수 있습니다.

이병 옛날부터 인연因緣 있는 것을 차지려면 한문을 빼일 수는 없고 또 여러 가지 점에서 조선식한문朝鮮式漢文인 것이 확연합니다. 글자는 그 글자를 쓰지만 중국인에게 보이면 무슨 뜻인지 모르는 걸요. 그러니까 물론 내용內容에 있어서도 조선화朝鮮化했지요. 조선문학에서 이때까지 무슨 문자를 사용했나 할 때에 이두문吏讀文과 한문漢文과 한글의 이 세 가지라고 볼 수 있습니다. 그것들 모다가 조선문학이지요.

이원 조선식한문朝鮮式漢文이 아니라기로 한문고전漢文古典을 부인할 전적 이유는 못 됩니다.

이병 내지內地에서도 『일본서기日本書紀』 같은 것을 일본문학日本文學에 넣습니다.

김기 『일본서기日本書紀』를 넣기는 하나 결정적은 아닙니다. 짧은 지식知

識이나마 우리가 아는 바에도 똑같은 얘기가 서양西洋에도 있지 않습니까. 중세기中世紀에는 거의 전 구라파가 라틴어를 썼습니다. 법정法庭에서까지 그랬습니다. 그러나 그 후 그들이 문학사文學史를 꾸밀 때에 원래 문학사란 용어用語가 나온 것은 과학科學 사상思想이 발달發達된 후의 일인데, 하여간 문학사를 쓸 때에 그때가 한창 '내수낼리즘'이 발달되었을 때이라 '네이숸'에 주력主力했고, 언어言語를 존중尊重해서 '라틴어'로 씌인 것은 될 수 있는 대로 배제排除했습니다.

이태 언어言語에 고집固執하는 파와 그렇지 않은 파가 있는데……

김기 하여간 삽화적揷話的으로 넣기는 넣어야지요.

양주 신라新羅 문학사文學史를 날더러 쓰라면 역시 향가鄕歌를 크게 쓰고 최치원崔致遠의 글 같은 것은 한 줄 내려서 조그맣게 쓰겠습니다. (소성笑聲)

이원 이조李朝에 와서는요?

양주 역시 마찬가지지요. 가사歌詞를 크게 쓰고 그 외의 것은 적게 쓰지요.

번역飜譯 피번역被飜譯의 문제問題

이태 번역飜譯이란 우리 문단文壇에선 아직 그리 문제가 되지 못해왔습니다. 번역하는 거나 번역되는 것은 문학文學의 수입輸入, 수출輸出로 보겠는데 지금의 조선朝鮮 작품作品들이 피번역被飜譯의 위치位置에 설 수 있습니까?

이원 좋은 작품作品이 잘만 번역飜譯된다면 문제없지요.

유진 지금 우리의 소설小說의 생산력生産力이 질質로나 양兩으로나 수출품輸出品이 될지 못 될지는 의문인 것 같습니다. 그리고 작품에 따라서 어떤 것은 조선어를 떠나서도 독자에게 '애필'할 수 있으나 어떤 것은 그 말을 빼이면 '애필'하지를 않습니다. 하여간에 우리 작품이 번역될 때엔 외국 사람에게 없는 것을 주어야 할 텐데 과연 그 정도가 되었는지 모르겠습니다.

임화 원래 번역은 저쪽 사람이 와서 해야지 이쪽에서 해가지고 봐라 해야 보지를 않습니다. 조선문학이 가령 말의 매력魅力을 장벽障壁으로 하고서도 우리가 생각하고 있는 그대로 저쪽에 통용通用될지가 문제입니다. 번역된 작품이 어떤 점에서 저쪽 사람의 흥미興味를 끄는지 그것도 생각해서 시야視野를 높여야 할 것입니다. 최근에 『맥麥과 병대兵隊』의 영역英譯이 미국米國에서 환영을 받는다지만 그것도 미국 사람이 어떤 의미에서 좋아하는 것인지 추측推測할 수 없지요. 번역되려면 취재取材에 있어서 비슷비슷하다면야 기술技術이라도 우수優秀해야 하겠고, 성격적性格的인 독자성獨自性이나마 있어야 할 텐데 그렇지도 못하지 않습니까. 번역될 것을 기대期待한다면 세계적世界的인 문제問題를 취급取扱해야 합니다.

유진 그 사람들에게 없는 것을 우리가 가져야 합니다.

임화 노신魯迅을 보면 압니다. 『阿Q正傳』과 『夜明け前』를 비교한다면 『阿Q正傳』은 형식은 사소설적私小說的이나 내용內容에 있어서 객관성客觀性을 띠었고, 『夜明け前』는 이와 반대反對입니다. 그 차이가 노신魯迅을 세계적 작가를 만든 것 같습니다.

정지 사소설私小說이라는 것은 번역하면 맛이 없을 거야.

이원 서양에서도 마찬가지지요.

이태 그러니까 극단極端으로 말한다면 탐정소설探偵小說 같은 건 어느 나라 말로 번역해도 좋겠지요.

임화 분석分析해보면 그 작품의 '테에마'와 소재素材에 달렸지요.

이원 그냥 써보고 번역시키기 위해서 써보고 하면 그 묘리妙理를 곧 알 겁니다.

외국문학外國文學 번역飜譯과 그 영향影響

이태 조선사람이 중역重譯하지 않고 원문原文을 직접 갖다 한 것이 몇이나 있습니까.

정지 『검둥의 서름』이 직접 역譯한 것일 걸.

유진 나두 한 십 년 전에 한 것이 있습니다.

임화 대개들 심심파적으로 하기 때문에 번역한 것이 조선문학에 영향을 주지 못합니다. 조선의 신문학 초기 때의 번역은 그 시대가 요구하는 것을 가져왔기 때문에 그렇지 않았지요.

정지 소설보다 시의 번역은 많았지요. 그 중엔 선역善譯도 꽤 있을 걸요.

양주 번역은 한 대야 힘만 들었지 대우는 나쁘구……

유진 동경東京서 되기 때문에 조선어역語譯의 수요가 적은 때문도 있겠지요.

임화 동경이 빠르거든. 그리고 그때의 문학이 그것을 요구하니까.

이태 '쩌어낼리즘' 관계도 있지 않습니까.

김기 그때 문학이 요구했다 하지만 불순不純한 점이 없는 것도 아닌 것 같습니다. 내지문단內地文壇만 하더라도 번역문인飜譯文人이 세력을 가지고 있어서 번역해 놓고는 앞뒤에서 떠들어서 문제를 일으키게 하는 수도 있거든요.

시평詩評과 모방模倣

이태 작년엔 소설小說뿐 아니라 시詩도 작품으로 시집詩集으로 굉장히 나왔습니다. 시에선 소설과 다른 무슨 문제될 건 없을까요?

박종 나오긴 많이 나왔지만 질로 보아서 썩 좋은 것은 없더군요.

이태 소설에서 중견이 위치를 확립한 것과 같이 시단에는 그런 두드러진 현상은 없나요.

정지 시단詩壇에는 부대部隊가 정해 있지 않으니까.(소성笑聲)

양주 역시 그전 사람만 못한 것 같더군요. 춘원春園, 요한瑤翰, 파인巴人, 지용芝溶, 기림起林 씨, 이미 다 정평이 있는 분들 것이 역시 좋단 말야. 지용芝溶의 『백록담白鹿潭』, 파인巴人의 『정원집情怨集』 같은 건 참 좋습디다.

정지 시인詩人은 모두 명창名唱으루 취급하는군.(소성笑聲)

양주 신인新人들은 아직 시재詩才가 모자라는 것 같어.

김기 시인이 시인인 체하면 자신이 추락墜落하는 것이지요.

이태 창작평創作評 속엔 시에 대한 비평도 있어야 할 것입니다. 편집자編輯者로서도 이후 생각하겠습니다.

김기 전에는 시인을 구별區別하는 의식意識이 사회의식社會意識이더니 지금은 그것이 시대의식時大意識으로 변했지요. 사회의식이 바뀌어 시대의식에 근거를 두게 되었다는 것은 가벼운 일이 아닙니다.

모윤 시 쓰는 사람들두 월평月評이 나오면 혹시 자기가 쓴 시의 평이 나오지나 않았나 하고 퍽 기다립니다마는 도무지 없네요. 좀 더

평론가評論家들이 관심關心해 주어야지, 쓰면서도 섭섭해요.

양주 지용芝溶 씨가 이 자리에 계시지만 조선朝鮮 시사詩史를 살펴볼 적에 감각을 가지고 나온 지용芝溶 씨의 시만큼 천하天下를 풍미風靡한 것은 없습니다. 또 사실 존경할 만한 시요, 번역해서 외국 사람에게 보일 시도 그밖에 없는 줄 압니다. 그러나 가만히 보니 후진後進들이 모조리 '지용芝溶이즘'이거든요. 지용芝溶 씨는 말하나 골르는 데도 고심조탁古心彫琢 하나 지용芝溶을 배우는 사람은 덮어놓고 모방模倣만 하기 때문에 하나도 되지 않았거든요. 그런 점에서 지용芝溶 씨의 공죄功罪는 상반上半이지요.(소성笑聲)

김기 그러니까 세대론世代論이 나오는 것입니다. 그때그때가 요구하는 시인이 계속해서 나와야 할 텐데요.

양주 하여간 시인들에게 모방模倣하지 말라고 권權합니다.

모윤 그런 문제도 비판할 필요가 있지요.

김기 가령 지용芝溶 시대라는 것이 있었다면 그것에 반감反感을 가질 때가 와야 합니다. 언제든지 문화현상文化懸象은 발전의 형식에서 봐야 하니까요. 그러니까 신인은 불가외不可畏라든가 단순히 보지 말고 새로운 입장에서 나온 것을 감시해야 할 것입니다. 지용芝溶의 '에피고오넨'들은 언어만 가지고 시가 되는 줄 알고 입습니다. 그러나 그러면서도 선이 굵고 '이메이지'를 취급取扱했고 '리듬' 기타의 생각이 뚜렷할 줄을 모릅니다. 요새 『시학詩學』, 『시건설詩建設』, 『맥貊』 등의 시 동인지가 나오는데 편집보다는 그 질이 훨씬 나어진 것 같습니다. 장만영 씨 같은 분은 뛰어나게 좋습디다. 만약 그 사람들이 좌담회를 한다면 여기 앉아 있는 이들은 문제가 안 될는지도 모릅니다.(소성笑聲)

양주 시 짓는 사람들은 자기도 잘 모르는 말을 자꾸 갖다 쓰더군요. 중견이란 사람이 더욱 그래.

정지 요새 향가鄕歌지.

유진 외래어外來語도 아니고 한문漢文도 아닌 것을 자꾸 쓰더군요.

임화 아까 기림起林 얘기에 연달아 하는 것인데 비평뿐 아니라 시에 대해서는 일반이 좀 완고頑固한 것 같습니다. 그러나 지금 새로운 변천이 오고 있는 듯합니다. 소설의 신세대新世代보다 비약적飛躍的입니다. 이러한 새로운 용어나 '스타일'의 탄생誕生에 진보적 생각을 가져야 할 것입니다.

이원 그러면 지용芝溶의 시풍詩風과 다른 것은 모다 신세대라고 인정하나.

임화 인정認定 여부與否보다 사실에 있어 달러지는 것을 말하는 거지. 지용芝溶의 '에피고오넨'과는 다른 독특獨特한 '스타일'이 탄생誕生된다면 그것이 조선시朝鮮詩의 구세주救世主지.

이병 지용芝溶의 시풍詩風이 한 세대世代를 대표代表했고 이제 또 오장환吳長煥 같은 이들의 시가 한 세대를 대표한다면 안서岸曙의 시도 한 세대를 이루었는가? 문제는 그런 데 있는 줄 아는데.

시조時調의 현대정신現代情神

이태 시조時調는 서재인書齋人의 여기餘技에 지나지 못했는데 최근最近에 와선 문단적文壇的 위치位置를 분명히 차지하려는 기세氣勢가 보입니다. 시조時調가 현대문학現代文學에 합류할 수 있겠습니까.

이원 이전에 권구현權九玄이라는 이가 새로운 시험試驗을 하다 실패한 일이 있지요.

이태 내지內地의 화가和歌나 배구排句의 위치와 어떨는지요.

이원 완전히 딴 세계지요.

이병 시조라는 것이 원래 특이한 약속이 있는 것이라 이왕에 시조를 질려구 한 사람들두 많으나 모다 모방에 불과했고 그렇지 않은 사람은 중도中途에서 고만두었지요. 일종의 이상한 약속이 있는가 해서 까다로워하는 모양입니다.

임화 시조가 화가和歌만큼 현대現代 정신情神을 담어서 성공할 수 있을까.

정지 할 수 있겠지요.

양주 요컨댄 사람에 달렸겠지.

임화 새말로 시조를 써서 실패한 것은 형식形式만 시조에서 빌어 왔기 때문이네요. 일종의 구속拘束을 통해서 현대시보다 아름답게 성공할 수 있나가 문제일 것입니다.

김기 이조李朝 문화文化 속 시조의 '포름'과 합치되는 것이 있지 않았어요.

전쟁戰爭과 문학文學

이태 우리들도 전쟁戰爭 내용內容의 작품을 쓸 수 있을까요. 지금 전쟁이란 이 커다란 세계적 동태動態를 우리도 피안시彼岸視하고만 있을 수는 없는데 이 현실에서 유기적有機的으로 우리는 우리 문학에 무엇을 가져올 수 있을까요.

김기 물론 쓸 수는 있지만 직접 체험體驗을 못한 우리들이 어떻게 쓰나가 문제지요.

임화 가서 봐야 쓸 수 있지요. 경험經驗 없이는 묘사 못 합니다.

김기 직접 작가가 전쟁에 참여하거나 혹은 전장戰場 현지現地에서 당하거나 해야 하지요.

이태 그럼 당하지 않고는 쓸 수 없다는 결론結論이로군요.

유진 두 사람이 쌈하는 것을 묘사할 제두 보고 나서 쓰면 생생하게 쓸 수 있는데 더구나 전쟁이라는 방대尨大한 것을 그렇게 단순하게 쓸 수는 없겠지요.

문학상文學賞에 대하야

이태 요새 여러 군데서 문학상文學賞 말이 있는데 상賞의 명예가 받는 측側에 있는지 주는 측側에 있는지 모르겠다는 말도 유행流行합니다. 거기 무슨 감상感想들 없으십니까?

김기 주는 측으로 먼저 명예名譽도 있고 채산採算도 있겠지요.

임화 이번에 설정된 '조선예술상朝鮮藝術賞'이라는 것도 엽서로 설문이 왔습디다만 그런 인기투표人氣投票 같은 방법으로 해서 어떨지. 전형銓衡은 조선에 일임하고 돈만 제공提供하면 마땅한 일인데, 자기는 동경東京에 앉아 있어가지고 조선예술상이니 해서야 폐해弊害도 막대莫大할 뿐 아니라, 타는 사람으로도 창피한 일이구.(소성笑聲)

김기 국지관菊池寬의 열정을 그렇게 말하는 수 있오.

박태 지금 말씀하신 게 '아이로니니'라는 것이로군.(소성笑聲)

유진 상금賞金 제공자提供者는 누구거나 문제는 전형銓衡에 달렸지요.

임화 물론 조선서 해야지요.

김기 무슨 상賞이던 이쪽에서는 받는다는 말두 없는데 제 맘대루 준다고 정해놓고 떠든다는 것은 좀 우서워.

임화 조선문학을 시굴 문학으로 취급한단 말야.

김기 아모턴지 상금 제공자로서 조선문학에 대하여 얼마나 확실한 인식을 갖었고 얼마나 심각한 관심을 갖었는지 결국 그 점에 의의가 있는 줄 압니다.

임화 주면 불쑥 받어두지 뭘 그래.(소성笑聲)

김기 그럴 수 있을가!

임화 아모턴 '상매근성商賣根性'에서 나온다면 그 동기動機가 불순不純합니다. 하여간 모두 불만입니다.

『문장文章』의 추천제推薦制

이태 최후로 『문장文章』의 추천제推薦制에 대해서 기탄忌憚없이 말씀해 주십시오.

정지 가장 공평公平하지 뭐.

모윤 고만두는 게 좋아요. 선자選者를 바꾸든지.

임화 매달 하지말구 일 년에 한 번이든지 두 번이든지 소설, 시를 합해서 신인특집호新人特輯號를 내이면 어때요.

이원 선자選者를 바꾸는 게 좋지요. 경향傾向이 다른 사람이 선選해야지 그렇지 않으면 '에피고오넨'만 만드러내이게 되지요.

모윤 꼭 그게 있에요.

정지 나한테 가까운 놈한텐 가장 엄하게 했는데 모두들 저렇게 '에피고오넨'이란단 말야.

양주 지용芝溶이 선選을 하면서두 지용다웁지 않은 것을 선選해야 정말 위대偉大하지.(소성笑聲)

임화 선選하는 사람두 사람이지만, 투고投稿하는 사람이 우선 문제지.

이태 좋은 말슴들입니다. 추천推薦을 매월 하는 것은 그만치 신인들에게 기회機會가 잦기를 바라는 때문입니다. 그리고 선자選者가 자기를 닮는 사람만 뽑으리란 선입견先入見은 너머 선자選者를 단순히 보는 건 줄 압니다. 그다지 아량이 없지들은 않습니다.

좋은 기록記錄을 많이 갖게 돼 독자들이 기뻐할 줄 압니다. 대단 감사합니다.

— 소화昭和 14년 12월 25일 석夕 명월관明月館에서

문학文學의 제문제諸問題[69]

출석자出席者 무순無順

이병기李秉岐 박종화朴鍾和 김상용金尙鎔 임 화林 和

최정희崔貞熙 유 엽柳 葉 정지용鄭芝溶 양주동梁柱東

김기림金起林 이원조李原朝

○

이태준李泰俊

소화昭和 15년 12월 11일

어於 명월관明月館

◇ 신체제新體制와 문학文學

이태준 신체제新體制와 문화인文化人과의 문제가 각방면各方面에서 대두擡頭되고 있는데, 오늘은 이것을 문제삼아서, 말씀해 주셨으면 합니다. 막연하니까, 얼른 문제를 하나 찝어 말씀드린다면 요즘 동경東京에서는, 정치政治와 문학文學의 관련에 있어, 정치政治를 문학

69「文學의 諸問題」,『文章』3권 1호, 1941. 1.

화文學化 하느냐 문학文學을 정치화政治化 하느냐 하는 문제가 꽤 과제로 되는 듯하고, 이 문제는 조선서도 당면했다고 봅니다. 한때 무산문학無産文學 시대에 문학을 정치화 해서 실패한 것을 보았기 때문인지 최근에는 정치를 문학화文學化 해야 된다는 설이 돕니다. 문학을 정치화하자는 것은 결국 목적의식目的意識을 가르치는 것 같은데 이것은 전쟁문학戰爭文學에 있어서도 그 실례實例를 볼 수 있습니다. 그러면 그것이 정말 문학을 생산生産하는 사람들의 정당正當한 태도態度인지, 지난 일이지만 한번 더 생각할 여지餘地가 있을 줄 압니다만……. (김상용 출석)

무산문학無産文學에 있어 문학文學이 정치화政治化 한다던가, 또는 정치政治가 문학화文學化 한다던가 하는 문제는, 정치와 문학의 한계限界를 분명히 하지 않고 막연히 취급取扱할 문제가 아니라고 생각합니다. 국민을 보호 지도하는 점에서는, 정치와 문학의 국가적 입장은 같다 하지마는 각기의 개성個性은 엄연 다른 것입니다. 정치가 곧 문학화文學化 한다면 그것은 실패할 겁니다. 먼저 개성의 한계를 밝힐 필요가 있지요.

유 엽 신체제新體制를 생각할 때 신체제란 결국 고체제古體制를 復活시키는 것이라고 봅니다. 다시 말하면, 국체명징國體明徵에 근본정신을 두어 외국 문명에 오입誤入했던 것을 정치적 방면에 근본적으로 우리의 것으로 — 다시 말하면 모든 중간체제中間體制를 버리고 무리가 없는 생명의 체계로 돌아가자는 것이므로, 문학도 조작造作한 문학이면 오히려 근본根本에 어긋난 것이라고 생각합니다. 즉, 문인文人이 문인文人의 굴레를 떠나지 않는 것이 참된 질서를 보지保持하는 의미가 거기에 있는 줄 압니다. 말이 퍽 개념적槪念的이

된 듯합니다만—.

문학사회에 정치의 힘이 절대絶對의 힘으로 영향影響할 때 문학인들이 입각立脚할 지점地點, 입각立脚이라기보다 지켜야 할 위치位置가 있을지는?

역시 문제의 중심은 정치와 문학의 관계에 있는데, 거기서 우리는 두 가지 경우를 상상할 수 있을 것입니다. 첫째는 문학자가 국가사회의 일一 성원成員으로서 봉사하는 것이요, 둘째는 그가 생산하는 문학의 질의 문제입니다. 예하면 금반 우리 문인협회文人協會의 강연講演 여행旅行 같은 것은 전자의 것을 의미하는 것이므로, 특별히 문제가 되는 것이 아닙니다. 그다음 그들이 생산하는 문학작품이 어떻게 국가國家 생활生活에 기여寄與 봉사奉仕하느냐의 문제가 순수한 문학상의 문제인데 여기에 대해서는 일전 어느 잡지에서 읽은 대정익찬회大政翼讚會 문화부장文化部長 안전국토岸田國士 씨의 「문예의 측위적임무側衛的任務」란 글이 흥미 있었습니다. 측위側衛라는 것은 군대軍隊의 용어用語인데 즉 예술藝術을 정치政治에 비겨서 측위側衛란 것은 후방수어後方守禦의 임무에 당한다는 의미인 것 같습니다. 역시 문학이란 직접정치直接政治의 무엇이라기보다는 국민의 도덕道德, 윤리倫理, 기타의 건전한 발전에 기여寄與한다는 것이 문학의 임무任務라고 한 것은 경청傾聽한 가치價値가 있는 견해見解라 할 것입니다.

◇ 생산문학生産文學이란

이태준 그리고 최근 문학계에 '생산문학'이란 말이 들리기 시작하는데 먼저 그 개념이 어떠한 것인지 알았으면 합니다.

유 엽 생산문학生産文學이란 말은 최재서崔載瑞씨가 먼저 쓴 것 같은데 이것은 추측컨대 지금까지는 대개 소비면消費面을 취재取材, 혹은 묘사描寫하여 왔으나, 지금 이런 때를 당하였으니까 활발하고 건전하고 건설적인 방향을 탐구하자는 데서, 아마 이것은 『인문평론人文評論』에서 작품 모집할 때에 국책國策에 순응順應할 생산면生産面을 그 취재取材에 요구要求한 데 처음 사용한 것 같습니다.

이태준 그러면 이것이 요즘 국책國策에서 나온 것인지 또는 문학 자체의 보조로 부딪힌 것인지요.

유 엽 역시 이원조李源祚 씨 말대로 이것은 최재서崔載瑞 씨가 제창한 것이라고 보는데, 그 전에 동경에서 '흙의 문학文學'의 운동이 있었드키, 조선에서도 소설이 어떤 한계에 왔다, 즉 이것은 내용적인 문제로서보다도 외부적으로도 소재를 바꾸어 보자 하는 데서 소재의 타개책打開策으로 생산면 — 생산적인 것을 그려보자 하는 것인데, 그것이 국책산업에서 취제되는 이유는 국책산업이야말로 현대산업의 중심을 이루고 있기 때문일 것입니다.

생산문학生産文學 문제가 조선문학 자체가 부딪혀서 발생한 것이라면 소설뿐 아니라 시에서도 관련되는 문제가 아닐까요? 더 나아가 너머 또 건설적인 것을 찾다가 시가 가요화歌謠化할 염려念慮가 있다든지……

이태준 '가요화'란 무슨 의미인가요?

유　엽 가창식歌唱式, 언문식言文式 말이지오.

◇ 시단경향詩壇傾向은

이태준 수십년 간의 시단 경향은 일반적으로 퇴폐적頹廢的 색채色彩가 농후濃厚하였습니다. 더구나 신인들 사이의 기교적技巧的인 경향傾向에 대한 반발이 작년과 재작년에 가장 많았습니다. 시가 근본적으로 변천하려면 데카단스로부터 해탈解脫하는 길 밖에는 없습니다. 신인 중에도 오장환吳長煥 서정주徐廷柱가 대표적인 것 같은데, 그들은 금년 들어서는 오장환吳長煥 같은 이는 다분히 이전移轉될 것 같이 보입니다. 어쨌든 시단詩壇이 크게 한 번 움직이는 것만은 사실인 것 같어요.

김기림 시가 가요화歌謠化한다는 것은 임화林和 씨가 말씀하시는 시단詩壇의 주류主流와는 상대적相對的인 문제問題라고 보는데, 가요화歌謠化라는 것은 이삼 년 전까지 시의 화술話術은 회화會話에 가까웠지만 이즘에 와서는 이것을 떠나려는 경향이 있습니다. 이것은 역시 시단이 변화하는 커다란 징조徵兆입니다. 금년 시단은 무언가 새로운 것을 만들려는 것을 보이고 있습니다.

◇ 현대시조現代時調와 창唱

이태준 (이병기 씨에게) 시조時調에 있어 요즘 작자들도 창唱을 생각하고 짓습니까.

이병기 그런 방면方面에 부뜰리지 않을려고 합니다. 무슨 내용內容을 어떻게 다루어가지고 신시新詩나 다름없이 표현할가 하는 것이 새로운 시조時調의 길입니다. 격식格式이나 조調를 마추는 것보다 무엇을 표현할가 — 이것이 생명生命입니다. 거저 조調나 격식格式을 마추어 하루아침에 이천 수 삼천 수 지어낸댓자 아무런 값이 없다고 생각합니다.

이태준 시조에 있어 예전과 격이 맞는다 해서 시조에 외래어外來語를 쓰는 수가 있는데 이것을 창唱에 마춘다면 좀 어떨가 —. 시에 있어 회화성繪畫性과 음악성音樂性의 두 가지를 보는데, 시조도 역시 창법唱法을 고려하나 안 하나 하는 것보다도 자신이 창법을 모르지 않나, 나는 그렇게 생각합니다.

이병기 과거過去의 작가作家란 창唱이 주요했고 문학면[고시조]은 대단치 않었고 또 그 오랜 동안을 두고 개혁改革된 적이 없었습니다. 최근에 와서 작가가 음악音樂으로서보다 시詩로서 되었느냐 함에 관심關心하게 되고 첫째 시詩를 만들자, 설사 음악성音樂性을 띠었다고 곧 음악音樂이 될 수는 없는 것이니 시성에 눈뜨기 시작한 것입니다.

박종화 하여튼 신문학新文學에서 시조時調를 가지고 온 것을 보면, 이것은 완전히 창唱을 떼어버린 것입니다. 신시조新時調 운동運動이 있은 지 몇십 년 후인 오늘날 이 문제가 새삼스럽게 나올 까닭이 어디 있습니까.

임　화 그렇습니다. 창唱에서 떠나자는 것이 신시조新時調이지요. 시조에 있어 조와 창과는 내면적 관련이 있을 따름입니다. 계면조界面調, 우조羽調, 평조平調, 이와 같이 시조에는 세 가지 조가 있는데 그리고 이것은 처음부터 있던 것을 중간에서 잊어버린 것이 아닌

가요? (정지용 출석)

이태준 창법唱法이 하나인 줄만 알았드니 여러 가지드군요.

이병기 평시조平時調를 반드시 내용內容을 제공 보아가지고 하느냐 하면 그렇지도 않습니다.

박종화 시조의 창법唱法을 안다 하더라도 그 유장悠長한 것을 이 긴박緊迫한 세상에 부를 겨를이 없는 줄 압니다.

이태준 그러면 현대시조 작가들은 창唱, 즉 음악면은 의식적으로 떼어버린단 말씀이지요.

박종화 내 생각으론 육당六堂 같은 이는 창唱을 일부러 떼어 놓고 쓴 것으로 봅니다.

이병기 창唱을 많이 하는 사람을 보자면 천편일률千篇一律의 음조音調를 쓰고 있습니다. 결국 케케하고, 내용은 아무것도 없습니다.

◇ 시조時調와 연치年齒

이태준 그런데 요즘은 시조를 청소년靑少年들도 많이 쓰는 모양인데 어쩐지 깊은 맛이, 깊은 맛이라기보다 시조의 시조다운 맛이 안 나드군요. 시조의 온상溫床은 역시 심경이겠지요.

그러니까 시조에선 '착상着想' 그것이 큰 문제인 줄 압니다. 육당六堂, 춘원春園, 가람, 노산鷺山의 경지에 우선 그 연치年齒가 이르지 않고는 시조다운 착상着想을 못 해낼 것 같더군요.

유 엽 초장, 중장, 종장 등의 독 안에 넣으면 제 절로 시조가 되었다고 본다면 시조처럼 쉬운 것이 어디 있나요.

이병기 이두吏讀로 된 한시漢詩를 천 수首를 끄집어 보면 천 수首의 자수字

數가 다 다릅니다. 이것이 모다 부르기 위하여 음악을 위하여 진 것입니다.

이태준 요새 가람이 쓰시는 시조는 무슨 조입니까. 대개는 평시조平時調지요? 요새 평시조 이외의 작품은 쓰는 이가 없나요?

이병기 전에 지용이 『삼천리문학三千里文學』에 사설시조식으로 쓴 게 있죠. 아마 사설시조에서, 그 말을 흠모하는 나머지 흉내를 내 본 것인데, 근본적으로 형식을 보지 않은 것입니다.

양주동 새 시조는 물론 창을 떼었지만 잘 진 것은 자연 창에 맞지요.

김상용 시조는 음악에 있어 가사와 같은 것으로 의식적으로 모르는 척하더라도 음악성을 떠나서, 시조가 있을 수 없다고 생각합니다.

(이병기李秉岐 씨 방송 시간으로 일시 퇴석)

◇ 향가鄕歌와 자수字數

이태준 향가에도 시조처럼 자수字數에 제한制限이 있었습니까.

양주동 중요한 것은 정해 있지만 대체로 자유롭지요. 그런데 지나갔지만 시에 관해서 잠간 말씀코자 합니다. 시단詩壇의 주조主潮에 대해서, 작년 본지本誌 좌담회座談會에서 시단詩壇의 주조主潮의 변천變遷에 대해 말한 바 있었지만, 대체로 시단의 경향을 보건대, 감정을 주로 한 사람들은 구수한 것을 좋다 하고, 다음은 개념槪念 다변多辯을 주로 한 사람, 다음은 감각(산듯한 것) — 즉, 남 못할 소리, 기특한 소리 말입니다. 다시 말하면 말재간을 부리는 이들이 그야말로 천하天下를 풍미風靡했다고 하고, 그러면 그 다음에는 또 어드런 것이 나오겠느냐 하는 것이 금년에 풀 숙제처럼 되었었는데 이제 볼 것 같으면 앞으로는 '체취體臭'라든가 '기력氣力'이라든가, 즉 억세고 선이 굵고, 그런 조류潮流랄가 하는 것이 나을 법한데……(일동 소笑)

정지용 다아 허튼소리.(일동 소笑)

유 엽 시는 사상思想에 입각立脚하고, 사상思想은 생활生活에 입각立脚하는 것이므로, 근본 문제는 시인 자신의 생활문제이지요. 시인들이 속세계俗世界를 보지 못한다는 것이 이것입니다.

김상용 양주동梁柱東 씨 말씀에 체취體臭니 기력氣力이니 하는 말은, 혹 그와 같은 새 경향이 나올는지 모르겠지만, 그것이 나오고 만담漫談엔 또 무엇이 나올 것입니까. 시란 결국 인간성人間性의 표현이므로 — 영원한 표현인 바에야 그전에 나왔던 것이라고 또 안 나온다고는 말할 수 없지 않을까요?

김기림 시의 영원한 주장은 말하자면 시대적時代的이요 사회적社會的입니다. 요 다음에 무엇이냐를 막연히 생각해 보면, 육체肉體의 시라는 것이 나왔으면 하는 생각도 있습니다. 지금까지의 시가 정신의 시였던데 대해서 말입니다. 『올림피아』 영화를 보았을 때 어떤 말할 수 없는 감명, 육체적인 감명을 느꼈읍니다.

박종화 그런 것은 시제詩題가 될 수는 있어도 시의 전체全體가 될 수는 없읍니다.

김기림 나는 육체의 시란 것을 신문에 발표한 일이 있는데 서인식徐寅植 씨도 육체의 문학을 금후 문학의 한 과제로 삼아 볼 필요를 절실히 느낀다는 것을 말합디다.

이태준 스포쓰와는 물론 층層이 다른 원천 신희랍적新希臘的이라고 할까 그런 새 경향도 일어났으면은 합니다. 그런데 그만 소설로 가겠읍니다.

◇ 조선소설朝鮮小說은 재미없다

이태준 흔히 "조선소설은 재미없다." 이런 말을 가끔 듣는데 재미없다는 그 '재미'란 것도 워낙 문제 삼을 게 못 되겠지만 그런 사람들은 아마, 아마가 아니라, 사실에 있어서 동경서 나오는 『킹구』나 『주부지우』 따위에서 통속소설通俗小說을 읽다가 『인문평론人文評論』에나 『문장文章』에 나는 단편을 읽고 비교해하는 말 같읍니다. 그러니까 그걸 문제 삼자는 게 아니라 나는 우리 문학과 너머나 거리가 멀어가는 그들을 부뜨는 또 교육시키는 한 방편方便으로 그들이 바라는 '재미'로 찬 통속작품通俗作品이 좀 더 왕성旺盛해야 되지 않을가, 그런 의견이 생기기 때문인데 즉, 조선문학을 위해서 일종 의무교육식義務教育式으로 통속소설을 보급시킬 필요가 없겠습니까?

이원조 거기에는 두 가지 문제가 있는 줄 압니다. 첫째는 문학에서, 자미란 무엇이냐 하는 것입니다. 통속소설이 과연 자미있겠느냐 하는 것입니다. 둘째는 통속소설이 자미있자면 독자가 통속소설적인 생활 — 다시 말하면 내지의 통속소설에 그려져 있는 듯한 생활을 조선 사람이 하고 있느냐 하는 것입니다. 이것을 결정치 않고는 통속소설의 필요必要 여하如何는 주저躊躇할 문제입니다.

문학을 읽히기 위해서라면 통속소설을 보급시킨다는 데 나는 이견異見이 있습니다. 대체로 문예소설이 보편화 하자면 문화 수준이 향상하지 않으면 안 되리라고 생각합니다. 여기서 통속소설의 힘이란 극히 적은 것입니다. 일반교육이 중요한 길이라고 생각합니다만.

일반교육一般教育과 일반문화一般文化 향상向上의 길이 물론 제일 조건第一條件이겠습니다. 그러나 앞으로는 대학출신으로도 순한글로 된 소설을 읽어낼 수가 있을가 의문이올시다.

◇ 읽을 수 있는 讀者

이태준 그런 형편이니까 무엇보다 읽을 수 있는 독자라는 것이 필요치 않을가요? 읽을 수 있는 독자讀者라면 신소설新小說의 독자가 아직 있지 않습니까. 학생들이나 혹은 교육 받은 사람들이 조선문학으로 들어오는 경로經路가 어떤가를 보면 내지문학內地文學을 통과通過하는 경향傾向이 확실히 있는데, 가령 중학생이나 고등학교 생도에게 통속소설을 친근시킨다면 단순히 그들이 흥미를 취하는 것이 아니고 예술을 취한다면 조선문학은 유치하다고 생각해 버릴 우려도 없지 않지 않을가요?

박종화 통속소설通俗小說이니, 순수소설純粹小說이니, 예술소설藝術小說이니 하는 그 경계선境界線은 어떻게 생각합니까. 상허尙虛는 순수소설純粹小說도 쓰고 통속소설通俗小說도 쓰고 허니 말이지. 내가 쓰는 소설을 벌써 그렇게 구별헐 줄 아시면서(일동 소笑)

◇ 창작創作과 한자사용漢子使用

이태준 요즘 소설에 한자漢字 사용使用하는 것이 더러 보이는데, 이 점은 어떻게 생각하십니까. 최정희崔貞熙 씨 말씀 좀 하여 주십시오.

최정희 소설에 한자가 짜닥짜닥 붙는 것은 싫어요. 이름자쯤은 섞는 것도 무관無關하겠지만요.

이태준 그럼 한 마디 더 말씀해 주십시오, 이지막 '여류부진女流不振'이란 말이 사실인 것 같습니다. 여게 대한 감상感想은 어떻습니까.

최정희 그 말이 조금도 싫지 않습니다. 원체, 여자란 편안便安하고 다행多幸하면 아무것도 못하는 버릇이 있는 거랍니다.(일동 소笑) 지금 모두들 편안하구 다행해서 글을 못 쓰는지 압니까. 글쓰기보다 편안하구 다행하게들 사는 것이 더 좋잖어요.

이태준 여러분 좋은 말씀 많이 해 주셔서 감사합니다.

문학방담회 文學放談會

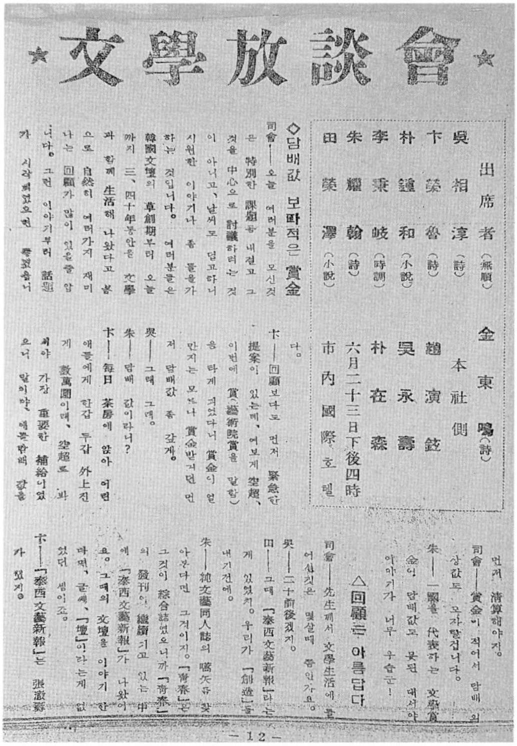

★文學放談會★

出席者(無順)
金東鳴(詩)
吳相淳(詩)
卞榮魯(詩)
朴鍾和(小說)
李秉岐(時調)
朱耀翰(詩)
田榮澤(小說)

本社側
趙演鉉
吳永壽
朴在森

六月二十三日下後四時
市內國際호텔

◇담배값 보따적은 賞金

司會——오늘 여러분을 모신것은 特別한 課題를 내걸고 그것을 中心으로 討議하려는 것이 아니고、날씨도 덥고하니 시원한 이야기나 좀 들을가 하는 것입니다。여러분들은 韓國文壇의 草創期부터 오늘까지 三、四十年동안을 文學과 함께 生活해 나왔다고 봄으로 自然히 여러가지 재미나는 回顧가 많이 있을줄 압니다。그런 이야기부터 話題가 시작됐으면 좋겠읍니다。

卞——回顧보다도 먼저 緊急한 提案이 있는데、여보게 空超、이번에 賞(藝術院賞을 말함)을 타게 되었다니 賞金이 얼만지는 모르나 賞金받거던 먼저 담배값 좀 갚게。

吳——그래 그래。

朱——담배 값이라니?

卞——每日 茶房에 앉아 어떤 애들에게 한갑 두갑 外上진게 數萬圜이래、空超로 봐서야 가장 重要한 補給이었으니 말이야、예출한때 값을 먼저 淸算해야지。

司會——賞金이 적어서 담배 외상값도 모자랄겁니다。

朱——一國을 代表하는 文學賞金이 담배값도 못된 대서야 이야기가 너무 우습군!

△回顧는 아름답다

司會——先生께서 文學生活에 들어서신것은 몇살때 쯤인가요。

吳——二十前後겠지。

田——그때 「泰西文藝新報」라는게 있었지。우리가 「創造」를 내기전에。

朱——純文藝同人誌의 嚆矢를 찾아본다면 그거이지。「靑春」은 그것이 綜合誌였으니까 「靑春」의 發刊이 繼續되고 있는 中에 「泰西文藝新報」가 나왔어요。그때의 文壇을 이야기 한다면、글쎄、「壇」이라는게 없었던 셈이죠。

卞——「泰西文藝新報」는 張澈壽가 했지。

— 12 —

『현대문학』 2권 8호, 1956. 8.

▌좌담

문학방담회文學放談會[70]

출석자(무순)

오상순吳相淳(詩) 변영로卞榮魯(詩) 박종화朴種和(小說)

이병기李秉岐(時調) 주요한朱耀翰(詩) 전영택田榮澤(小說)

김동명金東鳴(詩)

본사측本社側

조연현趙演鉉 오영수吳永壽 박재삼朴在森

6월六月 23일二十三日 하후下後 4시四時

시내市內 국제國際호텔

◇ 담배값보다 적은 상금賞金

사회司會 오늘 여러분을 모신 것은 특별特別한 과제課題를 내걸고 그것을 중심中心으로 토의討議하려는 것이 아니고, 날씨도 덥고 하니 시원한 이야기나 좀 들을가 하는 것입니다. 여러분들은 한국문단韓國文壇의 초창기草創期부터 오늘까지 삼, 사십 년 동안을 문학

70 「文學放談會」, 『현대문학』 2권 8호, 1956. 8.

文學과 함께 생활生活해 나왔다고 봄으로, 자연自然히 여러 가지 재미나는 회고回顧가 많이 있을 줄 압니다. 그런 이야기부터 화제話題가 시작되었으면 좋겠습니다.

변卞　회고回顧보다도 먼저 긴급제안緊急提案이 있는데, 여보게 공초空超, 이번에 상賞[예술원상藝術院賞을 말함]을 타게 되었다니 상금賞金이 얼만지는 모르나 상금賞金 받거던 먼저 담배값 좀 갚게.

오吳　그래. 그래.

주朱　담배값이라니?

변卞　매일每日 다방茶房에 앉아 어린애들에게 한 갑 두 갑 외상外上진 게 수만원數萬圓이래, 공초空超로 봐서야 가장 중요重要한 보급補給이었으니 말이야, 애들 담배값을 먼저 청산淸算해야지.

사회司會　상금賞金이 적어서 담재 외상값도 모자랄 겁니다.

주朱　일국一國을 대표代表하는 문학상금文學賞金이 담배값도 못 된대서야 이야기가 너무 우습군!

△ 회고回顧는 아름답다

사회司會　선생先生께서 문학생활文學生活에 들어선 것은 몇 살 때쯤인가요.

오吳　이십二十 전후前後겠지.

전田　그때 『태서문예신보泰西文藝新報』라는 게 있었지. 우리가 『창조創造』를 내기 전에.

주朱　순문예동인지純文藝同人誌의 효시嚆矢를 찾아본다면 그것이지. 『청춘靑春』은 그것이 종합지綜合誌였으니까 『청춘靑春』의 발간

發刊이 계속繼續되고 있는 중에 그때의 문단文壇을 이야기한다면, 글쎄, '단壇'이라는 게 없었던 셈이죠.

변卞 『태서문예신보泰西文藝新報』는 장철수張徹壽가 했지.

박朴 그렇지.

오吳 그것은 잡지雜誌가 아니라 신문新聞 비슷한 것이었지.

사회司會 그 후에 나온 『창조創造』·『백조白潮』·『폐허廢墟』 등等의 동인지同人誌들을 보면 동인同人이 서로 이중삼중二重三重으로 겹쳐 있더군요. 이광수李光洙 같은 분은 어느 동인지同人誌에나 다 끼어 있은 것 같은데요.

전田 글쎄. 그랬던가요. 내가 알기로는 별로 그런 분이 없었다고 알고 있어요. 이광수李光洙는 동인同人이 아니라 그때 유명有名했으니까 모두들 원고原稿를 얻었던 게지요.

△ 우호적友好的인 문단文壇

사회司會 그때는 주主로 몇 개의 동인同人 그룹이 문단文壇이라는 것을 대표代表해 왔는데 그 동인同人의 형성形成이 문학적文學的인 경향傾向이나 견해見解의 동일성同一性에서보다도 우정友情이나 인정人情을 중심中心으로 결합結合된 것 같은데 그건 어떠했나요.

오吳 그렇지요. 일정一定한 문학적인 이념理念이란 게 뭐 별로 없었지요. 우연偶然한 친교親交가 동인구성同人構成의 원인原因이 된 게지요.

주朱 후세後世의 문학사가文學史家들이 보면 물론勿論 『창조創造』·『폐허廢墟』·『백조白潮』 기타의 그 당시當時의 동인지同人誌에서 경향상京鄕上의 어떤 상위점相違點을 추상抽象할 수 있겠지요마는 대체로 문학관文學觀에 있어서는 모두 막연漠然했으니까요.

전田 무애無涯가 중심이 되었던 『금성金星』이 있었고 또 『장미촌薔薇村』이라는 것도 있었지. 『창조創造』와 같은 무렵이든가. 기억記憶이 확실確實치는 않은데……

사회司會 『장미촌薔薇村』은 『백조白潮』보다 일년一年 먼저고, 『금성金星』은 훨씬 늦어요.

박朴 그래요. 『금성金星』은 훨씬 늦어요.

사회司會 그때는 그 각종各種의 동인同人 크릅이라는 것이 문학상文學上의 경향傾向에서가 아니고 우정적友情的인 것이 그 기초基礎가 되었던 만큼 각各 동인同人 크릅 사이에 어떤 감정적感情的인 알력軋轢 같은 것이 흔히 있을 수 있었을 텐데 그 당시當時의 분위기雰圍氣는 전全혀 그렇지 않고 대단大端히 순수純粹한 우의友誼와 애정愛情이 각各 동인同人 크릅 사이에 서로 교류交流되어 있었다고 보는데 어떻습니까. 역시 요새와 같은 반목反目도 있었나요.

박朴 그런 건 적었지요. 동인同人 크릅이라고 해야 그 크릅들이 몇 개 되지 않았고 그러니만큼 우선 그 수數가 적었습니다. 몇 사람 되지 않았으니까 서로 호의好意와 우정友情이 강强하게 나타날 수 있었던 게지요.

전田 그리고 그때는 다른 잡념雜念보다는 문학文學 한다는 사실事實에만 열熱을 내고 있었지요.

오吳 저마다 우리 문학文學이 개척자開拓者라는 당당堂堂한 푸라이드가 제각금 넘쳐흐르고 있었지.

△ 한국韓國 최초最初의 시낭독회詩朗讀會

변卞 아까 『장미촌薔薇村』의 이야기가 났으니 말잇 그대 YMCA에서 제일 처음 장미촌사薔薇村社 주최主催로 시낭독회詩朗讀會를 열었지. 처음 보는 시낭독회詩朗讀會였으니까 그때만 해도 신기했을 거 아냐. 그런데 황석우黃錫禹로 말하자면 그야말로 장발풍長髮風이요 눈이 불거져 나오기로 통방울이거든.(일동一同 소笑) 황석우黃錫禹가 낭독朗讀하고 나서 재미있는 일이 생겼딴 말야. 제일 앞줄에 앉은 사람으로 나이가 한 오십 된 어떤 술 취한 친구가 하는 말이 걸작이었어.

"어따, 그 친구 냉수冷水 독에 빠졌다 나왔나. 제앤장 떨기는 왜 그렇게 떨어."(일동一同 폭소暴笑)

오吳 그대 사회司會는 이병도李丙燾 씨氏가 했지. 나는 그때 「봄은 오다」란 詩를 읽고.

변卞 나는 '카페·화오리스트'였지.

오吳 그때만 해도 사회주의社會主義, 무정부주의無政府主義의 방맹이질에 무척 반항反抗했지. 그러니까 우리들은 처음부터 순수문학주의자純粹文學主義者였던가봐.(소성笑聲)

사회司會 그 당시當時의 수주樹州 선생先生의 시詩를 요새 뒤저보니까 정신지상주의적精神至上主義的인 경향傾向이 아주 강强하드군요.

변卞 뭐, 그렇고 그런 거지. 그런데 번역 시집詩集으로는 안서岸曙의 「오뇌의 무도舞蹈」가 처음이었지. 내가 거기 서문序文을 쓰고 했지. 그때 가람은 뭘 했어. 옳지, 위당爲堂한테 따라다니며 한문漢文이나 배우고 했지.(소성笑聲)

이李 자네가 시조時調 배운다고 사실은 따라다녔지.(소성笑聲)

△ 유능有能한 시인詩人들

변卞 아니야. 연전延專에서 위당爲堂이 청의請議한 '정情'에 대한 의견意見이 상충相衝해서 석 달 동안 절교絶交를 했는데 그래도 내가 가람만큼 위당爲堂을 따라다니고 그랬단 말야.(일동一同 소笑) 그대 시詩로서는 요한의 「불노리」가 좋았지. 나 중형仲兄도 송아頌兒는 재주가 있다고 칭찬을 했지만…… 사실事實 그때 시詩 같은 시詩를 쓴 시인詩人이 없었어. 송아頌兒하고 나 정도程度였지.(소성笑聲)

오吳 송아頌兒를 지적指摘하는 것은 좋지만 자기自己를 내세우는 것은 자기自己 과찬過讚이 심甚하군.(소성笑聲)

변卞 뭘 그래 과찬過讚할 만했지. 지금은 형편이 없지만, 나이가 드니까 전락顚落했단 말야.

사회司會 웨요 상화相和의 시詩도 좋은 게 몇 개 있지 않아요. 좀 나중이지마는 김소월金素月 같은 혜성彗星도 있고.

변卞 좋지 않아. 상화相和의 시詩는 그게 심볼인지 리알인지 알 수가 있어야지. 희미해서. 도대체 '마돈나'를 침실寢室로 들어오라는 건 뭐야. 마돈나하고 동침同寢하겠단 말인가. 어쩌겠다는 말인가.

오吳 그게 좋은 게야. 그게 참 좋은 게야.

박朴 수주樹州는 재담才談으로서 깎으려 들지만 상화相和의 시詩야 좋았지.

△ 그때의 작품作品과 요새의 작품作品

사회司會 그때 여러분들이 쓰신 작품作品과 요새 우리나라에서 발표發表되고 있는 작품作品들과를 비교比較해서 어떤 감회感懷가 있습니까. 별로 나아진 것이 없다고 느껴지십니까. 그렇지 않으면 천양지차天壤之差로 변모變貌되었다고 봅니가.

오吳 글쎄, 작품세계作品世界가 진보進步해 온 건지 퇴보退步해 온 건지 잘 알 수는 없어도 알숭달숭해. 우리가 젊었을 때만한 정열情熱과 패기覇氣는 약弱해진 것 같아.

이李 그렇게 보는 게 옳아요. 기술技術은 나아졌고 기백氣魄이나 패기覇氣는 줄어졌어요. 내가 보기로는 시詩는 지용芝溶에 와서 시詩의 모양을 갖춘 것 같은데, 지금에 와서 지용芝溶보다 더 나아갔느냐 하면 그렇지는 않은 것 같아요. 지용은 가장 새로운 말을 많이 찾아냈어요. 고전古典을 살렸다는 면面에서 상허尙虛 역시 그랬습니다. 그런데 요새 글 쓰는 이들은 아주 고전古典과 등진 바탕 우에서 글을 쓸려는 것 같아요.

주朱 엄격嚴格히 말해서 우리 시詩가 지용의 재주부린 말장난에서 시작한 건 사실입니다.

박朴 나는 지용 시詩에 대해서는 가람과 이견異見입니다. 지용이 나올 때는 그때대로의 사조思潮가 있을 것이고 오늘은 오늘 대로의 사조思潮가 있을 겁니다. 지용의 시詩가 언어言語의 수사修辭나 기교技巧에 있어서는 확실確實히 일분수령一分水嶺을 지은 건 사실입니다. 그러나 그것은 그때의 일본문단日本文壇에서 유행流行하던 신감각파新感覺派의 영향影響에 지나지 않은 거예요. 물론勿論 그때는 그것으로서 의의意義가 있었습니다. 자연自然 발생적發生的인 감정感情의 노출露出을 언어言語의 연금적鍊金的인 기교技巧를 통通하여 정리整理하고 언어言語의 감각적感覺的인 면을 중시한 것은 분명分明히 지용의 공적功績입니다. 그러나 요새 시인詩人들이 그곳에서 더 나아가지 못했다는 것은 요새 작품作品들을 잘 읽지 않은 것 같애요. 요새 시인詩人들의 단순單純한 기교技巧나 언어言語의 감각성感覺性만에 만족滿足하지 못하고 좀더 근원적根源的인 생명生命을 형상화形象化하려고 하는 노력努力이 확실히 보입니다. 이것은 대단한 전진前進이에요. 물론 일부의 신기파新奇派는 다르지만……

△ 요새 시詩는 알 수가 없다

변卞 그 신기파新奇派라는 것 말야. 모던이즘이라든가 뭐라든가 나는 도모지 뭔지 모르겠드군. 아이데아나 휠링이나가 다 모호模糊하단 말야. 이건 어떻게 된 셈판인지 모르겠어. 되도록 노력해서 남들이 알아볼 수 없는 시를 쓰자는 거란 말야. 금년今年 정초正初에 어느 화가더러 「당신도 이젠 우리 같은 사람까지 알 수 있는 그림을 금년今年부터는 그려주시오」 했더니 이 사람의 기상천외奇想天外의 대답對答에 내가 놀랬단 말야. "수주樹州 선생先生이 알 수 있는 그림을 그리라면 나는 자살自殺하고 말겠어요." 한단 말야.

오吳 그건 역시 건전健全치 못하단 애기야.

변卞 피카소는 피카소의 그로세스가 있잖아. 그런데 우리나라의 요새 젊은 사람들은 어마어마한 모방模倣들만 하고 있단 말야.

오吳 말하자면 자기비판自己批判, 자기반성自己反省들이 없어. 이미테이숀도 옳게 할려면 그건 어려운 거야.

박朴 젊은 층의 시인詩人들 말은 선배先輩가 걷던 길을 다시는 걷기 싫다는 거야. 가기들의 주체정신主體情神의 확립確立에 노력努力한다는 거야.

이李 그렇다면 일가성一家成을 위해서 좋은 태도態度지. 그런데서 청출어람靑出於藍이란 말이 나오니까.

사회司會 수주樹州 선생先生은 요새 젊은 시인들이 일부러 노력해서 알 수 없는 시를 쓴다고 하셨지만 일부러 알 수 없는 시를 쓰는 게 아니라 시에 대한 태도가 그만치 달라진 게지요. 시를 감정의 산물로 생각한 것이 이곳에 모이신 여러 선생님들의 시에 대한 태도였다면 시를 지성의 산물로 보는 것이 현대 시인들의 중요한 경향입니다. 즉 정서적 서정적인 것이 지성적 주지적인 것으로 바꾸어진 게지요. 그 때문에 시가 어려워진 게지요. 일부러 어렵게 쓴 게 아니라……

변卞 T. S. 엘리옷은 서정시인抒情詩人인지 주지시인主知詩人인지 모르되 우리나라 젊은 시인들의 시처럼 모르는 말을 쓰지는 않았던데 주지적主知的이라는 것은 모르도록 만든다는 겐가 지성知性이라는 것은 난해難解란 말인가.

오吳 요컨대 반성反省하고 소화消化하고 해야 돼.

△ 전통傳統을 존중尊重하라

변卞 전통傳統을 함부로 무시하면 안 돼.

사회司會 전통을 무시하는 게 아니라 전통을 비판批判하는 입장立場에 서려고 하는 게지요.

변卞 비판은 좋지만 마구 뿌셔버리니까 탈이지.

사회司會 전통에 대한 비판이나 반항反抗의 결과結果가 오히려 전통의 부활復活을 가져오기도 하지 않습니까. 서정주徐廷柱 씨氏 같은 경우를 두고 보면 그는 처음에 반전통적反傳統的인 것에서부터 출발했지만 누구보다도 전통적傳統的인 세계로 돌아와 있습니다. 물론 김기림金起林의 경우과 같이 전통에의 비판이 전통에의 단순한 거부拒否 혹或은 이탈離脫로써 고친 예例도 있지만.

주朱 내가 「불노리」를 쓸 때만 해도 이상한 반항의식反抗意識으로 썼어요. 슬픈 일도 없는데 그냥 슬픈 것이 한시漢詩였어요. 그래서 어디 슬프지 않는 시를 써보자는 것이었어요. 말하자면 전통에의 반항이였었는데 이제 보면 오히려 전통이 된 셈이에요, 사회司會의 말처럼.

사회司會 「불노리」는 내용면內容面에도 그랬지만 형식상形式上에서 봐도 큰 혁신革新이었다고 봅니다. 말하자면 그것이 최초의 산문체散文體 시詩였으니까요.

주朱 그러나 요새 시인들에게 하고 싶은 말은 이상야릇한 신조新調에 현혹眩惑되지 말 일입니다. 일상용어日常用語에서도 얼마든지 있는 좋은 걸 골라서 현대시現代詩를 못 쓰란 법은 없습니다. 요새 신인新人들은 그렇지가 않아요.

변卞 옳아. 한자漢字만 봐도 그래. 아주 전폐全廢하던지 아니면 제대로 써야 돼. 말이 안 되는 한자漢字를 만들어 내고들 있지. 어제 아침엔가 조병화趙炳華의 시詩를 봤더니 글세 '소롱巢籠'이란 말이 있어. 소巢면 소巢고 롱籠이면 롱籠이지 소롱巢籠이 뭐란 말야.

박朴 옳아. 그렇게도 볼 수 있지.

변卞 공초空超는 한때 호號를 소류巢流라고 했지. 그게 글이 안되는데, 그것도 뭐 반항정신反抗情神이야.(소성笑聲)

오吳 수주樹州가 뭔지 모르는데 매력魅力이 있잖아.(소성笑聲)

박朴 공초空超는 꽁초가 공초空超로 되었나 공초空超가 꽁초로 되었나.(소성笑聲)

△ 모방模倣보다 개성個性을 살려라

김金 시는 원래 그 시인이 절실切實히 느낀 인생을 가장 집중적集中的인 언어言語로 가장 효과效果 있게 표현表現하는 다시 말하면, 그 시를 쓰지 않고는 배길 수 없는데 일러서 비로소 시를 쓰는 게 아닐까요. 그렇다면 오늘의 시문학은 정말 시가 없다는 얘기가 아닙니까. 하고 싶은 얘기는 없고 남들이 시를 써서 시인 행세詩人行世를 하니까 나도 덩달아 시인은 돼야겠고, 그래서 설사泄瀉하듯이 마구 난해한 걸 내놓는 거애요.

주朱 모두가 다 그렇지는 않습니다. 새로 나오는 작품作品들을 선생님들은 안 읽으시는 모양입니다. 막연한 피상적皮相的인 선입관先入觀이 아닐까요. 현대시는 지성知性의 상당相當한 참여參與를 보이고 있는데 말하자면 세대世代의 차이差異가 있습니다.

김金 논리論理가 낙하산落下傘같이 비약飛躍을 봐야만이 위대偉大한 철학자哲學者가 되고 위대偉大한 시인詩人이 되나요. 그럼.

박朴 요는 모방模倣을 버리고 자기自己 개성個性을 찾아야 돼요.

△ 요새 소설小說은?

변卞 요는 우리나라의 글쓰는 분들은 생활生活이 없다는 데 부진不進이 있어요. 그러니까 실감實感이 있어야 생활生活이 없다는 건 작가의 한계限界가 좁다는 얘기가 돼요. 티룸이나 단스홀이나 그런 분위기雰圍氣만 그려서 뭣이 나와.

주朱 소설小說도 그래요. 나는 소설은 잘 모르지만, 소설이라면 먼저 인물의 '성격性格'이 있어야 한다고 생각해요. 막연漠然한 인물人物만 등장登場시켰지 어디 산 사람을 그렸나요. 캐릭탈리즘이 없는 것 같아요.

오吳 노력부족努力不足이라고 보는데요.

이李 단편短篇은 반드시 성격창조性格創造만이 그 전부가 아닌데 그건 별문제요. 적어도 성격창조性格創造라면 중, 단편短篇에 가서 가능할 겁니다. 외국의 중, 단편을 읽어보면 작중인물作中人物이 우리 이웃 사람보다 더 가깝게 와 있어요. 그런데 우리나라 소설은 상허尙虛 이후以後 여태까지 단편短篇이 위주爲主니까 성격묘사性格描寫에 구체성具體性이 안 보이는 건 명약관화明若觀火한 사실입니다.

주朱 가령 대화對話 같은 것도 성격창조에 결정적決定的인 효과效果를 거두는 방편方便으로 삽입揷入치 않고 막연漠然하게 집어넣는 것 같아요.

변卞 그리고 언어구사言語驅使에 있어 그 고심苦心이 약弱해요. 예를 들면 뚱뚱보가 웃는 것도 '해쭉 해쭉 웃는다'고 이렇게 '건너다 보는' 것도 '쳐다본다'고 하고 아주 엉터리거든. 말은 '에' 다르고 '애' 다른데.

△ 잘 읽지 않는다

사회司會 지금 소설에 대한 몇 가지 의견을 말씀하셨는데 사회자의 안목으로 볼 때는 그 견해가 사실과 대단히 배치背馳된다고 봅니다. 그것은 첫째로 수주樹州 선생先生께서 티-룸이나 딴스홀 같은 분위기雰圍氣만 그린다고 했는데 지금 나타나고 있는 소설에 그런 것을 그린 것은 극히 적습니다. 특히 딴스홀을 취재取材한 소설은 하나도 없었습니다. 둘째로 선생께서 성격性格이 통 창조創造되어 있지 않다 했는데 성격性格을 보여주려고 애쓰고 있는 것은 일반적一般的인 노력의 하나입니다. 수주樹州 선생님께서 읽으신 소설은 뭡니까. 그 딴스홀과 티룸난을 취급取扱했다는 소설 말입니다.

변卞 그거 저…… 정비석鄭飛石의 무슨 소설이었든가 그런 게 있어.

사회司會 그 말고는요. 대중소설大衆小說 말고요.

변卞 잘 생각이 나지 않는데.

사회司會 수주樹州 선생先生께서 읽으신 소설은 뭔가요. 두서너 편만 말씀해 주세요.

주朱　그저 저 뭐드라. 나는 사실 요새 소설을 통 읽지를 못하고 있어요.

변卞　예술소설藝術小說이라는 건가. 그건 웨 창작創作이란 것 말야. 통 읽을 맛이 없어.

사회司會　선생님들의 의견은 대체로 신문소설新聞小說을 두고 하시는 말씀 같은데 우리나라의 신문소설新聞小說은 대중大衆을 위한 것이기 때문에 문학적文學的인 가치價値는 전혀 문제가 되지 않는 겝니다. 여러분들이 지적하신 대로 성격창조性格創造 같은 면이 전혀 무시無視되어 있어요. 그러나 현재 우리 문단文壇을 대표代表하고 있는 것은 단편이고 그 단편은 주로 순문예지純文藝誌에 발표되고 있습니다. 이것들이 우리나라의 소설을 대표하는 건데 이런 것을 통해 볼 때 그 수준이 괄목刮目할만치 높아졌습니다. 티룸이나 딴스홀 보다는 농촌農村의 소박素朴한 서정抒情이나 도시인都市人의 복잡複雜한 근대적近代的인 생활감정生活感情이나 그렇지 않으면 전선戰線을 취재取材하고 있는 것이 많아요. 성격창조性格創造나 문장文章이나 구성構成이나 그 모두가 이, 삼십 년 전에 비하면 땅과 하늘만치 발전發展되어 있어요.

변卞　그래도 신통한 게 별로 없어.

사회司會　요새 문단文壇의 현역現役들이 이렇게 말하고 있어요. 대가大家들은 그리고 현역이 아닌 문인들은 요새 작품을 도무지 읽지 않고 있다고요. 작품을 읽지도 않고 문학적인 발언發言을 한다는 것은 엉터리라고요. 어떻습니까. 선생님들은 요새 작품을 더러 읽고 계십니까.

아까 사회께서도 말했지만 시에 주지적主知的인 경향傾向이 강

해졌다고 했는데 소설에도 그런 게 있습니다. 철학적哲學的인 독백獨白같은 것 장張 모某, 김金 모某 같은 소설이 그래요. 소설은 위선 소설이 돼 놓고 봐야지 철학적哲學的인 독백獨白과 혼동混同되어서는 안 돼요.

사회司會 『인간동물원초人間動物園杪』를 보았는데 사실寫實의 개념槪念도 요새 와선 달라진 것 같아요.

△ 자기自己의 생활生活을 가져라

사회司會 많이 달라졌습니다. 그렇게 달라진 것을 긍정肯定하는 부정不定하든 그러한 것과는 상관없이 현문단現文壇에 대한 여러 선배들의 요망要望이라고 할가 그런 말씀을 좀 해주세요.

박朴 각자가 노력努力해서 훌륭한 작품을 내는 것만이 우리 문단을 전진前進하게 하고 융성隆盛하게 할 것이라고 생각해요.

주朱 단적으로 말한다면 형식상形式上으로는 새로운 기교技巧를 통하여 내용상內容上으로는 새로운 사실주의寫實主義에 회귀回歸하는데 '씬. 테제'가 있다고 봐요.

전田 아까 수주樹州가 "생활生活이 없다"는 말을 했는데 "인격人格이 없다"는 사실事實에 다들 자각自覺이 있어야 할 줄 알아요.

사회司會 '생활生活'이라는 개념槪念도 많이 달라졌습니다. 생활生活을 보통은 외부적外部的인 행동行動만으로 보는데 내부적內部的인 사유思惟의 세계가 요새는 퍽 중시重視되어 있습니다.

주朱 외면外面의 생활生活이 풍부豊富해지면 내면內面의 사고思考도 풍부豊富해지는 게죠. 다방면多方面의 실제경험實際經驗의 풍부豊富

도 결국은 생활生活의 윤택潤澤에서 오는 게 아닐까요.

변卞 헤밍웨이도 생활生活이 풍부豐富하니까 아푸리카도 가보고 했지.

오吳 그러나 선행先行은 역 내면적內面的 의욕意欲이지. 외부생활外部生活과 의욕意欲이 상호병행相互竝行해 간다면 좋지.

△ 앞으로 작품作品도 쓰겠다

사회司會 그런데 이 자리에 모이신 몇 분을 제외除外하고는 너무 작품발표作品發表를 안하고들 계시는 현상現象입니다. 외국의 예를 보면 노년老年에 대작大作을 발표發表하는데 앞으로의 창작생활創作生活에 대한 포부抱負를 좀 말씀해 주세요.

변卞 조금 더 기달려 보세요.

오吳 우리는 이제 겨우 기초基礎닦음 정도를 해놓은 셈이지. 이 토대土臺 우에 좋은 종자種子를 뿌리는 게 우리 임무任務야. 그건 미지수未知數라 해 두지.

주朱 더러 쓰기는 쓰는데 과거에 썼던 것보다 훌륭하게 쓰여지지가 않아요. 그래서 썼다간 찢어버리고 썼다간 찢어버리고 해요.

오吳 너무 앰비숀이 커서 그렇지.

사회司會 적어도 자기세계自己世界를 이룬다는 것은 오래도록 많이 쓰고 많이 발표해가는 동안 서서히 이루어져 가는 것이라 생각합니다. 오늘 횡보橫步 선생先生은 몸이 불편해서 안 나오셨지만 그래도 횡보橫步 선생先生 같은 분은 이 땅에 사실주의寫實主義 소설小說을 확호確乎히 이루어 놓으시지 않았어요.

변卞 횡보橫步도 생활이 없었어. 그러니까 다찌노미 지식知識이고 다찌노미 문학文學 밖에 안 돼.

사회司會 그런 엉뚱한 말씀이데요.

변卞 나는 리알하게 말하는 거요.(일동一同 소笑)

주朱 그런데 '완성完成'이란 건 특히 문학文學에 있어서 완성完成이라는 건 전통傳統에의 복귀復歸인 것은 사실이야요. 엘리옷도 종교시宗敎詩에 돌아가고 있지 않아요?

김金 전은 6·25六·二五를 겪은 『피난시초避難詩抄』란 걸 지금 쓰고 있습니다. 6·25六·二五는 역사적歷史的 사실事實이었으니깐요. 비판批判을 받기 위해서 책을 곧 내겠어요.

사회司會 오래동안 좋은 말씀 많이 해주셔서 대단大端히 감사합니다. 후진後進들에게 좋은 참고參考가 되겠습니다.

[부록] 16권 국문학 논문·평론 Ⅳ 상세목록

1) 구비문학·민속학·논문·평론

순	제목	출전	연도	비고
1	兎鼈歌와 申五衛將	문장 2권5호	1940.6.	
2	劇歌本 兎鼈歌	문장 2권5호	1940.6.	
3	正初의 行事와 慣習	별건곤 8권2호	1933.2.	
4	朝鮮 古風俗과 習慣 — 正初의 行事와 慣習의 續	별건곤 8권3호	1933.3.	
5	鄕土文學에 대하야	삼천리문학 1집	1938.1.	
6	文獻에 나타난 蛇公의 說話	춘추 2권 1호	1941.2.	
7	口傳民謠의 妙味	서울신문	1946.11.10.	
8	古典文學에 나타난 鄕土性	민중일보	1947.4.20.	
9	神化文學으로서 본 檀君	민중일보	1947.11.15.	
10	古典文學의 思想的 考察	자유신문	1948.10.30.	
11	民謠雜攷 上·下	태양신문	1949.11.22. -25.	
12	劇歌와 小說	전북대학교보	1955.3.24.	
13	鄕土와 文學	전북일보	1955.8.15	

2) 서평

순	제목	출전	연도	비고
1	朴鍾和著 錦衫의 피	동아일보	1938.12.27.	뿍 레뷰
2	朴泰遠記 支那小說集	동아일보	1939.5.9.	〃
3	靑丘永言	문장 1권5호	1939.6.	〃
4	時調의 本領/ 嘉藍時調集 讀後感	조선일보	1939.10.2.	학생독서
5	李秉岐著 嘉藍時調集	동아일보	1939.10.10.	신간서평
6	申龜鉉譯註 歷代朝鮮女流詩歌選	동아일보	1939.11.25.	〃
7	徐廷柱著 歸蜀途를 읽고	동아일보	1948.5.1.	신간평
8	古文學의 海王星 意幽堂日記	자유신문	1948.6.14.	신간소개
9	尹永春 詩集『無花果』	서울신문	1949.9.26.	신간서평
10	國文學參考圖鑑序	국문학참고도감	1949.	〃
11	李秉岐校註 歷代時調選	조선일보	1955.9.20	권하고 싶은 책
12	李秉岐白鐵共著 國文學全史	조선일보	1957.10.10	신간서평
13	李秉岐李極泰共編 現代時調選叢	조선일보	1958.05.19	〃
14	李秉岐李極泰編 現代時調選叢	경향신문	1958.07.19	〃
15	가람 頌壽 論文集	조선일보	1966.12.11.	〃

3) 심사평

순	제목	출전	연도	비고
16	選後의 말	별건곤	1927.10.	심사평
17	時調를 뽑고	문장 1권6호	1939.7.	〃
18	時調를 뽑고	문장 1권9호	1939.10.	〃
19	時調를 뽑고	문장 1권11호	1939.12.	〃
20	第一回時調募集考選發表 (一)	동아일보	1939.8.25	〃
21	第一回時調慕集考選後 (二)	동아일보	1939.8.29.	〃
22	第一回時調慕集考選後 (三)	동아일보	1939.8.31.	〃
23	第一回時調慕集考選後 (四)	동아일보	1939.9.1.	〃
24	第二回募集 時調考選後 [上]	동아일보	1939.11.16.	〃
25	第二回募集 時調考選後 [下]	동아일보	1939.11.18.	〃
26	應募時調「새벽」考選概評 [上]	동아일보	1940.3.1.	〃
27	應募時調「새벽」考選概評 [下]	동아일보	1940.3.3.	〃
28	時調選後	문장 2권4호	1940.4.	〃
29	時調選後	문장 2권5호	1940.5.	〃
30	時調選後	문장 2권6·7호	1940.7.	〃
31	「진달내」考選後 (上)	동아일보	1940.5.1.	〃
32	「진달내」考選後 (中)	동아일보	1940.5.4.	〃
33	「진달내」考選後 (下)	동아일보	1940.5.5.	〃
34	「時調」考選後 (1)	동아일보	1940.6.16.	〃
35	「時調」考選後 (2)	동아일보	1940.6.18.	〃
36	「時調」考選後 (3)	동아일보	1940.6.19.	〃
37	散文情神의 貧困/ 人間社會에의 洞察力을 가지라	전북일보	1955.3.6.	〃

4) 기타

순	제목	출전	연도	비고
1	疲困한 朝鮮藝術界(5), 各界權威에게 診斷을 請함/ 時調界, 中興運動의 基礎는 이미 섯다	조선중앙일보	1935.5.10.	대담
2	朝鮮文學의 定義 이러케 規定하려 한다!	삼천리 8권8호	1936.8.	설문
3	古詩歌文學이 끼친 功績	조광 2권11호	1936.11.	대담
4	우리生活에서 찾어질 옛情緖(四)/ 우리 情緖에 들어맞는 朝鮮의 古典音樂	동아일보	1939.1.7.	좌담
5	文學의 諸問題	문장 2권1호	1940.1.	좌담
6	文學의 諸問題	문장 3권1호	1941.1.	좌담
7	文學放談會	현대문학 2권8호	1956.8	좌담

가람 이병기 전집 ⑯

국문학 논문·평론 Ⅳ

지은이 이병기
펴낸이 양오봉
펴낸곳 전북대학교출판문화원

초판 1쇄 인쇄 2024. 12. 16
초판 1쇄 발행 2024. 12. 25

전북대학교출판문화원 전북특별자치도 전주시 완산구 어진길 32 (풍남동2가)
전화 (063) 219-5319~5322
FAX (063) 219-5323
출판등록 2012년 8월 20일 제465-2012-000021호

값 25,000원

ISBN 979-11-6372-230-4 04810
ISBN 979-11-87892-59-5(세트) 04810

* 이 책은 2024년도 익산시와 전라북도의 지원에 의해 간행되었습니다.